진짜 공신들만 쓰는

자기소개서
마스터플랜

진짜 공신들만 쓰는
자기소개서
마스터플랜

초판 발행   2015년 05월 04일
개정판 발행   2016년 07월 10일
개정 2판 1쇄 2019년 08월 15일

지은이   김범수
발행인   조상현
발행처   더디퍼런스

등록번호 제2018-000177호
주소   경기도 고양시 덕양구 큰골길 33-170
문의   02-712-7927
팩스   02-6974-1237
이메일   thedibooks@naver.com
홈페이지 www.thedifference.co.kr

독자여러분의 소중한 원고를 기다리고 있습니다. 많은 투고 부탁드립니다.

ISBN 979-11-6125-215-5 (43370)

<진짜 공신들만 쓰는 자기소개서의 비밀> 개정증보판입니다.

진짜 공신들만 쓰는

자기소개서 마스터플랜

김범수 지음

더디퍼런스

머리말

　필자는 지난해 6월 '진짜공신연구소'가 주최한 중위권 성적 학생 입시설명회에서 한 학부모의 고민을 들으면서 이 책을 써야겠다고 결심하게 되었다. 그 학부모는 자기소개서 때문에 고민이 무척 많았다. 자기소개서가 중요하다고들 하는데 정작 시중에 있는 자기소개서 관련 책을 다 찾아봐도 전혀 도움이 되지 않더란 이야기였다. 죄다 이론만 가득하지 정작 '그래서 어떻게 써야 하는데?'라는 실질적인 부분을 채워 주지 못했던 것.

　필자가 <동아일보> 교육 섹션 '신나는 공부팀' 차장으로 대입 담당기자 생활을 할 때 자기소개서 특집 기사를 준비한 적이 있었다. 서울대부터 웬만한 인서울 중위권 대학까지 수십 개 대학을 포함하는 대규모 기획이었다. 기획을 하면서 시중에 나와 있는 수십 종의 자기소개서 관련 책을 모두 사서 살펴보았다. 그때 내린 결론은 '돈 아깝다'였다.

　쓸데없이 분량만 두꺼울 뿐 누구나 다 아는 이론과 절대 도움이 안 되는 이야기로 가득했다. 예를 들면 '두괄식으로 써라, 두괄식으로 쓰면 입학사정관들이 좋아한다', '스토리텔링으로 써라, 두 개 이내의 사례로 자신의 경쟁력을 드러내면서 동시에 문항에서 요구하는 의도를 담아 써라' 뭐 이런 내용.

실제 일선에서 학부모들을 만나보면 How에 목말라 있지 현상에는 별 관심이 없다. 필자는 이 책을 철저히 How에 맞춰서 썼다. 목표는 <진짜 공신들만 쓰는 자기소개서 마스터플랜>만 읽으면 자신이 원하는 자기소개서를 쓸 수 있게 하는 것!

'진짜공신연구소'가 개발한 자기소개서 쉽게 작성하는 비법 Tool도 아낌없이 제공한다. 그러니 처음부터 끝까지 읽으면서 메모하고, 하라는 대로 따라해 보도록! 그러면 강남에서 수백만 원 내면서 자기소개서 컨설팅 따위 안 받아도 된다. 그 돈 아껴서 대학 등록금에 보태 쓰든가 아니면 대학에 합격한 후 유럽 배낭여행 경비에 보태 쓰는 것이 훨씬 이득이다.

김범수

목차

Part 3

첨삭 사례로 본 자기소개서 쓰기의 비밀

PART 1

대입 자기소개서 오해하기 쉬운 사실들

1 자기소개서는 첨삭을 많이 할수록 좋다?

자기소개서를 쓰고 나서는 첨삭을 받아야 한다. 하지만 첨삭을 많이 받는다고 절대 좋은 것은 아니다. 왜 그럴까? 많은 사람들의 손을 거치게 되면 그만큼 배가 산으로 갈 가능성이 높기 때문이다.

지난해 숭실대 국제법무학과 1단계 합격자의 실제 사례다. 이 친구는 필자가 자기소개서 컨설팅을 진행했다. 하지만 원서 접수를 앞두고 불안했나 보다. 그래서 자신과 친한 선생님께 자기소개서를 보여주었다고 한다. 하지만 "아이템은 좋은데 자기소개서가 별로다."라는 시큰둥한 대답이 돌아왔다. 그 친구는 불안한 나머지 밤늦게 필자에게 전화를 걸어 어떻게 해야 하느냐고 물었다.

필자는 "너만의 스토리를 너만의 키워드로 잘 풀어낸 자기소개서니까 남들의 평가에 흔들리지 말고 믿고 제출해라."라고 조언했고 그 친구는 실제로 그렇게 했다. 이후 그 친구가 숭실대에서 1단계 합격했다는 소식을 듣고 몇몇 선생님이 자기소개서를 보자고 했단다. 그 친구의 내신성적으로는 숭실대 1단계 통과도 어렵다고 생각했기 때문이다. 인문계열 3.5등급인 친구가 생각지도 못하게 합격을 해 버리니 궁금할 수밖에….

그런데 재미있는 것은 "아이템은 좋은데 자기소개서가 별로다."라는 평가에서 "너는 자기소개서 때문에 1단계 합격이 가능했다."로 반응이 바뀐 것이다. 정작 자기소개서는 바뀐 것이 없는데 말이지.

얼마 전 충남 ○○고등학교에서 예비 고3을 대상으로 자기소개서 겨울방학 특강을 진행할 때였다. 이 친구들은 12시간 동안 자기소개서 특강을 받고 자신만의 키워드를 담은 자기소개서를 완성했다. 필자는 학생들에게 "자신이 쓴 자기소개서를 선생님에게 또는 다른 친구들에게 보여주지 마라."라고 당부를 했다. 학생들은 그 이유를 궁금해했고 필자는 "상대방이 글감(아이템)을 표절할 수 있기 때문"이라고 설명했다.

학생들끼리는 당연히 경쟁 관계이니 말할 것도 없지만 선생님까지 포함돼 있으니 이상하다는 생각이 들 수 있다. 하지만 선생님들은 의도하든 의도하지 않든 실수를 하는 경우가 적지 않다. 예컨대 A가 국어 교사에게 자기소개서 첨삭을 요청했다고 하자. 그 국어 교사는 A가 쓴 자기소개서가 마음에 들었다. 그래서 한 부를 복사해 가지고 있다가 자기소개서 때문에 고민하는 A의 경쟁자 B가 상담을 요청하자 A의 자기소개서를 참고하라고 복사본을 내민다. 국어 교사는 선의로 한 행동이었다. 여러분이 이런 상황에 걸리지 말라는 법이 있는가?

자기소개서를 직접 쓰기는 어렵지만 남이 쓴 자기소개서에 자신의 이야기를 담고 문장을 짜깁기하는 행동은 아주 쉽다. 힘들이지 않고 무임승차가 가능하다. 학교 현장에서는 이런 일들이 적지 않게 벌어지고 있다. 그래서 주의가 필요한 것이다.

전문가에게 첨삭을 요청할 때도 마찬가지다. 필자가 얼마 전 만났던 학부모의 사례를 들려주겠다. 이 학부모는 자녀가 이름만 대면 알 만한 서울의 유명 자율형 사립고를 졸업했다. 내신 경쟁이 그렇게 치열한데도 내신등급이 인문계열 1.9등급에 전교 석차는 3등이었다. 이 정도 스펙이면 연세대 특기자 전형 1차 합격은 충분한데 결과부터 말하면 1차에서 떨어졌다. 하지만 자신보다 내신등급이 훨씬 낮은 친구들은 1차에 합격하는 기현상이 벌어졌다.

그 이야기를 듣고 내심 의문을 품었는데 얼마 전 그 친구의 자기소개서를 보면서 의문이 풀렸다. 자기소개서가 너무 엉망이었던 것이다. 지독한 나열식에 자화자찬 표현, 게다가 문장은 읽기에 너무 지루했다. 더 충격적인 것은 이 자기소개서가 나름 몇 십만 원이나 주고 컨설팅을 받은 자기소개서라는 사실이었다. 급한 마음에 잘 아는 논술학원 강사에게 자기소개서 첨삭을 맡겼는데 기대와 달리 바뀐 것은 전혀 없었다고 했다. 그래서 필자를 찾아온 것이다.

제대로 된 자기소개서 첨삭을 받는 방법은 없을까? 있다. 자기소개서 첨삭을 맡길 때 구체적으로 요구하면 된다! 실제로 정당한 비용을 내고 일감을 맡기는 상황임에도 많은 학부모들과 수험생들은 오히려 저자세를 취한다. 돈을 준 사람이 '을'이고 받은 사람이 '갑'인 상황이 되어 버리는 것이다. 하지만 이런 저자세는 버려야 한다. 의뢰를 맡길 때부터 정확하게 선을 그어야 한다. 예컨대 자기소개서 첨삭은 어느 범위까지 해 주는지, 가령 어색한 문장을 다듬어 주고 오탈자를 잡아 주는지, 구체적인 자기소개서 수정 방향을 알려 주는지 등등을 구체적으로 확인해야 한다.

실제로 많은 돈을 주고 첨삭을 맡겼더니 '잘 썼다!', '못 썼다!'와 같은 유치한 수준의 결과물을 받아 보는 경우도 적지 않다. 이런 경우를 막기 위해서는 맡길 때부터 자신이 원하는 것을 구체적으로 요구하는 것이 필요하다. 명심하자.

자기소개서 잘 써 봐야 소용없다? 내신성적이 중요하다?

과연 자기소개서는 중요한가? 이런 원론적인 질문의 답은 "중요하다!"다. 이 책을 구입한 독자들 역시 자기소개서가 중요하다는 사실을 알 것이다. 하지만 정작 "학생부종합전형에서 자기소개서가 차지하는 비중이 몇 %입니까?"라고 질문하면 제대로 대답하는 학부모들과 수험생들은 드물다. 각 대학이 구체적인 기준을 공개하지 않는 탓이다.

일반적으로 '학생부 40%+자기소개서 40%+기타(추천서 등) 20%' 비율이라고 생각하면 된다. 또 이 비율이어야만 자기소개서 덕분에 역전하는 사례에 대한 설명이 가능해진다. 필자가 서울 신촌에 있는 모 대학의 입학사정관을 만났을 때다. 이런저런 이야기를 하다가 학생부종합전형 이야기가 나왔다.

"가장 인상 깊었던 합격자는 누구였습니까?"라고 묻자 경기도 가평에 있는 모 종합고등학교 출신의 내신 5.5등급 수험생을 이야기한다. 성적은 안 좋았지만 자기소개서를 읽다 보니 어떤 친구인지 무지 궁금하더란다. 그래서 면접에 올렸다고 했다. 막상 면접을 해 보니 교수들도 이 친구의 발전 가능성과 인성, 전공 적합성을 높이 평가했단다. 어떻게 이런 일이 가능한가? 바로 자기소개서 때문이다.

일반적으로 학생부 성적이 40% 들어간다. 문제는 기본 점수가 있다는 거다. 예컨대 학생부 내신 1등급은 40점, 2등급은 38점, … 9등급은 20점, 이런 식이다. 하지만 자기소개서는 0~40점으로 점수 폭이 넓다. 내신 5.5등급의 이 친구도 자기소개서 영역에서 아주 좋은 점수를 받아 학생부 성적의 불리함을 상쇄하고 면접까지 올라올 수 있었다. 학생부종합전형 1단계는 '학생부 성적+자기소개서+추천서' 등을 종합적으로 평가하기 때문에 학생부 성적이 다소 낮아도 자기소개서와 추천서 성적이 좋으면 1단계 총점을 충분히 뒤집을 수 있다.

　다소 극단적인 사례일 수 있지만 그만큼 자기소개서가 차지하는 비중이 높다는 뜻으로 이해하면 되겠다. 뭐 이 정도는 다 알고 있다고? 그래서 이렇게 중요한 자기소개서를 어떻게 쓰면 되는지 궁금해서 이 책을 구입했다고? 그렇다면 이제 대입 자기소개서 작성을 위한 구체적인 방법으로 넘어가면 된다. '제2부 상대방을 유혹하는 자기소개서 쓰기의 비밀'로 넘어가자.

PART 2

상대방을 유혹하는
자기소개서 쓰기의 비밀

1 글감 찾기

 자기소개서 양식을 살펴보면 '어라? 생각보다 간단한데? 많아 봐야 1,500자 이내 네? 쉽겠네!'라고 생각한 사람이 있다면 딱 두 가지 경우다. 글쓰기에 천부적인 소질이 있거나 아니면 '근자감'(근거 없는 자신감)만 가득하거나! 하지만 글쓰기가 본업인 기자나 작가에게 한번 물어 봐라. "매일같이 글 쓰는 게 직업이니 글 쓰는 일이 제일 쉽지 않아요?" 이런 질문에 다들 "쓰면 쓸수록 어려운 것이 글쓰기다."라는 다소 생뚱맞은 대답을 할 거다.

 글쓰기는 분량에 상관없이 힘들고 어렵다. 500자짜리 간단한 분량의 신문 기사도 읽을 때는 순식간이지만 쓸 때는 최소 한 시간 이상이다. 문장을 이렇게 바꿔 보고 전치사도 뺐다가 넣었다가… 이런 지루한 과정을 거쳐야 비록 500자 분량이지만 기사가 탄생한다.

 자기소개서는 신문 기사와 사촌 관계라 할 수 있을 정도로 글쓰기의 목적과 작법은 유사하다. 우선 누군가에게 자신이 말하고 싶은 내용을 알리는 목적이다. 신문 기사는 기자가 취재한 이야기를 전달하는 것이고 자기소개서는 본인의 이야기를 전달하는 것이다. 다른 것 한 가지가 있다면 그 글을 읽는 대상이다. 신문 기사는 독자들이, 자기소개서는 입학사정관과 대학 관계자들이 읽는다. 작법 또한 유사하다. 자신이 가지고 있는 수많은 이야기 중에서 가장 말하고 싶은 내용을 추려내어 쓴다는 것. 이처럼 기사와 자기소개서는 비슷하다. 따라서 하루에도 몇 번씩 이와 같은 목적과 방식으로 기사를 쓰는 기자들이 자기소개서의 전문가라 해도 무방할 것이다.

자기소개서를 쓰기 위해 가장 필요한 것은 무엇일까? 바로 글감이다. 음식점을 생각하면 쉽다. 떡볶이를 만들기 위해 필요한 건 뭘까? 바로 떡이지. 떡이 있어야 고추장도 힘을 얻고 달걀과 어묵도 그 값어치를 보태는 거다. 글감은 떡볶이의 떡이다. 자기소개서는 말 그대로 자신을 입학사정관, 대학 입학 관계자들에게 소개하는 서류다. 즉 자기 PR가 담긴 광고다. 광고의 기본은 무엇인가? 바로 사람들의 눈길을 잡는 거다.

광고를 보는 사람의 뇌와 신경세포를 자극해 '아 저런 거 하나는 있어야 해!'라는 인식을 심어 주고 구매하게끔 만드는 거지. 자기소개서도 마찬가지다. 자기소개서를 본 대학 관계자들이 '아 저 학생은 우리 대학으로 반드시 데려와야 해!'라고 군침을 흘릴 수 있게 해야 한다. 말은 쉽다고?

자, 이제 말처럼 쉽게 만들어 보자고! 위에서 글감을 떡볶이 떡에 비유했다. 떡의 기본은 무엇이지? 쫄깃함과 식감이다. 떡이 맛있다면 양념에 상관없이 맛있다. 즉 기본기가 중요하다. 자기소개서의 기본은 무엇일까? 화려한 문장과 미사여구? 아니다. 어떤 내용을 담을지 계획을 짜는 것이다. '1번 문항에는 내가 1학년 때 사고 친 내용을 담아야지, 2번 문항에는 동아리 활동 중 친구와 의견 충돌로 싸웠던 이야기를 써야지.'와 같이 자기소개서에 어떤 내용을 담을지 소재 즉 글감을 정해야 한다.

그렇다면 글감은 많은 것이 유리할까 적은 것이 유리할까? 당연히 많은 것이 유리하지! 쓸 내용이 많다는 것은 자신을 드러낼 수 있는 다양한 스토리가 많다는 뜻이다. "그럼 글감은 어떻게 찾을래?" 대부분 이런 질문을 받는다면 반응은 다음과 같다. "…" 똑바로 정신 차리고 집중해서 읽기 바란다. 친절히 안내해 줄 테니!

첫째, 학교 생활기록부를 편다!

둘째, 교과와 비교과 영역을 살핀다!

셋째, 다음과 같은 양식대로 한다!

장점	단점
1. 수상 실적	1. 처벌
2. 봉사 시간 + 봉사 활동	2. 출결 상황 중 결석, 지각, 조퇴 등
3. 교과 성적	3. 진로 희망

여기서 나름 똑똑하다는 여러분은 질문을 할 법한데? "어떻게 정리하라고?" 자, 하나하나 알려 주겠다.

장점

① 수상 실적

자신이 받은 교내상 중에 의미 있다 싶은 상을 5개 이내로 상장 이름, 결과, 이유 순서로 적어 주세요. 예컨대 '수학경시대회, 동상, 머리털 나고 처음 받아 본 상 또는 선행상, 담배 피웠다가 걸렸는데 쓰레기 분리수거를 열심히 했더니 담임 교사가 주더라, 그래서 의미 있다.' 이런 방식으로 5개! 5개 이내로 정리해. 너무 많아서 5개 이내로 정리하기가 힘들 것 같다고? 그러면 이상향 월드컵 알지? 그런 방식으로 5개 추려. 많아 봐야 '내가 이런 상을 받았고 저런 상을 받았고 그래서 모범적인 고교 생활을 했다.'라는 나열밖에는 안 돼. 이상향 월드컵 모르는 사람 있나? 혹시나 싶어 간단하게 알려 준다. 만약 상을 10개 받았다고 하자. 그러면 2개씩 짝을 지어 봐. 그다음 두 개 중 마음이 가는 하나를 선택해. 그러면 5개 고를 수 있지? 어때 쉽지?

② 봉사 시간 + 봉사 활동

자기소개서에 봉사 활동은 머스트 해브 아이템. 그러다 보니 본의 아니게 차별화가 쉽지 않은 분야이기도 해. 봉사 활동은 크게 세 가지 유형으로 많이들 쓰는데, 하나는 지역아동센터 초등학생과 중학생 학습 멘토 활동. 주로 '나는 ○○○ 지역아동센터에서 미래의 꿈인 영어 교사가 되기 위해 초등학생과 중학생 아이들을 맡아 일주일에 한 번 몇 시간씩 영어를 가르쳤다. 처음에는 아이들이 집중하지 않아 속이 상하고 기분이 나빴는데 나만의 학습법을 개발하고 아이들과 친해지려고 노력하다 보니 나중에는 아이들도 집중해서 공부하고 성적도 올라 기분이 좋았다!' 뭐 이런 식으로 말이야.

두 번째는 고아원, 양로원, 장애인 시설 봉사 활동. 예컨대 '봉사 동아리에 가입했는데 학교 인근에 있는 ○○양로원에 한 달에 한 번 봉사를 하러 갔다. 처음에는 이상한 냄새로 불편했다. 하지만 목욕도 시켜 드리고, 안마도 해 드리고, 말벗도 해 드리면서 할아버지, 할머니 들과 점점 친해졌고 나중에는 돌아가신 친할아버지 생각이 나 더 열심히 봉사 활동을 하게 되었다.' 뭐 이런 레퍼토리지.

자, 이렇듯 너무나 뻔한 봉사 활동에서 탈피하기 위해서는 역시 글감이 중요하다. 생활기록부에 기록된 봉사 활동 중 자신에게 의미 있다고 생각하는 봉사 활동을 5개 이내로 정리한다. 여기서 주의할 것은 학생부에 기록되지 않은 봉사 활동도 있을 수 있다. 따라서 학생부 봉사 활동 5개, 학생부 미기록 봉사 활동 5개씩 봉사 활동 이름, 봉사 기간, 이유순으로 정리한다.

예컨대 '교내 쓰레기 분리수거 활동, 1년간, 하루도 빼먹지 않고 아침저녁으로 쓰레기를 분리수거했기 때문, 또는 지역아동센터 축구 교습, 6개월, 축구나 운동으로 봉사 활동을 한 경우는 많이 없을 것 같아 나를 차별화할 수 있어서'와 같은 방식으로 정리한다. 봉사 활동은 원체 뻔하다 싶은 내용이 많기 때문에 남과 다른 봉사 활동을 쓰고 싶다면 봉사 활동의 범위를 한정 짓지 말아야 한다. 실제로 푸른바다 김 선생이 첨삭해 준 한 학생은 '자폐아동과 정기적인 등산'을 소재로 한 봉사 활동으로 남과 다른 스토리를 풀 수 있었다.

다시 한 번 강조하지만 봉사 활동을 양로원 방문, 지역아동센터나 도서관 멘토링의 범주에서만 생각하면 너무나 뻔한 이야기만 나오므로 위와 같은 방식으로 학생부에 기록된 봉사 활동 중 5개, 기록이 안 된 봉사 활동 중 5개를 선택해 다양화할 필요가 있다. 참고로 자기소개서 봉사 활동의 단골 소재를 알려 줄 테니 이 소재 말고 다른 소재(글감)가 있는지 지금부터 고민해보기 바란다.

① 지역아동센터 학습 멘토링
② 도서관 동화 구연, 학습 멘토링, 영자신문 봉사 활동
③ 또래 멘토
④ 다문화 편지 번역 봉사 또는 점자 번역 활동
⑤ 양로원, 장애인 시설, 고아원 방문 봉사 활동
⑥ 헌혈 도우미 봉사 활동, 헌혈 경험
⑦ 각종 신문, 방송사 명예기자로 글쓰기 봉사 활동
⑧ 의사와 간호사가 꿈인 경우 요양병원 봉사 활동 등

③ 교과 성적

자기소개서는 학생부종합전형, 즉 학생부 교과 성적과 자기소개서, 추천서 등을 종

합적으로 평가해 합격자를 결정하는 전형에서 요구한다. 따라서 자기소개서 1번 항목은 교과에 대한 내용이다.

> 1. 고등학교 재학 기간 중 학업에 기울인 노력과 학습 경험에 대해 배우고 느낀 점을 중심으로 기술해주시기 바랍니다.(1,000자 이내)

그렇기 때문에 교과 성적에 대한 글감도 중요하다. 교과 성적과 관련해 가장 일반적인 패턴은 다음 몇 가지로 요약할 수 있다. 읽다가 '아… 내가 저렇게 쓰려고 했는데…'라는 후회가 밀려든다면 다시 한 번 고민해 보도록!

(1) 제일 싫어하는 과목을 ○○해서 올린 경험

뭐 주로 수학이겠지. '1학년 때 수학 시험을 쳤는데 머리털 나고 이런 점수는 처음 받았기 때문에 충격이었다. 그 이후로 수학이 싫어졌는데 여름 방학을 이용해 수학 공부를 시작하기로 다짐했다. 그래서 수학을 잘하는 친구와 스터디 그룹을 만들어 하루 ○○시간씩 수학 공부를 했다. 그랬더니 2학기부터 수학 성적이 조금씩 올랐다. 그때부터 흥미를 가지고 수학 공부를 열심히 하게 되었고 3학년에 올라와서는 내신과 모의고사 모두 2등급이 되었다.

(➡ 스터디 그룹을 활용해 성적을 올린 경험을 자기소개서에 싣는 유형)

(2) 스터디 플래너로 성적 상승

교과 성적 상승의 경험을 풀어내는 또 다른 일반적인 방식은 스터디 플래너를 사용해 교과 성적을 올렸다는 것이다. 예컨대 이런 방식이지. '나는 열심히 공부한다고 생각했지만 성적은 기대 이하였다. 그래서 그 이유를 고민해 보았다. 학원도 다니지 않고 자기주도적으로 학교 공부에만 충실한다고 했는데 왜 기대 이하의 성적이 나올

까? 해답은 계획이었다. 시간을 효율적으로 쓰지 못했던 거다. 그래서 스터디 플래너를 사용하기 시작했다. 처음에는 매 시간 단위로 공부할 분량을 정하고 계획에 맞춰 공부하기가 어려웠다. 하지만 이를 악물고 하루하루 학습계획표에 따라 공부를 했더니 학기 말에는 성적이 많이 올랐다.' 알지? 이런 방식이다.

(3) 나만의 학습법 만들어 성적 상승

자기만의 부단한 연구와 노력으로 개발한 학습법으로 성적 상승의 경험을 적는 방식. 예컨대 '나는 영어가 싫었다. 특히 영어 단어 암기가 너무 싫었다. 하지만 영어 공부를 등한시하면 장래 희망인 조종사가 될 수 없다는 이야기를 현직 조종사에게 들었다. 그래서 반드시 되고 싶은 조종사의 길을 걷기 위해 영어 공부를 하기로 결심했다. 나는 가장 취약한 영어 단어를 어떻게 하면 쉽게 외울 수 있을까 고민했다. 고민 끝에 영어 단어를 눈으로 암기하지 않고 하나하나 손으로 쓰면서 외웠다. 노트 왼편에는 영어 단어를, 오른편에는 그 뜻을 적고 반을 접었다. 영어 단어를 보면서 뜻을 생각해내려고 노력했다. 나는 이 방식을 윈도암기법이라 이름 붙였다. 단어를 보면서 그 뜻을 계속해서 떠올리려 노력했기 때문이다.' 뭐 이런 식.

계속해서 강조하지만 고등학교 생활은 특수한 환경, 예컨대 과학고, 특목고, 자사고 등을 제외하면 대동소이하다. 따라서 남과 다른 자신만의 차별화된 경쟁력을 자기소개서에 담기는 생각보다 쉽지 않다. 필자가 항목별로 가장 대중적인 아이템을 써주는 이유를 오해하지 말자. 새로운 글감을 찾으라는 이야기가 아니다. 스티브 잡스는 "세상에 새로운 것은 없다!"라고 했다. 자기소개서도 벌써 몇 년 동안 수백만 장이 쓰였다. 글감이 중복될 수밖에 없다. 왜냐하면 쓸 게 한정적이거든.

하지만 똑같은 소재라도 요리법이 다르면 전혀 새로운 요리로 재탄생한다. 예컨대 떡볶이를 파스타처럼 자른 다음 카르보나라를 만들었다고 하자. 떡볶이라는 소재는 같지만 전혀 다른 느낌과 분위기, 소재의 요리가 된다. 자기소개서도 마찬가지다. 남들과 똑같은 봉사 활동, 스터디 플래너 작성 등 재료는 같지만 어떤 양념(여기서는 스토리가 되겠지)을 치고 어떤 방식으로 재해석하느냐에 따라 자기만의 색깔이 담긴 자기소개서를 만들 수 있다. 그래서 결국에는? 글감이 중요하다. 원재료가 다양해야 창의적인 요리도 나올 수 있다. 잡설이 길었는데 다시 본론으로.

교과 성적의 경우도 5가지 이내로 정리한다. 어떻게? 자신이 싫어했던 과목의 성적을 올린 경험이 있다면 싫어했던 이유 → 성적을 올리겠다고 다짐한 이유 → 노력의 과정과 기간 → 문제점(하기 싫었다, 기초가 약해 이해하기 쉽지 않았다 등) → 문제점 극복(초등학교, 중학교 교과서로 기초를 다졌다) → 결과(성적 상승, 성적 하락)의 순서로 정리한다. 스터디 플래너와 스터디 그룹도 마찬가지다. 앞에서 이야기한 순서대로 5가지 이내로 정리한다.

조금 지루하고 번잡한 과정으로 보일 수 있지만 필자는 자신한다. 가장 빠르고 단순하고 확실한 비법이라고! 뼈대를 세우지 않고 손이 흘러가는 대로 주먹구구식으로 자기소개서를 쓰다 보면 간단하게 써지는 것 같지만 글의 기초가 없기 때문에 나중에 수정을 할 때 자기소개서가 산으로 간다. 짜임새도 없고…. 이런저런 말은 잔뜩 써놓았는데 도통 무슨 내용인지 자신도 이해가 안 가는 자기소개서가 만들어진다.

레고를 예로 들면 이해하기 쉽겠다.

아무리 복잡한 레고라도 설명서대로 차곡차곡 진행하면 작품을 만들 수 있지만, 설명서 없이 표지 그림만 보고 그 표지 그림대로 만든다는 건 결코 쉬운 일이 아니다. 더 쉽게 설명하면 레고 블록은 글감이고 설명서는 스토리텔링이라고 할 수 있다. 스토리텔링에 관한 구체적인 작법은 뒤에서 자세히 설명하겠다.

보통 자기소개서는 자신에게 유리한 내용을 담으려고 한다. 자신의 치부를 담으면 혹시라도 부정적인 평가를 받을까 우려하는 것이다. 하지만 자신의 치부라도 자기소개서에 담아야 하는 경우가 있다. 실제로 자기소개서에 자신의 단점을 과감히 드러낸 학생 중 입학사정관들에게 좋은 평가를 받은 경우는 의외로 많다. 몇 가지 예를 들어 주겠다.

아주대 아주ACE전형으로 화공생명공학부에 합격한 A학생. A학생을 선발한 입학사정관은 "A학생은 자기소개서에 중학교 때 왕따당한 경험과 어머니가 외국인이어서 친구들에게 놀림받은 경험을 썼어요. 솔직히 어떤 학생인지 궁금했어요. 면접에 올리면서 걱정도 많았어요. 자기소개서에 전반적으로 어두운 내용 일색이었기 때문이죠. 하지만 쓸데없는 걱정이었어요. 과거의 상처를 훌륭히 극복했기 때문에 그런 이야기를 가감 없이 쓸 수 있었던 거죠."

필자가 자기소개서 컨설팅을 해 준 B학생의 사례도 마찬가지 경우였다. B학생과 이야기를 나누다 보니 B학생이 고등학교 1학년 때 학교에서 담배를 피우다 걸려서 처벌을 받았다는 사실을 알았다. 그 이야기를 듣고 필자는 "아주 좋은 글감이니 담배 사건을 자기소개서 주요 글감 중 하나로 삼자."라고 했다. 물론 이 말을 들은 B군과 학부모는 "어떻게 그런 내용을 자기소개서에 담느냐? 말도 안 된다."라는 반응을 보였다. 여러분 생각은 어떤가?

결론부터 말하면 인문계열로 내신등급이 3.5등급이던 B학생은 자기소개서 때문에 숭실대 학생부종합전형으로 국제법무학과 1단계 합격이 가능했다. 면접 결과가 안 좋았는지 최종 합격은 못 했지만… 어쨌든 B학생의 1단계 합격 소식이 알려지자 B학생이 다니던 학교의 선생님 몇 분이 자기소개서를 보자고 했단다. 그러더니 이구동성으로 "B학생의 1단계 합격은 자기소개서를 잘 썼기 때문에 가능했다."라고 했다는데 도대체 어떻게 썼기에? 궁금하지 않은가?

　B학생은 담배를 피운 이후에 그 벌로 한동안 교실 안에 있는 쓰레기를 분리수거하는 벌을 받았다. 처음에는 투덜투덜하다가 어느 정도 하다 보니 뿌듯한 마음이 들더라네. 자신으로 인해 교실이 깨끗해지자 기분까지 덩달아 좋아지더래. 그래서 1년 동안 자발적으로 쓰레기 분리수거를 한 거야. 억지로 하는 거랑 본인이 신나서 하는 거랑은 결과가 다르지. 담임 교사가 이런 B군의 모습을 좋게 평가한 거야. 그래서 담배로 처벌을 받은 1학년 때 쓰레기 분리수거 봉사로 선행상을 받게 된 거지. 자신의 치부인 담배로 인해 쓰레기 분리수거라는 벌칙까지 받게 됐지만, 그것이 계기가 돼 자신을 변화시켰고 덩달아 선행상까지 받게 되었으니 전화위복 제대로 한 셈이지. 어때? 단점을 드러내는 것도 나쁘지 않은 방법이지?

 두괄식 쓰기

자기소개서 쓰기에 관심이 있는 학부모와 학생들치고 두괄식 쓰기를 모르는 사람은 없다. 인터넷 포털을 찾아보든, 여기저기 자기소개서 쓰기 설명회를 들어 보든 공통적으로 강조하는 것이 '자기소개서는 두괄식으로!'니까.

그럼 두괄식 쓰기는 무엇일까? 문자 그대로 풀면 핵심 문장이 서두에 위치하는 글쓰기 방식이다. 좀 더 쉽게 설명하자면 자신이 가장 강조하고 싶고 말하고 싶은 내용을 앞 문단에 배치하는 방식이다. 두괄식으로 쓰면 좋은 점은? 글이 산으로 가지 않는다! 그리고 상대방의 눈이 편안해진다.

우선 '글이 산으로 가지 않는다'는 의미를 잘 이해해야 한다. 두괄식은 핵심 문장이 맨 앞에 위치해 있다. 핵심 문장이 앞에 있으면? 이어지는 문장은 당연히 레고 블록 쌓듯이 핵심 문장을 부연 설명하는 방식으로 서술해야 한다. 무슨 말인지 이해가 되지 않는다면, 다음에 나오는 예를 참고하자. 이 책에 수록된 사례는 필자가 직접 자기소개서 첨삭 컨설팅을 해 준 실제 사례임을 밝혀 둔다.

> 1. 고등학교 재학 기간 중 학업에 기울인 노력과 학습 경험에 대해 배우고 느낀 점을 중심으로 기술해주시기 바랍니다.(1,000자 이내)

수험생은 항상 하고 싶은 것을 참아야 하고, 하지 말아야 할 것만 많다는 생각으로 공부를 했었습니다. 그래서인지 공부 외에도 하고 싶은 일이 많은 저는 공부의 끝이 보이지 않는 것 같아 답답하기만 했습니다. 공부의 능률이 오르지 않아 고민한 끝에, 발상의 전환을 해보기로 했습니다.

자기소개서 1번 문항에 대한 예시를 잘 보았는가? 어떤가? '저 정도면 괜찮은 것 같은데?'라는 생각을 했다면 아직 갈 길이 한참 멀다. 왜냐고? 필자가 두괄식으로 표현을 바꾼 내용과 비교해 보면 '아하! 그렇구나!'라는 생각이 저절로 들 것이다. 다음은 앞의 내용을 두괄식으로 바꿔 본 내용이다.

고3이 된 나는 끝이 보이지 않을 것 같은 수험 생활이 답답했습니다. (➡ 결과) 공부 외에도 하고 싶은 일이 너무 많았기 때문입니다. (➡ 그 이유) 당연히 시간이 지날수록 공부에 대한 능률이 오르지 않더군요. (➡ 문제점) 고민 끝에 발상의 전환을 해보기로 했습니다. (➡ 해결책 도출)

어떤가? 내용은 같다. 하지만 어떤 문장이 눈에 쏙 들어오는가? 편의상 고치기 전 문장을 A, 두괄식으로 고친 문장을 B라고 해 보자. B는 A와 비교하면 한결 간결하게 정리되면서 글의 요지가 한눈에 들어온다. 그리고 이어지는 문장은 당연히 레고 블록 쌓듯이 핵심 문장을 부연 설명하는 방식으로 서술이 가능해졌다. 어떻게?

결과, 그 이유, 문제점, 해결책 도출순으로 문장이 진행되고 있다. 앞 문장에서 이야기한 내용을 뒤 문장에서 근거를 들어 설명해 주는 방식으로 문장이 정리되어 있는 것이다. 뭐? 이해가 쉽지 않다고? 그럼 다시 설명해 줄게!

수험 생활이 답답했어! 공부 외에도 하고 싶은 일이 너무 많았기 때문이지…. 그래서 어떻게? 시간이 지날수록 공부 능률이 오르지 않아서 고민이었지. 고민의 결과 발상의 전환을 하기로 했다. 레고 블록 쌓듯이 문장이 착착 맞아떨어지지? 이런 현상을 조금 어려운 용어로 표현하면 문장의 인과 관계가 맞아들어간다고 해.

또 하나의 사례를 소개해 본다. 이번에는 자기소개서 2번 문항이다.

> **2. 고등학교 재학 기간 중 본인이 의미를 두고 노력했던 교내 활동을 배우고 느낀 점을 중심으로 3개 이내로 기술해주시기 바랍니다. 단, 교외 활동 중 학교장의 허락을 받고 참여한 활동은 포함됩니다.(1,500자 이내)**

1. 솔리언 또래상담도우미 2년

2학년 때 부실장으로서 급우들과 자주 어울리고 대화도 많이 나누다 보니 자연스럽게 아이들의 고민이 무엇인지 알 수 있었습니다. 고민을 듣고 제가 도움을 줄 수 있는 부분은 제 일인 것처럼 확실하게 도움을 주려고 노력했고 조언을 해주다 보니, 공식적인 학급의 또래상담 도우미가 되었습니다. 처음에 친구들은 제가 친구가 아닌 도우미가 된 것이 부담스러운지 예전만큼 솔직한 상담을 하지 않으려는 듯 했습니다. 그래서 저는 예전과 같은 친구로서 먼저 다가가기로 했습니다. 친구들의 주된 고민거리는 학업과 진로였고, 그래서 저는 직접 여러 대학들의 입시요강을 모으고 아직 진로를 정하지 않은 친구를 위해서 함께 고민하며 꿈을 찾아갔습니다.

마찬가지로 위의 내용을 두괄식 문장으로 다시 정리해 봤다.

2학년 때부터 여러 대학의 입시요강을 모으고 진로에 대한 자료를 찾았습니다. (➡ 결과) 학급의 또래상담 도우미가 되었는데 친구들은 제가 친구가 아닌 도우미가 된 것이 부담스러운지 예전만큼 솔직한 대화를 하지 않으려고 했습니다. (➡ 문제점) 저는 친구들이 마음을 터놓고 상담을 하기 위해서는 무엇이 필요한지 고민했고 그 결과 친구들과 나의 주요 고민거리인 학업과 진로에 대한 정보를 알아야겠다고 생각했습니다. (➡ 해결책 도출)

어떤가? 마찬가지로 문장의 표현 방식은 바뀌었지만 말하고자 하는 내용은 같지. 그리고 두괄식으로 쓰니 이어지는 문장은 앞에서 강조한 것처럼 레고 블록 쌓듯이 인과 관계가 착착 맞아떨어지지?

결과, 문제점, 해결책 도출순으로 문장이 이어지고 있다. 2학년 때부터 여러 대학의 입시요강을 모으고 진로에 대한 자료를 찾았어. 왜? 학급의 또래상담 도우미가 되었는데 친구들이 예전만큼 솔직한 대화를 하지 않았기 때문이지. 그래서 고민 끝에 또래들의 주요 고민거리인 학업과 진로에 대한 정보를 알아야겠다고 생각한 거야. 어때? 자기소개서 1번 문항에서 이야기한 것처럼 문장이 물 흐르듯 자연스레 흘러가지? 레고 블록 쌓기라고 표현한 것도 결국에는 물 흐르듯 자연스레 문장이 흘러간다는 의미야.

이번에는 자기소개서 3번 항목에 대한 사례를 소개해 볼게.

> **3. 학교생활 중 배려, 나눔, 협동, 갈등 관리 등을 실천한 사례를 들고, 그 과정을 통해 배우고 느낀 점을 기술해주시기 바랍니다.(1,000자 이내)**

학교 행사 중 가장 기다리고 설레는 일 중 하나는 수련회 활동인 것 같습니다. 저 또한 걱정도 되지만 들 뜬 마음으로 수련회 가는 날만을 기다렸습니다. 어렸을 때부터 수련활동은 많이 있었지만 고등학교 2학년 때가 학창 시절 마지막 수련회인 만큼 기억에 오래 남을 추억으로 남기고 싶었습니다. 그래서 결정한 것이 '장기 자랑 때 춤추기'였습니다. 제가 장기 자랑에 큰 의미를 두었던 점은 처음으로 친구들과 함께 무대를 준비해서 다른 친구들에게 보여주는 것이었기 때문입니다.

마찬가지로 위의 내용을 두괄식 표현으로 바꾸어 보았다.

저는 고등학교 2학년 때 수련회가 가장 기억에 남습니다. (➡ 결과) 학창 시절 마지막 수련회인 만큼 오래 남을 추억을 만들기 위해 장기 자랑 때 춤을 준비했습니다. 제가 장기 자랑에 큰 의미를 둔 것은 친구들과 무대를 준비해 공연을 보여 주는 첫 경험이었기 때문입니다. (➡ 그 이유)

이번 문항도 자기소개서 1번, 2번 문항과 동일하게 레고 블록 쌓듯이 착착 인과 관계가 맞아떨어지지? 결과, 그 이유순으로 문장이 이어지고 있어. 한번 보자고.

고등학교 2학년 때 수련회가 가장 기억에 남는데 왜 기억에 남느냐고? 학창 시절 오래 남을 추억을 만들기 위해 춤을 준비했는데, 친구들과 무대를 준비해 공연을 보여 주는 것이 처음이었기 때문이지! 계속 강조하지만 문장이 물 흐르듯 자연스레 흘러가지?

'1장 글감 찾기'에서 자기소개서는 나를 위한 글쓰기가 아니라 남을 위한 글쓰기라고 정의했다. 자기소개서를 쓰는 목적 자체가 대학의 입학사정관, 교수 등 입학 관계자들에게 '나는 발전 가능성과 전공 적합성, 그리고 인성까지 검증된 한마디로 명품 인재이니 나를 뽑아 달라.'라는 광고성 글쓰기라고 했다. 결론적으로 상대방을 배려하는 글을 써야 한다는 것이다.

입학사정관들은 하루에도 수십 장에 이르는 자기소개서를 읽어야 한다. 입학사정관들도 사람인지라 읽기 쉽고 편하면서 재미있는 자기소개서를 더 좋아한다. 당연히 그런 자기소개서는 더 꼼꼼히 읽게 되고 그렇지 않은 경우보다 더 후한 평가를 주게 된다.

일전에 모 대학 입학사정관하고 자기소개서 관련해서 이런저런 이야기를 하다가 우연히 가장 인상 깊었던 자기소개서에 대한 이야기가 나왔다. "사정관님, 가장 기억에 남는 자기소개서는 어떤 거였어요?" 이 물음에 입학사정관은 "'나는 인간 쓰레기였다.'로 시작하는 자기소개서가 가장 기억에 남는다."라고 답했다. 여느 때처럼 산처럼 쌓여 있는 자기소개서를 기계적으로 읽고 있던 중에, 갑자기 '나는 인간 쓰레기였다.'라는 상상 이상의 문장이 나오니 정신이 확 깨더란다.

만약 독자들이 입학사정관이라고 생각해 보라. 다 고만고만한 내용으로 가득한 자기소개서에서 남과 다른 임팩트가 강한 문장이 있다. 어떻게 할 것 같은가? (1) 타인의 관심을 받고 싶어 하는 별종이므로 쓰레기통에 버린다. (2) 뭐지? 뭘 했기에 인간 쓰레기라고 하지? 궁금해하면서 관심 있게 읽어 본다. 대부분 (2)번을 선택할 거다.

그 사정관의 선택도 (2)번이었다. 결론부터 이야기하면 그 인간 쓰레기 친구는 최종 합격의 기쁨을 누렸다. "응? 인간 쓰레기였다는데 어떻게 합격을 했어요? 내신등급은 쓰레기가 아니었나 보네요?", "아니요, 처음에는 그저 재미있는 친구라고만 생각했어요. 그런데 그 자기소개서를 끝까지 읽고 싶더라고요. 읽어 보니 결론은 인간 쓰레기가 아니었어요. 한때는 그런 삶을 살았지만 부모님의 눈물로 정신을 차렸고, 뒤늦게 공부에 재미를 느껴 성적도 많이 올랐더군요. 그래서 어떤 친구인지 얼굴이라도 보고 싶어 면접에 합격을 시켰어요." 그래서 이 학생은 자신을 '인간 쓰레기였다.'라는 과거형으로 표현한 것이다. 이 말은 이제는 과거의 자신이 아니라는 말과 같다. '과거에는 이랬지만 지금은 극복했다. 오히려 그런 과정을 통해 나는 한 단계 더 성숙했다.'라는 메시지를 담고 있는 것이지.

'나는 인간 쓰레기였다.'라는 문장은 두괄식 문장이다. 두괄식은 자신이 가장 말하고 싶은 또는 가장 강조하고 싶은 핵심 내용을 맨 앞 문장에 놓는 글쓰기 방법이라고 했다. 눈썰미가 있는 독자들은 앞에서 필자가 두괄식 사례로 보여 준 예시와 '나는 인간 쓰레기였다.'라는 문장 사이에서 뭔가 공통적인 한 가지를 발견했을 거다.

두괄식 문장은 절대 길지 않다!

앞의 예시들에서 가장 앞에 놓인 문장만 모았다.

1. 고3이 된 나는 끝이 보이지 않을 것 같은 수험 생활이 답답했습니다. (38자)
2. 2학년 때부터 여러 대학의 입시요강을 모으고 진로에 대한 자료를 찾았습니다. (42자)
3. 저는 고등학교 2학년 때 수련회가 가장 기억에 남습니다. (31자)
4. 나는 인간 쓰레기였다. (12자)

어떤가? 실제로도 그렇지 않나? 1번부터 4번까지 문장의 글자 수는 공백까지 포함하면 다들 40자 정도다. 그렇다. 두괄식 문장은 40자 이내여야 가장 효과적이다. 기억하라! 자기소개서를 쓸 때 가장 첫 문장은 무조건 40자 이내로 한다. 그리고 무엇을 담는다? 이 문항에서 내가 가장 말하고 싶은 이야기 또는 가장 핵심적인 이야기를 담는다! 그러면 두괄식 쓰기는 끝! 쉽지?

③ 나열하지 않기

　학생들이 쓴 자기소개서를 첨삭하다 보면 공통적으로 범하는 실수 한 가지! 바로 나열하기! 어떤 식으로? 입 아프니까 실제 사례들을 보여주면서 설명하겠다. 첫 번째 사례는 경희대 자기소개서 4번 문항이다.

> 4. 지원자의 교육 환경(가족, 학교, 지역 등)이 성장 과정에 미친 영향과 지원 학과에 지원한 동기, 입학 후 학업(진로) 계획에 대해 기술해주시기 바랍니다.(1,500자 이내)

　저는 입학 후 아동가족학과의 전통 있는 동아리인 예그리나에 가입하여 이론으로 얻은 지식을 살려 봉사 활동에 적용하며 진정한 봉사정신을 발휘할 것입니다. 또한 지구사회봉사단에 가입하여 해외 봉사를 갈 것입니다. 어릴 적부터 해외의 불우한 아이들을 위한 봉사를 가는 것이 언젠가 꼭 해야 할 일이자 해보고 싶은 일이었기 때문입니다. 고등학교 때에는 RCY우정의 선물상자를 보내는 것과 같이 다소 간접적인 방법으로 밖에 도움을 줄 수 없다는 것이 안타까웠습니다. 그래서 대학 입학 후에는 더 넓어진 시각을 가지고 해외 봉사를 가서 그곳 아이들의 교육 여건 등의 삶의 질 향상을 위해 발 벗고 나설 것입니다. 또한 우리나라에 대해 낯설 아이들에게 k-pop과 태권도를 가르쳐주면서 우리나라를 친근하게 느낄 수 있도록 하고 싶습니다.

읽어 봤나? 어때? 나열식이지? 나열식이란 사전에서는 '문장의 재료를 시간적, 공간적 순서를 밟지 아니하고 항목별, 단위별로 나열하여 서술하여 나가는 문장 구성 방식'이라고 정의하고 있지. 위의 내용을 보면 '나는 동아리 A에 가입해서 무엇을 하고 또한 동아리 B에 가입해서 무엇을 할 것이다.'라고 표현되어 있잖아. 그래서 나열식이야. 가장 일반적인 패턴은 '나는 이것도 했고, 또 저것도 했고…'

또 하나 살펴보자.

> 4. 학업 역량, 지적탐구 역량, 성실성, 자기주도성, 창의성, 공동체 의식 중 추가로 보충하고자 하는 내용에 대하여 구체적인 사례를 중심으로 기술해주시기 바랍니다.

(상략) 뿐만 아니라 우리나라 디아스포라 문학의 가능성과 발전 방향을 의논하기도 했고 저의 발표를 듣고 역사 속의 결과물인 디아스포라 문학을 역사적 사건과 연관시켜 조사해보고 싶다던 친구와 함께 어떤 시대에 무슨 이유로 민족이 분산되었는지, 그 영향을 받아 각 나라별 디아스포라 문학이 어떤 특성을 가지고 있는지 연구하기도 했습니다. 이런 활동을 통해 저의 관심 분야를 더 깊게 탐구하고 생소한 분야의 지식도 알 수 있었습니다. (하략)

일단 두 번째 사례에서 나열식 이전에 짚고 넘어가야 할 것 한 가지. 읽다가 숨넘어간다! 마침표가 없다. 읽는 사람을 전혀 배려하지 않는 글쓰기 형태다. 읽다 보면 그런 생각 들지 않아? 이런 식으로 읽는 사람을 배려하지 않는 자기소개서는 입학사정관들이 싫어하는 자기소개서 유형 중 하나다. 심하게 이야기하면 '읽기 짜증 나는 자기소개서'라고 하지. 당연히 좋은 평가를 얻기 힘들어. 위의 문장을 하나하나 분석해 볼게.

뿐만 아니라 우리나라 디아스포라 문학의 가능성과 발전 방향을 의논하기도 했고 (➡ 나열 1), 저의 발표를 듣고 역사 속의 결과물인 디아스포라 문학을 역사적 사건과 연관시켜 조사해보고 싶다던 친구와 함께 어떤 시대에 무슨 이유로 민족이 분산되었는지, 그 영향을 받아 각 나라별 디아스포라 문학이 어떤 특성을 가지고 있는지 연구하기도 했습니다. (➡ 나열 2) 이런 활동을 통해 저의 관심 분야를 더 깊게 탐구하고 생소한 분야의 지식도 알 수 있었습니다. (➡ 나열 3)

나열 1, 나열 2, 나열 3으로 문장을 구분해 놓았다. 어때? 이렇게 구분해 놓으니 필자가 앞에서 말한 '나는 이것도 했고, 또 저것도 했고…'라는 형태가 보이지? 자기소개서에서 나열식 글쓰기가 문제인 이유는 바로 영혼이 없기 때문이야. 앞에서부터 계속 강조하고 있는데 자기소개서는 어떤 글쓰기? 나를 위한 것이 아니라 대학 입학 관계자들을 위한 글쓰기! 그렇다면? 입학 관계자들은 자기소개서에서 무엇을 알고 싶어 할까?

'내가 A라는 활동도 하고 B라는 활동도 하고 C라는 활동도 하고 D라는 활동도 했어요!'라는 실적을 알고 싶을까? 아니야. 이런 실적은 굳이 자기소개서에 쓰지 않아도 학교생활기록부를 보면 알 수 있단 말이지. 그렇다면 원하는 것은 뭘까? 학교생활기록부에 '이런저런 활동을 했다.'라고만 나와 있지? 그럼 뭐가 빠졌어? 그 활동의 계기와 준비 과정, 그리고 그 활동을 하면서 어떤 성취를 얻었는지? 그리고 그 활동이 나에게 어떤 깨달음을 주었는지? 이런 것들은 알 수 없지? 그래서 자기소개서를 달라고 하는 거야.

하지만 정작 학생들은 자신이 한 활동과 수상 실적만 나열하고 있으니 답답하지. 앞에서 영혼이 없다고 표현한 것도 이런 맥락이야. 그렇다면? 나열식 자기소개서는 어떻게 고쳐야 할까? 다시 경희대 자기소개서 4번 문항으로 돌아가 보자.

> **4.** 지원자의 교육 환경(가족, 학교, 지역 등)이 성장 과정에 미친 영향과 지원 학과에 지원한 동기, 입학 후 학업(진로)계획에 대해 기술해주시기 바랍니다.(1,500자 이내)

저는 입학 후 아동가족학과의 전통 있는 동아리인 예그리나에 가입하여 이론으로 얻은 지식을 살려 봉사 활동에 적용하며 진정한 봉사정신을 발휘할 것입니다. 또한 지구사회봉사단에 가입하여 해외 봉사를 갈 것입니다. 어릴 적부터 해외의 불우한 아이들을 위한 봉사를 가는 것이 언젠가 꼭 해야 할 일이자 해보고 싶은 일이었기 때문입니다. 고등학교 때에는 RCY우정의 선물상자를 보내는 것과 같이 다소 간접적인 방법으로 밖에 도움을 줄 수 없다는 것이 안타까웠습니다. 그래서 대학 입학 후에는 더 넓어진 시각을 가지고 해외 봉사를 가서 그곳 아이들의 교육 여건 등의 삶의 질 향상을 위해 발 벗고 나설 것입니다. 또한 우리나라에 대해 낯설 아이들에게 k-pop과 태권도를 가르쳐주면서 우리나라를 친근하게 느낄 수 있도록 하고 싶습니다.

필자는 이렇게 조언했어.

"진학하고자 하는 학과의 동아리 정보를 안다는 것은 해당 학과 진학에 대한 적극성과 간절함을 평가할 수 있는 좋은 소재입니다. 하지만 좋은 소재를 너무 맛없게 밥상에 올렸다고 봅니다. 예그리나에 가입해서 구체적으로 1학년 때는 무엇, 2학년 때는 무엇, 3학년 때는 무엇, 4학년 때는 무엇을 하겠다는 플랜을 제시해 주십시오. 지구사회봉사단도 마찬가지… 또한 '그래서 대학 입학 후에는 더 넓어진 시각을 가지고 해외 봉사를 가서 그곳 아이들의 교육 여건 등 삶의 질 향상을 위해 발 벗고 나설 것입니다.'라는 문장은 삭제하시길! 앞에서 지구사회봉사단 해외 봉사 간다는 이야기를 했는데 아무 목적성 없이 반복하는 것에 지나지 않아요. 실제로 해당 문장 삭제하고 읽어 보세요."

필자의 조언을 보면 뭐라고 되어 있지? 예그리나에 가입해서 구체적으로 1학년 때는 무엇, 2학년 때는 무엇, 3학년 때는 무엇, 4학년 때는 무엇을 하겠다는 플랜을 제시해달라고 했어. 이 말은 영혼을 담으라는 말이지. 그냥 '이것 하고 저것 하겠다.'라고 썼다면 나열에 불과해. 하지만 '이것을 하고 싶은데 그 이유는 무엇이고 구체적으로 무엇을 어떻게 하겠다.'라는 내용을 담으면 나열이 아니지.

예시 세 가지를 더 보자.

> **4. 입학 후 학업 계획 및 진로 계획을 기술해주시기 바랍니다.(1,000자 이내)**

(상략) ○○대학교 졸업 후에는 연극이나 뮤지컬 등 다양한 공연을 만들고 완성해가는 무대 연출가가 되어, 모든 배우와 스탭들을 아우르며 좋은 공연을 제작하고 관객들에게 전달할 것입니다. (하략)

마찬가지로 전형적인 나열식이야. '내가 이것을 하고 또한 저것도 하고' 등등은 그냥 공허한 메아리처럼 느껴지지 않아? 문장에서 힘이 느껴지지도 않고 말이야. 그 이유는 구체적이지 못하기 때문이지. 만약 '30대는 무엇을 목표로 무슨무슨 활동을 하고 40대는 무엇을 목표로 극단을 설립해 이런저런 공연을 하겠다. 50대는 그동안의 경험을 바탕으로 대학 강단에 서서 후배들을 지도하고…'라는 식으로 표현했다면 어땠을까?

⑵ 동아리활동

다양한 동아리 활동을 통해 많은 경험을 하며 생활했습니다. 영화를 좋아하는 저는 교내동아리<스크린으로 세상 읽기>에 가입해 영화를 통해 타인의 삶을 이해하고, 삶을 대하는 자세를 반성할 수 있었습니다. <영어소설읽기반>에서는 제가 읽은 책의 결말을 새롭게 만들어 보는 과정을 통해 창의성을 기를 수 있었고, 번역의 미묘한 차이 때문에 작품에 대한 이해가 달라지는 경우도 찾을 수 있었습니다.

입 아프게 설명하고 있지? 당근 나열식…. 필자는 이렇게 조언을 해 주었어.

"학생의 동아리 종목을 보려고 질문한 것이 아닙니다. '동아리 활동을 왜 했고 하다 보니 무엇을 느꼈고 그것이 자신의 인생에 어떤 영향을 주었으며 그로 인해 자신이 이렇게 바뀌었다.'를 요구하는 것이죠. 예컨대 '스크린으로 세상 읽기'에 가입했다고 했잖아요? 거기에서 타인의 삶을 이해하고 반성할 수 있었다고 했지요? 그런데 말뿐입니다. 동아리에서 본 영화 중 1~2편의 영화를 토대로 내용을 풀어 나가는 것이 좋아요."

> **4. 아래의 주제를 선택하여 자유롭게 기술하시오.(복수 선택 가능, 총 1,000자 이내)**
> - 지원자의 환경(가정, 학교, 지역, 국가 등)적 특성이 지원자의 삶에 미친 영향
>   - 최근 3년간 지원자의 개인적 관심 또는 역량 계발에 대한 경험적 사례
> - 기타(자유롭게 주제를 정하여 기술)

3학년이 되면서부터 새로운 수녀님이 사감 자리로 오시는 것과 동시에 저는 3학년을 대표하는 새로운 학생장이 되었습니다. 예민한 3학년들과, 새로운 규칙 사이에서 많은 충돌이 생겼고, 저는 그 사이에서 서로의 입장을 이해시켜주는 역할이었고, 주로 3학년의 입장을 대표해서 전달을 하였습니다. 갈등 조정 중에서 기숙사 규칙 문제 때문에 여러 번 교내 담당 선생님께 가서 상의 드린 적도 많았고, 불편한 규율에 대해

안건을 제시하며 우리 학년의 편의와 권리를 기숙사 내에서 지켜주고자 노력을 많이 하였습니다. 그동안 바꾸지 않았던, 모두 무관심했던 기숙사의 불편한 점들을 우리 3학년을 위해서뿐만 아니라 후대 기숙인들을 위한다라는 희생 정신으로 임하였었습니다. 서로 흡족한 소통이 이뤄지지 않고 있단 생각에 많이 힘들었지만, 친구들의 고맙다는 말에 격려를 받고 힘을 냈고, 결국 많은 개선이 이루어졌습니다. 하지만 제가 그를 통해 배운 것은, 중간 역할이 매우 중요하며, 중간 역할의 각 입장에게의 전달 능력 또한 무척 중요하다는 것. 또한 관리자의 관점에서 또한 담임 선생님을 싫어하면, 애들끼리 담합이 잘된다는 이야기가 있지만 그것이 항상 옳지 많은 않고, 둘 사이의 소통이 중요하다는 것을 깨달았습니다. 불편한 규율을 직접 바꾸고, 사감님과의 여러 얘기 속에서 관리자의 입장에 대해 배우게 되었습니다.

이것 역시 나열식이지. 위의 문장을 잘 읽어 보면 '갈등 조정 중에서 기숙사 규칙 문제 때문에 여러 번 교내 담당 선생님께 가서 상의드린 적도 많았고, 불편한 규율에 대해 안건을 제시하며 우리 학년의 편의와 권리를 기숙사 내에서 지켜주고자 노력을 많이 하였습니다.'라는 것이 핵심인데 구체적으로 '무엇을! 어떻게! 왜?'에 대한 내용이 없기 때문에 힘이 죽 빠지면서 나열식이 돼 버린 거야.

'그동안 바뀌지 않았던, 모두 무관심했던 기숙사의 불편한 점들을 우리 3학년을 위해서뿐만 아니라 후배 기숙인들을 위한다는 희생 정신으로 임하였었습니다. 서로 흡족한 소통이 이뤄지지 않고 있단 생각에 많이 힘들었지만, 친구들의 고맙다는 말에 격려를 받고 힘을 냈고, 결국 많은 개선이 이루어졌습니다.'라는 것도 구체적인 근거와 과정에 대한 설명이 없기 때문에 나열식에 그치고 말았지.

글감의 소재는 참 좋은데 나열식으로 서술하니 좋은 재료가 빛을 잃고 있어. 무척 아쉽지. 나열식을 예방하는 방법을 알려 줄게. 간단해. '구체적인 내용'이라는 양념을 뿌려 주는 것이지.

앞에서 이야기했지? 그냥 '이것 하고 저것 하겠다.'라고 썼다면 나열에 불과해. 하지만 '이것을 하고 싶은데 그 이유는 무엇이고 구체적으로 무엇을 어떻게 하겠다.'라는 내용을 담으면 나열이 아니라고. 이 점만 명심하면 나열식 글쓰기에서 벗어날 수 있어.

④ 내가 나를 평가하지 않기

내가 나를 평가하지 않기? 선뜻 이해가 가지 않는다고? 그럼 몇 가지 사례를 줄 테니 찬찬히 읽어 보도록. 그다음에 구체적으로 이야기해 보자고.

> 1. 고등학교 재학 기간 중 학업에 기울인 노력과 학습 경험에 대해 배우고 느낀 점을 중심으로 기술해주시기 바랍니다.(1,000자 이내)

또한 생활 속의 영어공부를 위해 영자신문을 매일 읽으며 관심 있는 부분은 스크랩하여 다양한 지문으로 독해 연습을 했습니다. 등하교 시간은 BBC방송을 청취하였으며, 말하기 연습을 위해 녹음을 하며 저의 부족한 부분을 찾아 억양, 발음 등의 문제점을 고쳐 나갔습니다. 이러한 과정을 통해 저는 현재 수준 높은 영자신문의 기사도 막힘 없이 읽을 수 있고, 어떠한 주제에도 저의 의견을 영어로 말할 수 있게 되었습니다.

> 2. 고등학교 재학 기간 중 본인이 의미를 두고 노력했던 교내 활동을 배우고 느낀 점을 중심으로 3개 이내로 기술해주시기 바랍니다. 단, 교외 활동 중 학교장의 허락을 받고 참여한 활동은 포함됩니다.(1,500자 이내)

'기호 2번 ○○○팀 낙선'은 저에게 가장 값진 말입니다. 2013년 여름, 저는 학생회장 선거에 출마했습니다. 3인 1조로 출마하는 형식이었는데 저희 조에게 위기가 닥쳤습니다. 1차 연설 하루 전, 같이 출마하는 한 친구가 건물에서 떨어져 허리부상을 당한 것입니다. 그 소식을 듣고 눈물을 흘렸는데 처음 흘린 눈물은 그 친구에 대한 걱정의 눈물이었습니다. 하지만 부끄럽게도 그 의미는 점차 퇴색 되었습니다. 그 친구에 대한 걱정보다는 선거를 나가지 못하게 될 거라는 불안감, 원망의 눈물이 떨어졌습니다. 시간은 가는데 연설을 다시 2명용 원고용으로 고치고 외워야 했습니다. 뿐만 아니라 얼굴도 모르는 한 명을 과연 어느 누가 믿고 뽑아줄까? 앞으로의 선거 기간 동안 2명이 팀을 이끌 수 있을까?라는 수만 가지 생각들은 저에게 '포기'라고 외치고 있었습니다.

하지만 그 순간 저는 왜 제가 학생회장이 되고 싶은지 다시 생각을 해 봤습니다. 다친 제 동료, 저를 믿어 주는 친구들 그리고 모든 학생들을 위해 그들의 의견을 듣고, 교칙에 반영하기 위해서였습니다.

> **3.** 학교 생활 중 배려, 나눔, 협력, 갈등 관리 등을 실천한 사례를 들고, 그 과정을 통해 배우고 느낀 점을 기술해주시기 바랍니다.(1,000자 이내)

축제 약 한 달 전부터 여러 기사와 자료들을 참조하며 동아리의 목적에 부합하는 프로젝트를 고안 하던 중, '사과데이'라는 캠페인이 있음을 알게 되었습니다. '학교 폭력 대책 국민 협의회'의 주최로 추진된 이 '사과데이'는 '나로 인해 마음이 아팠을 사람'에게 사과하고 그 징표로 사과를 전해 주자는 취지로 지정한 날로 둘(2)이 서로 사(4)과 한다는 뜻을 담아 매년 10월 24일 시행된 캠페인입니다. 저는 많은 학교에서 호평을 받은 이 캠페인이 동아리를 활성화시키는 데 기여할 뿐만 아니라 또래상담부의 본 목적인 친구들 간의 소통에 도움을 줄 것이라고 생각하여 담당 선생님께 동의를 구하고 부서에서 추진하게 됐습니다. 처음에는 시큰둥한 반응을 보이며 캠페인 참여에 대한 귀찮은 기색을 드러내던 부원들도 본인에게 주어진 역할과 책임이 생기자 조금씩 능동적으로 참여하기 시작했습니다. 이 캠페인은 사과를 전하고 싶은 친구가 위클래스(동아리 부스)에서 편지를 작성한 후 부원들에게 전해주고, 부원들은 지급된 운영비로 구입한 사과 맛 젤리, 과자, 사탕 등이 담긴 봉투에 편지를 담아 전달해주는 방식으로 운영하였는데 이 과정에서 저와 부원들은 다양한 친구들의 반응과 감사의 인사를 들으며 뿌듯하고 보람찬 기분을 느꼈고, 더욱 적극적으로 캠페인을 진행 할 수 있던 결과 약 40건의 편지를 전달하며 '사과데이'를 성공적으로 마치게 되었습니다.

> **4. 학업 역량, 지적탐구 역량, 성실성, 자기주도성, 창의성, 공동체 의식 중 추가로 보충하고자 하는 내용에 대하여 구체적인 사례를 중심으로 기술해주시기 바랍니다.**

저는 문학에 관심이 많아 책을 읽으면서 들었던 의문이나 흥미로운 소재를 찾아 친구들 앞에서 발표하고 책을 소개하는 것을 주로 하였습니다. '카인의 유전자' 속 카고 조사나 '창세기 비밀'의 배경인 괴페클리 테페 연구 같은 흥미로운 발표는 아이들에게 큰 흥미와 반향을 불러일으켰고 저의 발표를 듣고 실제로 그 책을 읽어 보는 친구들을 보며 보람을 느꼈습니다.

자, 1번부터 4번 문항까지 예시를 잘 읽어 보았나? 어떤 문장이 문제가 되는지 알 것 같아? 음 역시나… 모른다는 경우가 더 많구나! 알았어. 이번에는 앞의 예시에서 어떤 문장이 문제가 되는지 줄을 쳐 줄 테니까 비교해서 읽어 보도록! 그러면 필자의 '나를 평가하지 않기'라는 의미를 어느 정도 이해할 수 있을 거야.

1. 고등학교 재학 기간 중 학업에 기울인 노력과 학습 경험에 대해 배우고 느낀 점을 중심으로 기술해주시기 바랍니다.(1,000자 이내)

또한 생활 속의 영어 공부를 위해 영자신문을 매일 읽으며 관심 있는 부분은 스크랩하여 다양한 지문으로 독해 연습을 했습니다. 등하교 시간은 BBC방송을 청취하였으며, 말하기 연습을 위해 녹음을 하며 저의 부족한 부분을 찾아 억양, 발음 등의 문제점을 고쳐 나갔습니다. 이러한 과정을 통해 저는 현재 수준 높은 영자신문의 기사도 막힘 없이 읽을 수 있고, 어떠한 주제에도 저의 의견을 영어로 말할 수 있게 되었습니다.

(➡ '현재 수준 높은 영자신문의 기사'라? 주관적인 표현입니다. 이런 주관적인 표현은 입학사정관들에게 좋은 인상을 주기 어렵습니다. <OO타임스>와 같은 식으로 구체적인 매체 이름을 소개해 주는 것이 좋겠어요. '어떠한 주제에도 저의 의견을 영어로 말할 수 있게 되었습니다.'라는 표현 또한 주관적입니다. 자신감보다는 자기 자랑을 한다는 느낌을 받게 되네요. 이렇게 고쳐 보세요. '어떠한 주제에도 저의 의견을 영어로 말할 수 있다는 자신감이 생겼습니다.')

2. 고등학교 재학 기간 중 본인이 의미를 두고 노력했던 교내 활동을 배우고 느낀 점을 중심으로 3개 이내로 기술해주시기 바랍니다. 단, 교외 활동 중 학교장의 허락을 받고 참여한 활동은 포함됩니다.(1,500자 이내)

'기호 2번 ○○○팀 낙선'은 저에게 가장 값진 말입니다. 2013년 여름, 저는 학생회장 선거에 출마했습니다. 3인 1조로 출마하는 형식이었는데 저희 조에게 위기가 닥쳤습니다. 1차 연설 하루 전, 같이 출마하는 한 친구가 건물에서 떨어져 허리 부상을 당한 것입니다. 그 소식을 듣고 눈물을 흘렸는데 처음 흘린 눈물은 그 친구에 대한 걱정의 눈물이었습니다. 하지만 부끄럽게도 그 의미는 점차 퇴색 되었습니다. 그 친구에 대한 걱정보다는 선거를 나가지 못하게 될 거라는 불안감, 원망의 눈물이 떨어졌습니다. 시간은 가는데 연설을 다시 2인용 원고로 고치고 외워야 했습니다. 그뿐만 아니라 '얼굴도 모르는 한 명을 과연 어느 누가 믿고 뽑아 줄까? 앞으로의 선거 기간 동안 두 명이 팀을 이끌 수 있을까?'라는 수만 가지 생각은 저에게 "포기"라고 외치고 있었습니다.

하지만 그 순간 저는 왜 제가 학생회장이 되고 싶은지 다시 생각을 해 봤습니다. **다친 제 동료, 저를 믿어 주는 친구들 그리고 모든 학생들을 위해 그들의 의견을 듣고, 교칙에 반영하기 위해서였습니다.**

(➡ 잘 썼는데 여기서도 주관적인 표현이 보입니다. '그들의 의견을 듣고 교칙에 반영하기 위해서였습니다.' 무엇을 어떻게 하려고 했는지요? '모든 ○○학생들을 위해'라는 표현도 지극히 주관적인 표현입니다. 입학사정관들은 주관적인 표현 정말 싫어합니다. 이렇게 바꿔 보세요. '다친 제 동료, 저를 믿어 주는 친구들을 위해서라도 포기하면 안 된다는 생각을 했습니다.')

> **3.** 학교 생활 중 배려, 나눔, 협력, 갈등 관리 등을 실천한 사례를 들고, 그 과정을 통해 배우고 느낀 점을 기술해주시기 바랍니다.(1,000자 이내)

축제 약 한 달 전부터 여러 기사와 자료들을 참조하며 동아리의 목적에 부합하는 프로젝트를 고안하던 중, '사과데이'라는 캠페인이 있음을 알게 되었습니다. '학교폭력 대책 국민협의회'의 주최로 추진된 이 '사과데이'는 '나로 인해 마음이 아팠을 사람'에게 사과하고 그 징표로 사과를 전해 주자는 취지로 지정한 날로 둘(2)이 서로 사(4)과 한다는 뜻을 담아 매년 10월 24일 시행된 캠페인입니다. 저는 많은 학교에서 호평을 받은 이 캠페인이 동아리를 활성화시키는 데 기여할 뿐만 아니라 또래상담부의 본 목적인 친구들 간의 소통에 도움을 줄 것이라고 생각하여 담당 선생님께 동의를 구하고 부서에서 추진하게 됐습니다. 처음에는 시큰둥한 반응을 보이며 캠페인 참여에 귀찮은 기색을 드러내던 부원들도 본인에게 주어진 역할과 책임이 생기자 조금씩 능동적으로 참여하기 시작했습니다. 이 캠페인은 사과를 전하고 싶은 친구가 위클래스(동아리 부스)에서 편지를 작성한 후 부원들에게 전해 주고, 부원들은 지급된 운영비로 구입한 사과맛 젤리, 과자, 사탕 등이 담긴 봉투에 편지를 담아 전달해주는 방식으로 운영하였는데 이 과정에서 저와 부원들은 다양한 친구들의 반응과 감사의 인사를 들으며 뿌듯하고 보람찬 기분을 느꼈고, 더욱 적극적으로 캠페인을 진행할 수 있었습니다. 그 결과 약 40건의 편지를 전달하며 '사과데이'를 성공적으로 마치게 되었습니다.

(➡ '성공적으로'? 이 역시 주관적 표현…. 이런 표현을 쓰고 싶다면 누가 봐도 성공적이라고 인정할 수 있는 결과와 근거를 제시해 주세요. 예컨대 '선생님들이 감동받아서 우수 동아리로 선정했다.'라거나 아니면 '동아리 활동 40건 중 몇 명이 화해에 성공했다.'와 같은 내용으로 말이죠. 입학사정관들은 주관적인 표현, 특히나 자신이 한 일이 '성공적이다, 잘했다, 대박이었다' 뭐 이런 식의 표현에 가장 짜증 냅니다. 평가는 학생이 아닌 입학사정관들이 내리는 영역이니까요.)

> **4. 학업 역량, 지적탐구 역량, 성실성, 자기주도성, 창의성, 공동체 의식 중 추가로 보충하고자 하는 내용에 대하여 구체적인 사례를 중심으로 기술해주시기 바랍니다.**

저는 문학에 관심이 많아 책을 읽으면서 들었던 의문이나 흥미로운 소재를 찾아 친구들 앞에서 발표하고 책을 소개하는 것을 주로 하였습니다. '카인의 유전자' 속 카고 조사나 '창세기 비밀'의 배경인 괴페클리 테페 연구 같은 흥미로운 발표는 아이들에게 큰 흥미와 반향을 불러일으켰고 저의 발표를 듣고 실제로 그 책을 읽어 보는 친구들을 보며 보람을 느꼈습니다.

(➡ '아이들에게 큰 흥미와 반향을 불러일으켰고'라는 표현을 대학 관계자들이 본다면 어떤 느낌일까요? 자신의 주관이 아주 진하게 담긴 표현이죠? 이 문장이 힘을 얻기 위해서는 아이들에게 구체적으

로 어떤 흥미와 반향을 불러일으켰는지 예시를 들어주어야 합니다. 예컨대 발표가 끝나고 나서 몇몇 아이들이 찾아와 "너의 발표를 듣고 흥미가 생겼다. 추천해 줄 만한 책이 있느냐?" 또는 "괴페클리 테페 연구에 대해 더 자세히 듣고 싶으니 시간을 내어 달라."와 같은 구체적인 사례를 들어 주어야 본인의 주장이 좀 더 신뢰를 얻을 수 있습니다.)

자, 이제는 뭐가 문제인지 알겠지? 바로 자신의 행동을 자기가 평가한 내용 때문이지. 다른 말로 하면 '근거가 뒷받침되지 않는 아주 주관적인 표현'이 바로 자신을 평가하는 표현이라고 할 수 있어. 이런 표현이 문제가 되는 이유는 입학사정관 등 자기소개서를 읽어 보는 입학 관계자들이 가장 싫어하는 표현이기 때문이지. 쉽게 생각해 보자고. 자기소개서는 누구를 위한 글쓰기라고 했어? 자신을 위한 글쓰기가 아니라고 했지? 그럼? 바로 입학사정관, 대학 교수, 입학 관계자들을 위한 글쓰기라고 했지. 그럼 자기소개서에 대한 평가는 누가 하는 거야? 자기소개서를 쓴 자신이 평가하는 거야? 아니면 입학사정관, 대학 교수, 입학 관계자들이 평가하는 거야? 당연히 후자야. 그렇다면 입장을 바꿔 생각해보자고. 내가 입학사정관이야. 그런데 자기소개서를 읽어 보니 기도 안 차. 예컨대 '나는 동아리 회장으로 활동했는데 이런저런 활동을 했고 그 결과 유명무실했던 우리 동아리가 우리 학교 최고의 동아리가 되었다!'라는 표현이 있어. 일단 제3자가 이런 표현을 접했다고 생각해 봐. 어때? 완전 잘난 척! 호감이 가겠느냐고. 아닐걸? 왜냐고? 객관적이지 않잖아. 진짜로 자기가 노력해서 다 쓰러져 가는 동아리를 학교 최고 동아리로 만들었다고 하자고. 그걸 상대방에게 믿게 하려면 뭐가 필요해? 화려한 미사여구? 아니지. 바로 근거가 필요한 거야. 앞에서 인용했던 표현을 다시 한 번 다듬어 보자고.

나는 동아리 회장으로 활동을 했는데 이런저런 활동을 해서 교내 동아리 경진대회에서 우수상을 몇 번 받았고, 그 결과 우리 동아리가 많이 알려져 동아리 회원 수는

○명에서 ○○명으로 늘었다. 연말에는 선생님들이 평가한 '우리 학교 10대 동아리'에도 선정됐다. 내가 동아리 회장을 맡았을 때는 해체를 고민해야 할 정도로 동아리 활동이 미약했지만, 1년 동안 우리 학교 최고의 동아리를 만들겠다는 목표 아래 동아리 회원들이 다 함께 노력한 결과였다.

자, 앞의 예시와 내용은 같지? 뭐야? 내가 동아리 회장으로 있으면서 우리 동아리를 학교 최고의 동아리로 키웠다는 내용이잖아? 그런데 앞의 표현은 닭살 돋을 정도로 자화자찬만 하고 있고 아주 주관적인 표현만 가득하기 때문에 자기소개서를 읽고 있는 대학 관계자들에게 절대 좋은 평가를 받지 못하지. 이 책을 읽고 있는 독자들도 마찬가지 생각일 거야. 하지만 뒤에 있는 예시는 어떤가? 구체적인 수치와 그 과정을 첨가했을 뿐인데? 어때? 신뢰가 가지 않아? 그리고 화려한 미사여구도 없고 약간 드라이한 문장이라고 느껴지지만 '아 진짜 이 친구는 이런 활동을 했구나. 정말 믿음이 가는데?'라는 느낌이 들지 않아? 왜냐고? 상대방이 납득할 수 있는 객관적인 근거를 구체적으로 들었고, 절대 '자신이 ○○○해서 ○○○한 결과를 얻었다.'라는 자뻑식 표현을 쓰지 않았기 때문이야.

앞에서 이야기했잖아. 자기소개서는 남이 평가한다고! 그래서 자신을 드러내기 위해 화려한 미사여구를 쓰면서 '내가 이렇게 했기 때문에 이런 평가를 받았다.'라는 표현은 대학 관계자들의 눈살을 찌푸리게 한다고 말이지. 확실히 알겠지?

5 스토리텔링으로 눈길을 잡아라!

스토리텔링? 쉽게 이야기하면 스토리, 즉 사례를 가지고 풀어 나가는 글쓰기 작법 이다. 나열식의 대칭 개념이라고 생각하면 되겠다. 자기소개서에 대한 이야기가 나올 때마다 빠지지 않고 나오는 것 중 하나가 바로 스토리텔링이다. 스토리텔링이라고 해 서 뭔가 거창한 것을 기대하지 말자. 별거 아니다. 말 그대로 상대방에게 이야기하듯 자신의 강점 또는 특성을 드러낼 수 있는 한두 가지 사례를 써 내려가는 글쓰기 방법 이니까.

여러분의 이해를 돕기 위해 이번에도 몇 가지 예시를 들어 주겠다. 차이가 있다면 이번에는 스토리텔링으로 잘 쓰여진 추천 사례라는 점. 일단 이것을 보고 나서 이야 기하자.

---

3. 학교 생활 중 배려, 나눔, 협력, 갈등 관리 등을 실천한 사례를 들고 그 과정을 통해 배우 고 느낀 점을 기술해주시기 바랍니다.(1,000자 이내)

2013년 학교 축제 때 학교에서 새롭게 '반부스'라는 행사를 추진했습니다. 핫도그를 만들기로 하였는데, 처음에는 수익금으로 반끼리 모여 밥을 먹자고 의견이 나왔지만 기부하자는 의견이 나오고부터는 팽팽한 논쟁이 일어났습니다. 반 이상의 친구들이 기부를 하자는 입장이었지만 다 같이 노력해 얻은 결과이기에 다수결로 무작정 몰아

가기엔 무리가 있었습니다. 저는 반장과 함께 나머지 친구들을 설득하기로 마음먹었습니다. 저희 학교에 학비를 내지 못하는 학생들이 있는데, 그 학생들에게 도움을 준다면 더욱 뿌듯할 것이라고 말했습니다. 음식은 한순간의 배부름으로 끝이 나지만, 기부를 하는 것은 평생토록 기억에 남고 경제적 이유로 학업을 포기하는 학생을 줄일 수 있을 것이라고 했습니다. 또, 학생 신분에 직접 번 돈으로 기부할 수 있는 기회가 거의 없기 때문에 좋은 경험이 될 것이라고 했습니다. 결국 모든 아이들의 찬성으로 수익금을 기부하기로 하였습니다. 모든 아이들이 같은 마음으로 동참해서 큰 갈등 없이, 그 어느 반보다 많은 수익금을 얻을 수 있었습니다.

(➡ 이렇게 구체적으로 쓰세요! 아주 좋습니다. '어떤 일을 하게 된 계기와 과정 중 일어난 갈등 그리고 그 갈등을 해결하기 위해 자신이 구체적으로 어떤 역할을 했고 그 결과 나는 이렇게 성장했다.'가 잘 담겨 있습니다. GOOD!)

---

3. 학교 생활 중 배려, 나눔, 협력, 갈등 관리 등을 실천한 사례를 들고 그 과정을 통해 배우고 느낀 점을 기술해주시기 바랍니다.(1,000자 이내)

학교 생활에 조금씩 적응하며 2학년이 되어 처음 배정받은 반의 느낌은 '알록달록'이었습니다. 반 친구들 중 상당수가 예체능 계열이었고 개성 있는 친구들이 많았습니다. 그중 유독 눈에 띄는 A는 수업 시간에 화장을 하거나 음식을 먹으며 우리 반 친구들의 눈을 찌푸리게 했습니다. 친구들은 A의 외모와 성격에 대해 뒤에서 험담하고 비웃었습니다. 이동 수업 시간에는 친구들이 깨우지 않아 수업에 빠지는 일이 종종 있었고, 점심 시간에도 늘 혼자인 모습을 보면서 미국에서 외롭게 지냈던 저의 모습을 보는 것 같아 마음이 아팠습니다.

저도 미국에서 공부할 당시 미국 친구들과 대화하는 것이 두려웠던 적이 있습니다. 영어도 부족했지만 낯선 생활에 대한 두려움 때문에 홀로 지내면서 어려운 시간을 보냈지요. 그때 하나님을 찾게 되었고, 제가 간절히 소망했던 기도의 응답을 받으면서 감사한 마음과 긍정적 생각으로 유학 생활의 어려움을 이겨 낼 수 있었습니다.

저는 그 친구도 많이 외로울 것이란 생각에 기회가 될 때마다 그 친구에게 말을 붙이기 시작했습니다. 몇 명은 이를 못마땅해하면서 저까지 멀리했습니다. 그래도 저는 친구들에게 A의 장점을 말해 주는 한편 A에게는 친구들이 싫어하는 부분을 조심스럽게 알려 주었습니다.

(➡ 자신의 경험담과 학급에서의 갈등 사례를 매칭한 소재 아주 좋습니다. 평범함 소재라도 자신의 경험이 담긴다면 세상에 딱 하나뿐인 자신만의 내용이 되니까요. 100점 만점에 100점!)

> **2.** 고등학교 재학 기간 중 본인이 의미를 두고 노력했던 교내 활동을 배우고 느낀 점을 중심으로 3개 이내로 기술해주시기 바랍니다. 단, 교외 활동 중 학교장의 허락을 받고 참여한 활동은 포함됩니다.(1,500자 이내)

입학한 지 며칠 지나지 않아, 수많은 동아리 홍보 포스터 중 '연극부'라는 글자가 눈에 들어왔습니다. 저는 평소 영화나 뮤지컬 등 예술 공연에 관심이 많았던 터라 그 자리에서 바로 포스터에 적혀 있는 전화번호로 오디션을 신청했고, 일주일 후 동아리 선배에게 합격 통보를 받아 연극부원이 되었습니다.

연극부는 주로 하나의 주제를 가지고 3~4개의 팀이 즉흥극을 만들어 발표하고 비교함으로써 연극 제작 과정을 빠르게 경험하는 활동을 했습니다. 그러던 어느 동아리 활동 날 담당 선생님께서 연극배우를 초빙해 오셨습니다. 사실 그 배우 분의 수업이 있기 전까지, 연출, 시나리오 작가, 분장, 소품 담당 각 1명과 연기자 3~4명으로 구성된 팀원들은 주어진 시간 동안 자신이 맡은 역할에만 몰두하는 경향이 있었습니다. 저 역시 '나만 잘하면 된다.'라는 생각에 담당 분야였던 연출에만 신경 쓴 채 연기나 소품 등에는 크게 관여하지 않았습니다. 그러나 그 배우는 자신이 맡은 작업만을 잘

해 내는 것으로는 절대 좋은 연극을 만들 수 없다고 강조하면서 각자 맡은 역할에 상관없이 팀원이 모든 부분에 참여하는 연극을 진행하셨습니다. 한 번도 해보지 않았던 작업이라 처음에는 당황했지만, 연출 이외의 분야를 경험한다는 사실에 설레기도 했습니다. 그날의 주제는 '동화 신데렐라의 각색'이었는데, 모든 팀원들이 함께 의견을 나누며 '21세기 신데렐라'라는 소주제를 잡고 함께 시나리오를 구상해 나갔습니다. 작가 혼자 해 왔던 스토리 구성에 전원이 참여하니 아이디어도 훨씬 풍부해지고, 극의 내용이 구상될 때까지 할 일 없이 기다렸던 팀원들도 더 많은 시간과 능력을 연극에 투자할 수 있었으며, 모든 구성원의 의견이 반영되었기 때문에 극본에 대한 불만도 적어져 보다 적극적인 참여 효과가 실현되었습니다. 특히 연기를 한 번도 해 본 적이 없었던 저는 신데렐라 언니라는 작은 역할이었지만 처음 연기를 해 봄으로써 연기자들의 힘든 점들을 이해할 수 있게 되었습니다. 단 한 번의 수업을 통해 연극을 좀 더 거시적인 관점에서 바라볼 수 있게 되었고, 연극이나 영화에 대한 흥미도 전보다 높아져 대학 진학 후에도 공연에 관해 더 깊게 공부하고 싶은 생각이 들었습니다.

(➡ 좋습니다. 흠잡을 데 없어요^^;;)

그 속에서도 가장 기억에 남았던 것은 축제 때의 활동이었습니다. 그날은 MC남이 되었던 하루였습니다. 축제 전, 저희는 어려운 경제를 학생들이 친숙하게 느낄 수 있게 해주는 것을 모토로 정했습니다. 저는 여러 차례 회의를 통해 동아리에서 진행했으면 하는 프로그램들을 계획하고 발표하였습니다. 각 동아리 부원들에게 역할 분담을 해주고 나서, 저는 '라코스테-진짜 가격은?'이라는 이름을 가진 원가 맞추기 골든벨을 맡았습니다. 이 게임은, 생활 속 물건의 유통 과정, 부가가치가 어느 단계에서 어떻게 붙는지, 노동자들은 급여를 얼마나 받고 일하는지를 알려주고, '공정무역' 과 '착한 기업'들을 사례로 제시하며 학생들이 소비를 할 때 적어도 어떤 과정을 거친 물건인지 알고는 소비할 수 있도록 도와주자는 취지에서 만든 게임입니다.

(➡ 이런 구체적인 설명 정말 좋아! 베리 굿!! 스토리 하나만으로 이렇게 구체적으로 적을 수 있잖아

요. 게다가 전공에 대한 본인의 열정까지 보여 줄 수 있으니 아주 좋아요. 100점 만점에 100점!)

4가지 사례를 읽어 보면서 공통적으로 뭐 느끼는 것 없나? 당연히 있겠지. 무엇일까? 자신에게 있던 한 가지 사례를 가지고 이야기를 풀어나가고 있지? 어때 쉽지? 바로 이렇게 글을 풀어 나가는 방식을 스토리텔링이라고 한다. 간단하잖아!

그렇다면 지금부터는 무엇을 할까? 그렇지! 스토리텔링으로 자기소개서 쓰는 방법을 알려 줄 테니 잘 숙지하도록. 우선 '1장 글감 찾기'로 되돌아가자. 혹시 기억 나나? 글감 찾을 때 어떻게 정리하라고 했지? 그렇지! A → B → C의 순서로 정리하라고 한 것 기억하지? 예컨대 수상 실적은 상장 이름, 결과, 이유 순서로 정리하고 했잖아. '수학경시대회, 동상, 머리털 나고 처음 받아 본 상 또는 선행상, 담배 피웠다가 걸렸는데 쓰레기 분리수거를 열심히 했더니 담임 교사가 주더라, 그래서 의미 있다.' 이런 식으로 말이야. 그렇게 정리하라는 이유가 바로 스토리텔링 때문이지.

스토리텔링이 뭐라고 했어? 바로 자신이 겪은 사례나 경험을 토대로 남에게 이야기하듯 풀어내는 글쓰기 방법이라고 했잖아. 그러면 어떻게 써야 할까? 앞에서 이야기한 A → B → C의 방식으로 대입하면 아주 간단하고 쉽게 쓸 수 있어.

수상 실적을 상장 이름(A), 결과(B), 이유(C)순으로 정리하고 했잖아. 예컨대 '수학경시대회(A), 동상(B), 머리털 나고 처음 받아 본 상(C)'이라는 글감을 가지고 스토리텔링으로 만들어 볼게. 다시 한 번 강조하지만 정말 쉽다.

나는 고등학교 2학년 때 도전했던 수학경시대회가 가장 기억에 남는다. (A) 내가 동상을 받았기 때문이다. (B) 남들은 고작 동상을 받았을 뿐인데 유별나다고 생각하겠지만 나에게는 그만 한 이유가 있다. 학교에 다닌 이후로 처음 받아 본 상이기 때문이다. 물론 개근상이나 정근상처럼 조건만 채우면 받는 상은 받아 봤다. 하지만 내가 어떤 대회를 통해 상을 받기는 처음이었다. 그것도 내가 가장 싫어하는 수학 과목에

서 받았기 때문에 그 무엇과도 바꿀 수 없을 만큼 값지다. (C)

어때? 말처럼 정말 쉽지? 글감을 A(현상), B(결과), C(이유)순으로 뼈대를 정리해 놓았잖아? 뼈대에다 그저 살만 붙였을 뿐이야. 그런데? 정말 훌륭한 한 편의 스토리텔링이 완성된 거야. 참고로 살을 붙이기 전 글자 수는 36자에 불과했어. 하지만 살을 붙이니 6배가 넘는 249자가 나왔어! 별거 한 것 없잖아. 그저 글감만 A(현상), B(결과), C(이유)로 정리했을 뿐이고 이 순서대로 살만 붙여 나갔을 뿐.

또 하나 해 볼까? '이번에는 선행상(A), 담배 피웠다가 걸렸는데 쓰레기 분리수거를 열심히 했더니 담임 교사가 주더라(B), 그래서 의미 있다(C).'라는 글감을 가지고 A → B → C 순서대로 살을 붙여 볼게.

나는 선행상을 받았다. 하지만 역설적이게도 선행상의 시작은 담배 때문이었다. (A) 나는 고등학교에 올라와 한때 담배를 피웠다. 중학교와 다른 환경에 적응을 하지 못해 담배에 손을 댔다. 하지만 선생님한테 적발이 되었고 그 벌로 일주일 동안 쓰레기 분리수거를 하게 됐다. 처음에는 그저 '재수 없이 걸려서 더러운 일을 하게 됐다.'라는 생각뿐이었다. 하지만 분리수거를 끝낼 때마다 희열이 느껴졌다. 내 손을 거치기 전에는 그저 어지럽게 섞여 있는 쓰레기였는데 내 손을 거치니 깔끔하게 정돈이 되었기 때문이다. 어느 순간부터는 쓰레기 분리수거를 즐기는 내 자신을 목격할 수 있었다. 일주일이 지났어도 자청해서 쓰레기 분리수거를 계속한 것도 이런 이유에서다. (B) 선행상을 받게 된 것도 담임 선생님이 이런 내 모습을 좋게 평가하셨기 때문이다.

글감 두 가지를 가지고 스토리텔링으로 글쓰기를 해 봤어. 생각보다 정말 쉽지? 별 것 아니라는 자신감이 들지? 강남에서 수백만 원 주고 자기소개서 상담 받는 일을 이제 안 해도 될 것 같지? 정말 아무리 돈이 많아도 그런 짓은 하지 마! 글감만 A → B →

C 순서대로 잘 정리해 놓고 거기에 살만 붙여 나가면 끝인데. 차라리 그 돈 모아 놨다가 대학 가서 배낭여행 갈 때 보태. 아니면 너를 이만큼 키워 주신 부모님 은혜에 감사하는 의미에서 두 분 해외 여행 보내 드리든가.

　'스토리텔링으로 눈길을 잡아라!' 첫 장에서 필자가 모범 사례로 소개한 3편의 자기소개서 샘플 기억나? 눈치 빠른 독자들은 이 자기소개서 샘플들도 A → B → C 순서로 되어 있다는 것을 알아챘을 거야! 마무리하자면 스토리텔링으로 눈길을 잡는 방법은? 글감을 A → B → C 즉 현상, 결과, 이유순으로 잘 정리해 놓으면 스토리텔링의 절반은 완성된 거야. 왜냐고? 스토리텔링이라는 것이 결국에는 A → B → C 즉 현상, 결과, 이유순으로 살을 붙여 나가는 방법이기 때문이지. 그렇다면 여기서 질문이 하나 있을 텐데? A → B → C를 꼭 현상, 결과, 이유순으로 정리해야 하느냐? 물론 아니지. 필자가 여기서 제시하는 방법은 초보자들이 자기소개서를 스토리텔링 기법으로 가장 쉽고 효과적으로 써 낼 수 있게 하기 위한 일반적인 방법이야. 즉 다양한 변형이 가능하다는 것이지. A → B → C를 현상, 결과, 이유순이 아니라 현상, 이유, 결과순으로 바꿔도 된다는 말이지. 그래도 이해가 안 된다면 필자가 운영하는 '행복한 11월의 목소리' 카페(http://cafe.naver.com/skylovedu)에 문의하도록!

6 자율문항 어떻게 쓸까?

가) 지원동기를 묻지 않는다면?

대학별 자율문항은 크게 2가지 형태로 나눌 수 있다. '고등학교 재학 기간 또는 최근 3년간 읽었던 책 중 자신에게 가장 큰 영향을 준 책을 3권 이내로 선정하고 그 이유를 기술하라'는 서울대와 '해당 모집단위에 지원하게 된 동기와 지원하기 위해 노력한 과정을 구체적으로 기술하라'는 대다수의 대학으로 말이다. 후자의 경우는 지원 동기를 묻는 기본 뼈대는 동일하지만 대학에 따라 '자신을 왜 뽑아야 하는지'와 '본인의 성장환경 및 경험이 자신에게 미친 영향' 등 다양한 변화를 주고 있다.

서울대와 같이 자율문항에 지원동기를 묻지 않는 대학의 자기소개서는 어떻게 써야할까? 아마도 열에 아홉은 '문항이 요구하는 조건대로 내용을 채워야지 않나요?'라고 할 것이다. 하지만 그러면 곤란하다. 그것도 아주 많이 곤란하다. 자기소개서 1번부터 3번까지의 공통문항을 살펴보면 지원동기를 묻는 항목은 없다. 대학교육협의회 자기소개서 공통문항을 한 번 살펴보자

> 1. 고등학교 재학 기간 중 학업에 기울인 노력과 학습 경험에 대해 배우고 느낀 점을 중심으로 기술해주시기 바랍니다.(1,000자 이내)

2. 고등학교 재학 기간 중 본인이 의미를 두고 노력했던 교내 활동을 배우고 느낀 점을 중심으로 3개 이내로 기술해주시기 바랍니다. 단, 교외 활동 중 학교장의 허락을 받고 참여한 활동은 포함됩니다.(1,500자 이내)

3. 학교 생활 중 배려, 나눔, 협력, 갈등 관리 등을 실천한 사례를 들고, 그 과정을 통해 배우고 느낀 점을 기술해주시기 바랍니다.(1,000자 이내)

어떤가? 공통문항 1번부터 3번까지를 살펴봐도 지원동기는 묻지 않는다. 문제는 여기에 있다. 적지 않은 수험생들이 자기소개서 질문을 있는 그대로 이해하고 받아들이는 경향이 있다. 서울대의 경우처럼 자율문항에서 지원동기를 묻지 않는 대학의 자기소개서를 쓴다면 지원자 대다수는 지원동기를 담지 않을 것이다. 대학이 지원동기를 쓰라고 요구하지 않으니까 말이다. 그래서 자율문항은 '여자친구와 같다'라고 할 수 있다. 겉으로는 '지원동기를 묻지 않지만 실제로는 지원동기는 자기소개서의 기본 중의 기본이기 때문에 굳이 말하지 않아도 알고 있겠지'라는 거다.

실제로도 서울대 지원생 중 지원동기를 자기소개서에 담지 않은 경우는 결과가 좋지 못했다. 자기소개서에 지원동기가 없어서 많은 숫자가 탈락의 고배를 마신 것이다. 지원동기를 묻지는 않았지만, 자기소개서에 지원동기는 기본 중의 기본이라는 것이다. 따라서 대학별 자율문항이 지원동기를 묻지 않아도 여러분들은 어떤 방식으로든 지원동기를 담아내야 한다. '고등학교 재학 기간 또는 최근 3년간 읽었던 책 중 자신에게 가장 큰 영향을 준 책을 3권 이내로 선정하고 그 이유를 기술'하라는 문항에서 서울대와 그 학과에 지원한 동기를 함께 담아야 한다는 거다. 자신이 감명 깊게 읽은 책이 알고 보니 서울대 00학과의 교수님이 쓴 책이었다. 그래서 그 학과에 관심을 가지게 되었다던가 하는 식으로 말이지.

나) 4번 문항에 정성을 들이자!

우선 필자가 지도한 A학생의 샘플을 읽어보자. 읽어보면 '4번 문항에 정성을 들이자'가 어떤 의미인지 감을 잡을 것이다. 4번 문항의 질문은 '지원동기와 노력한 과정, 장래계획에 대해 구체적으로 기술하시오!'이다. (1000자 이내로)

사회공헌기획가로 헌신하고 싶어서 연세대 사회과학부에 지원했습니다. 사회공헌기획가라는 직업에 관심을 가지면서 자연스레 글로벌행정학에도 관심이 생겼습니다. 도움이 필요한 이웃은 국내 뿐 아니라 외국에도 있기 때문이죠. 그리고 국내에 도움을 줄려는 외국 기업이나 단체도 적지 않다고 합니다. 하지만 국내에는 이들을 이해하고 소통할 수 있는 행정전문가가 전무하다고 그렇기 때문에 우리가 받을 수 있는 사회공헌의 열매가 줄어든다고 합니다. 국제행정에 능통해야 하는 이유라고 생각합니다. 또한 공용어인 영어 실력도 중요합니다. 입학 후 영문학 복수전공을 통해 영어권 문화를 이해하고자 합니다. 연세대의 교육이념 중 '열린 마음으로 이웃을 위해 봉사하며'라는 표현이 인상 깊었습니다. 봉사라는 단어를 교육이념으로 삼는 대학은 많지 않다고 생각합니다. '노력의 과정과 봉사의 시간!' 고등학교 3년간의 나를 표현하는 문장이라고 할 수 있습니다. 고등학교 3년간 성실한 학업의 과정과 남을 배려하며 봉사하는 자세로 살았다고 감히 말해봅니다. 연세대와 글로벌행정학과에서 공부할 수 있는 인성적인 토대를 만들어 왔다고 생각합니다. 비록 여러 가지 이유로 내신 성적은 좋지 않지만 '공시 1등급'이라는 별명에서처럼 그 과정만큼은 1등급이라 생각합니다. 연세대는 결과 보다는 과정을 중요하게 보기에 건학정신이 '진리와 자유'가 아닐까 생각합니다. 글로벌 사회공헌기획가는 글로벌 기업 뿐 아니라 UN과 그 산하기관, 세계 각국의 정부기관과 협업할 수 있는 기회가 많을 것입니다. 따라서 연세대 사회과학부 글로벌행정학과는 글로벌 사회공헌기획가라는 목표를 이룰 수 있는 최고의 선택이라 자부합니다. 학부를 졸업한 후에는 국제개발협력위원회에 들어가 공적사회공헌기획가로써 전문성을 쌓은 다음 글로벌 사회공헌을 전문으로 하는 사회적 기업을 설립해 한국과 세계를 잇는 사회공헌 전문가로 평생을 헌신하겠습니다. 이를 통해 인류의 번영에 이바지한다는 연세 정신을 힘껏 발휘하겠습니다.

여러분들이 가장 궁금해하는 결과부터 말하자면 이 A학생은 연세대 원주캠퍼스 사회과학부에 학생부교과전형으로 지원을 했고 예비번호 앞 번호를 받아 합격을 했다. 연세대 원주캠퍼스 학생부교과전형은 A학생이 지원할 당시 수능 최저학력기준을 적용했다. 3등급 1개와 4등급 1개. 그리고 합격자 평균 교과등급은 4등급 초반. 하지만 A학생의 교과등급은 5.5등급이었다. A학생의 합격 비결은 수능 최저학력기준을 충족했기 때문일까? 물론 그런 이유도 있겠지만 필자는 자기소개서를 포함한 서류평가에서 좋은 성적을 얻었기 때문이라고 본다. 학생부와 자기소개서 등 서류 100%에 수능 최저학력기준 충족여부를 따져 최종합격자를 결정했는데 수능 최저학력기준을 충족한다고 해도 결국에는 서류평가 성적으로 합격자가 결정되기 때문이다. A의 고등학교에서는 A가 연세대 원주캠퍼스 사회과학부에 그것도 학생부교과전형으로 지원한다고 했을 때 반대가 심했다. A의 선배 중 3등급 초반이 합격을 했었던 대학/학과/전형이라는 것. 하지만 A는 그 반대를 뚫고 추합 1차에서 바로 합격을 했다. 그 이유를 자기소개서 4번으로 한정해서 설명을 해보자. A의 4번 문항을 읽어보니 어떤가? 필자는 '확실'이라는 단어로 이야기하고 싶다. A의 4번 문항은 지원동기와 노력의 과정, 장래계획이 확실하게 담고 있다. A의 4번 문항을 지원동기와, 노력의 과정, 장례계획의 3가지로 구분해 보자.

(➡ 지원동기) 사회공헌기획가로 헌신하고 싶어서 연세대 사회과학부에 지원했습니다. 사회공헌기획가라는 직업에 관심을 가지면서 자연스레 글로벌행정학에도 관심이 생겼습니다. 도움이 필요한 이웃은 국내 뿐 아니라 외국에도 있기 때문이죠. 그

리고 국내에 도움을 줄려는 외국 기업이나 단체도 적지 않다고 합니다. 하지만 국내에는 이들을 이해하고 소통할 수 있는 행정전문가가 전무하다고 그렇기 때문에 우리가 받을 수 있는 사회공헌의 열매가 줄어든다고 합니다. 국제행정에 능통해야 하는 이유라고 생각합니다.

(➡ 노력의 과정) 연세대의 교육이념 중 '열린 마음으로 이웃을 위해 봉사하며'라는 표현이 인상 깊었습니다. 봉사라는 단어를 교육이념으로 삼는 대학은 많지 않다고 생각합니다. '노력의 과정과 봉사의 시간!' 고등학교 3년간의 나를 표현하는 문장이라고 할 수 있습니다. 고등학교 3년간 성실한 학업의 과정과 남을 배려하며 봉사하는 자세로 살았다고 감히 말해봅니다. 연세대와 글로벌행정학과에서 공부할 수 있는 인성적인 토대를 만들어 왔다고 생각합니다. 비록 여러 가지 이유로 내신 성적은 좋지 않지만 '공시 1등급'이라는 별명에서처럼 그 과정만큼은 1등급이라 생각합니다. 연세대는 결과 보다는 과정을 중요하게 보기에 건학정신이 '진리와 자유'가 아닐까 생각합니다.

(➡ 장래계획) 학부를 졸업한 후에는 국제개발협력위원회에 들어가 공적사회공헌기획가로써 전문성을 쌓은 다음 글로벌 사회공헌을 전문으로 하는 사회적 기업을 설립해 한국과 세계를 잊는 사회공헌 전문가로 평생을 헌신하겠습니다. 이를 통해 인류의 번영에 이바지한다는 연세 정신을 힘껏 발휘하겠습니다.

여러분이 입학사정관이라면 어떻게 평가할 것인가? 지원동기 확실하고 노력의 과정과 장래계획까지 구체적으로 나타나 있으니 흠잡기가 쉽지 않을 것이다. 4번 문항을 쓸 때 많은 학생들이 지원동기와 장래계획은 어렵지 않게 쓸 수 있다. 하지만 문제는 '노력의 과정'에 있다. 많은 경우 전공적합성 즉 지원학과 관련한 노력의 과정으로 생각한다. 그래서 지원학과와 관련한 교내 대회에 출전했고, 지원학과와 관련한 동아리 활동과 보고서를 작성하고, 지원학과와 관련한 자원봉사를 했다는 식의 틀에 박힌 내용으로 마무리하곤 한다. 그나마도 이런 내용이 있으면 다행이지만 없는 경우는 머리만 아파온다. 필자는 노력의 과정을 지원학과가 아닌 대학으로 확장시키라고 말한다. 여러분들은 대학을 가기 위해 고등학교 생활을 하는가? 학과를 가기 위해 고등학교 생활을 하는가? 대학이 있기 때문에 학과가 존재하는 것. 따라서 지원학과에 대한 노력의 과정은 곧 대학을 가기 위해 노력한 과정으로 확대할 수 있다. 고등학교 입학 때부터 자신이 선택할 학과를 명확히 정해서 관련 활동과 수상실적을 준비하는 학생들도 있지만 자신의 진로를 명확히 결정하지 못한 학생들도 많다. 그런 학생들은 지원학과와 관련한 노력의 과정을 어떻게 써야 할 것인가? 큰 그림을 생각해야 한다.

여러분들이 생각하는 전공적합성은 결국에는 자신이 선택한 학과에서 포기하지 않고 공부할 수 있는 능력이라 할 수 있다. 그런 능력이 있는지를 지원학과에 대한 노력의 과정으로 평가하겠다는 것이다. 그렇다면 학과를 떠나서 가장 기본은 학업을 대하는 태도라고 할 수 있다. 스터디플래너를 예로 들어보자. 기계공학과에 가기 위한 노력의 과정으로 스터디플래너에 관한 이야기를 쓸 수 있을까? 대부분 고개를 저을 것이다. 하지만 3년 내내 스터디플래너 작성을 습관화했더니 성적도 올랐다. 비록 기계공학과와 관련한 수상실적이나 동아리, 연구보고서 등 비교과 활동은 부족하지만 스터디플래너를 통해 얻은 성실함이라는 스펙은 기계공학과에 입학 후 끈기 있게 공부할 수 있는 바탕이 될 것이라면 어떨까? 기계공학과와 별 관계가 없어 보이는 스터디플래너가 지원학과와 관련한 노력의 과정으로 설득력 있게 연결될 수 있는 것처럼 지원학과와 관련한 좁은 의미의 노력의 과정에서 벗어나길 바란다.

맞춤법 신경 써야 하나?

　이번에는 맞춤법 이야기다. 맞춤법은 다들 잘 알지? 쉽게 이야기하면 오탈자 찾기라고 보면 되겠다. 누군가는 이렇게 이야기를 해. "자기소개서는 맞춤법 평가는 안 한다고 하던데요?" 이 질문에 나는 이렇게 대답을 하지. "대학마다 틀리다. 홍익대 등 일부 대학은 아예 맞춤법도 평가 대상이라고 명시를 해 놓고 있어. 많은 대학들이 맞춤법을 반영하지 않는다고 해도 말이야. 맞춤법이 엉망인 자기소개서를 누가 좋게 보겠나."

　아주 쉽게 예를 들어 줄게. 소개팅이 잡혔어. 어떻게 하고 가? 당연히 옷도 신경 쓰고 헤어스타일도 다듬고, BB크림도 바르고 향수도 뿌리고 가겠지. 집에서 대충 입는 운동복에 슬리퍼 끌고 가는 사람 있어? 자기소개서도 소개팅과 마찬가지야. 나를 소개하는 거잖아? 누구한테? 입학사정관을 비롯해 대학 입학 관계자들에게. 그럼 자기소개서는 무슨 역할? 소개팅으로 치면 첫인상을 좌우하는 외모라고 할 수 있지. 그럼 자기소개서에서 맞춤법은 어떤 역할? 외모의 결점을 커버하는 BB크림! 얼굴에 개기름과 여드름 흉터가 가득해. 이 상태로 소개팅에 나가면 어떡해? 백 퍼센트 퇴짜 맞을걸! 그럼? 개기름도 닦아 내고 여드름 흉터는 BB크림으로 완화시키든 아니면 화장을 해서 커버를 해야 상대방에게 호감을 줄 수 있잖아. 맞춤법도 결국에는 그런 맥락이야.

　자, 이번에도 샘플을 보면서 이야기할게.

'신소재에서 꿈을 찾다.'

저는 어릴 적부터 과학에 관련된 것들에 흥미가 있고 좋아했습니다. 그래서 tv의 동물의 왕국이 남들은 정말 지루하게 보여도 저는 강하게만 보였던 동물의왕 사자들이 초식동물한테 뒷발로 차일때나 하이에나한테 밀리는 모습들이 재미있게 보였습니다.

제가 진짜 과학을 좋아하게 된건 TV의 로봇들이 나와서 싸우는 프로그램인 '로봇파워' 라고 휴머노이드나 배틀로봇들이 나와서 싸우는 프로그램이였는데 어렸을 때 저에겐 정말 재미있었습니다. 그때부터 로봇에 관련된 서적, 기사등을 많이 보고 로봇 조립도 많이했습니다. 중간에 다른 꿈들도 많이 생각해 봤는데 다른 분야는 생각해보니까 그 직업을 평생 동안 갖고 일하면 질리고 쉽게 포기할 것 같았습니다. 그래서 생각해보니 로봇은 발전 가능성도 많고 제가 흥미가 많기 때문에 이 분야에서 일하면 열정있고 재미있게 잘 할수있겠다고 생각했습니다. 고등학교에 와서 터미네이터나 리얼스틸, 트렌스포머 같은 영화를 본것을 생각하면서 현실에서도 저런 로봇들이 만들어질수있다면 트렌스포머 처럼 변신하려면 자유자재로 변형이가능한 철, 리얼스틸 처럼 가볍고도 강력한 재료, 터미네이터2에 나온 악당처럼 단단하면서도 유연한 소재가 개발되어야 된다고생각했습니다. 그래서 저런 신소재를 배울 수 있는 대학을 가면 정말 제가 열정적으로 할수있다고 생각했습니다. 그래서 대학과 학과를 알아봤습니다. 그중에 단국대학교의 파이버시스템공학과가 있었던것 이였습니다. 누나가 유기신소재&파이버시스템과여서 친숙하기도한 과였습니다. 누나가 학교에서 공부하는 자료를 몇 번 본적이 있었는데 제데로 알아 보진못했지만 소재 관련된 실험 내용이나 사진들이 흥미롭게 보였습니다. 소재에 관련되서 여러 가지를 보다 보니 미국에 터미네이터2의 액체로봇비슷하게 환경에따라 자신의 상태를 변화 시킬수있는 '상변이'소재를 개발한 기사를 보았는데, 저도대학에서가서 그런 플라스틱이나 고무소재를 활용에서 저런 연구를 할수있다면 재미있게 열정적으로 할수있다고 생각했습니다.

자, 읽어 보니 어때? 띄어쓰기 같은 맞춤법이 엉망이지? 정확히 어떤 내용이 문제가 되는지 다시 한 번 정리해 줄게. 색으로 칠한 문장을 잘 살펴봐.

'신소재에서 꿈을찾다.'

저는 어릴 적부터 과학에 관련된 것들에 흥미가 있고 좋아했습니다. 그래서 tv의 동물의 왕국이 남들은 정말 지루하게 보여도 저는 강하게만 보였던 동물의왕 사자들이 초식동물한테 뒷발로 차일때나 하이에나한테 밀리는 모습들이 재미있게 보였습니다. 제가 진짜 과학을 좋아하게 된건 TV의 로봇들이 나와서 싸우는 프로그램인 '로봇파워' 라고 휴머노이드나 배틀로봇들이 나와서 싸우는 프로그램이였는데 어렸을 때 저에겐 정말 재미있었습니다. 그때부터 로봇에 관련된 서적, 기사등을 많이 보고 로봇 조립도 많이했었습니다. 중간에 다른 꿈들도 많이 생각해 봤는데 다른 분야는 생각해보니까 그 직업을 평생 동안 갖고 일하면 질리고 쉽게 포기할 것 같았습니다. 그래서 생각해보니 로봇은 발전 가능성도 많고 제가 흥미가 많기 때문에 이 분야에서 일하면 열정있고 재미있게 잘 할수있겠다고 생각했습니다. 고등학교에 와서 터미네이터나 리얼스틸, 트렌스포머 같은 영화를 본것을 생각하면서 현실에서도 저런 로봇들이 만들어질수있다면 트렌스포머 처럼 변신하려면 자유자재로 변형이가능한 철, 리얼스틸 처럼 가볍고도 강력한 재료, 터미네이터2에 나온 악당처럼 단단하면서도 유연한 소재가 개발되어야 된다고생각했습니다. 그래서 저런 신소재를 배울 수 있는 대학을 가면 정말 제가 열정적으로 할수있다고 생각했습니다. 그래서 대학과 학과를 알아봤습니다. 그중에 단국대학교의 파이버시스템공학과가 있었던것 이였습니다. 누나가 유기신소재&파이버시스템과여서 친숙하기도한 과였습니다. 누나가 학교에서 공부하는 자료를 몇 번 본적이 있었는데 제데로 알아 보진못했지만 소재 관련된 실험내용이나 사진들이 흥미롭게 보였습니다. 소재에 관련되서 여러 가지를 보다 보니 미국에 터미네이터2의 액체로봇비슷하게 환경에따라 자신의 상태를 변화시킬수있는 '상변이'소재를 개발한 기사를 보았는데, 저도대학에서가서 그런 플라스틱이나 고무소재를 활용에서 저런 연구를 할수있다면 재미있게 열정적으로 할수있다고 생각했습니다.

우선 맞춤법을 잘못 사용한 사례가 너무 많지? 먼저 띄어쓰기를 보자고. 잘못된 표현이 너무 많으니 몇 가지 사례만 짚어 볼게. 우선 마지막 부분에 있는 '저도대학에서 가서'라는 표현 어때? '저도 대학에 가서'가 정확한 표현이야. 그런데 띄어쓰기가 하나도 안 되어 있지? 게다가 '대학에서 가서'라는 이해 불가능한 표현도 있잖아?

또 보자고. '저도대학에서가서'라는 문장에서 위로 3줄만 올라가 보자. 뭐가 있지? '제데로'. 어떤 표현이 바른 표현이지? '제대로'.

제3자 입장에서 읽어 보면 어때? 그것도 입학사정관 입장에서 이런 자기소개서를 읽어 본다면 아마도 "띄어쓰기도 엉망이고 오탈자도 왜 이리 많아? 성의 있게 쓴 자기소개서가 아닌데? 이 학생 우리 학교에 꼭 와야겠다는 간절함이 느껴지지 않아."라는 반응이 나오지 않겠어?

물론 기자인 필자도 맞춤법과 띄어쓰기 실수할 때가 많아. 부끄럽지만… 당연히 글쓰기에 비전문가인 학생들은 더하겠지. 그렇다면 어떻게 해야 할까? 조금만 신경 쓰면 방법은 간단해! 보통 자기소개서는 손으로 쓰나? 아니지 한글이나 훈민정음, MS워드 같은 프로그램을 사용하잖아? 다행히 이런 워드 프로그램에는 맞춤법을 교정해 주는 기능이 있어. 그 프로그램만 한 번 돌려도 웬만한 띄어쓰기, 오탈자 등은 잡아낼 수 있다. 말로만 하지 말고 샘플로 보여 달라고? 알았어. 한글 기준으로 설명할게.

한글 프로그램 맨 위 바에 보면 [도구]라는 이름이 보일 거야. 그 [도구]를 클릭하면 하위 메뉴가 나오는데, 하위 메뉴를 보면 바로 맨 위칸에 [맞춤법]이라고 되어 있을 거야. 그 [맞춤법]을 클릭해 봐. 그림1

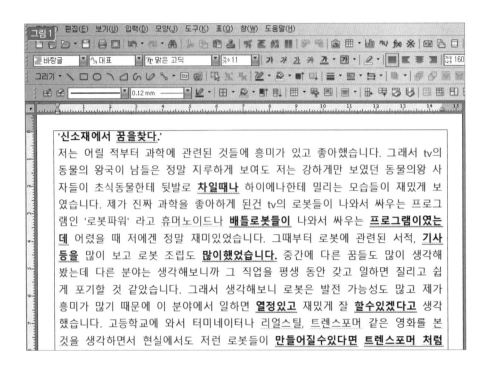

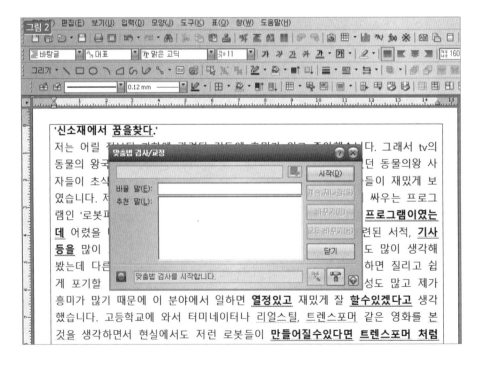

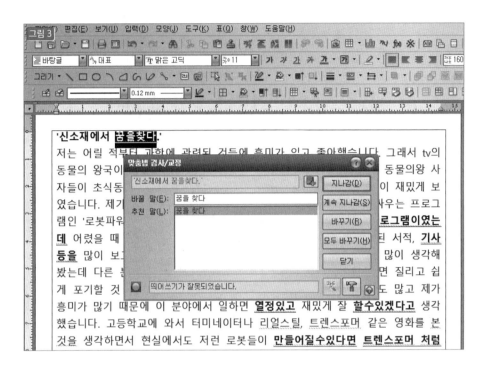

그럼 [맞춤법 검사/교정]이라는 창이 뜰 거야. 거기에 보면 [시작]이라는 버튼 보이지? 그 버튼을 눌러봐. 그럼 맞춤법 검사가 시작돼. 그림 2

[시작]을 누르면 문제가 되는 단어를 찾아내. 그러면 [바꾸기]를 눌러. 올바른 표현으로 바꿔지지. 그림 3

여기서 한 가지 유의할 점은 이 맞춤법 기능도 너무 맹신하지 말라는 거야. 프로그램이기 때문에 한계도 있어. 예를 들어서 '~처럼'이라는 문장이 있다고 하자. 맞춤법 기능에서는 간간히 '~저럼'이라는 표현으로 바꾸라고 한다는 거지. 따라서 맞춤법 기능을 한 번 돌려 본 후 그대로 끝내지 말고 수정된 내용을 꼼꼼히 다시 한 번 읽어 보면서 제대로 수정되었는지, 어색한 표현은 없는지 살펴봐야 한다. 꼭이야 꼭!

 이래도 자기소개서 대필할래?

제목부터가 너무 노골적이지? '이래도 자기소개서 대필할래?' 여기서도 실제 사례를 소개해 주지. 대치동에서 나름 전문가라는 사람을 찾아서 대필한 자기소개서인데, 학부모가 비전문가인 자신이 봐도 대필한 느낌이 너무 난다. 그래서 학교 선생님을 비롯해 몇 분에게 보여 줬더니 다들 이구동성으로 "대필한 티가 팍팍 난다."라고 해서 필자에게 SOS를 요청한 경우야.

> 2. 고등학교 재학 기간 중 본인이 의미를 두고 노력했던 교내 활동을 배우고 느낀 점을 중심으로 3개 이내로 기술해주시기 바랍니다. 단, 교회 활동 중 학교장의 허락을 받고 참여한 활동은 포함됩니다.(1,500자 이내)

아파트 정문을 나서서 10분을 걸으면 도착하는 만석공원에서 어머니와 강아지 소금이와 함께 공원 주변을 산책하다가 '행정지도'라고 쓰인 종이를 받게 되었습니다. 애완동물의 배변이나 짖는 문제에 대한 제한이 아니라 산책하는 것 자체가 안 된다는 것이, 다들 공원에 강아지를 데리고 오는 현실과 맞지 않는다고 느꼈습니다. 게다가 따로 과태료를 내는 것도 아니라고 해서, '행정지도'라는 것이 행정기관이 국민이나 하급 행정기관에 대하여 지도, 조언 요청, 지시 등의 수단으로 행정 목적을 달성하는 것이라는 알게 되었으며, 부당하다고 느꼈을 때 어떻게 민원을 제기할 것인지를 알아보았습니다. 이를 계기로 몇몇 친구들과 함께 머리를 맞대고 제가 겪었던 부당한 행정지도 이야기나 학교 등하교 시 통학버스들의 많은 수 때문에 학생들이 위험하게 차도를 건너면서 겪는 위험성에 관련하여 어떻게 제안서를 작성할지 토의를 했습니다. 생각보다 많은 불만에 사회를 맡아 회의 내용을 필기하면서 손가락이 아파왔지만 진정한 시민이 된 것 같은 뿌듯함이 있었습니다. 만석공원과 관련하여 현실과 맞지 않는 행정지도를 폐지해 달라는 점과, 분당 율동공원처럼 배변봉투 설치를 해달라는 정책 제안서를 만들다 보니 시간은 빠르게 지나갔습니다. 그러던 중 친구들과 의논한 것뿐만 아니라, 실생활에서 느끼는 불편함을 해소할 수 있도록 수원시의 정책 중에서 제안할 것이 있는지를 살펴보면서, 실질적인 예산편성과정에 참여 할 '수원시 주민참여예산 청소년위원회' 위원을 모집한다는 공고를 보게 되었습니다. 전 그곳에 지원을 했고, 높은 경쟁률에서도 당당하게 청소년 예산위원으로 선정되었습니다. 청소년 예산위원을 하면서 그동안 친구들과 의견을 나누며 만든 정책 제안들을 가지고 활동을 했습니다.

저는 저 혼자만 정책 제안 활동을 할 뿐만 아니라 같이 정책 제안에 대해 의견을 나누었던 친구들과 함께 활동을 하기를 원했습니다. 그래서 그동안 준비했던 아이템들을 가지고 정책 제안 동아리 창설을 위해 담임 선생님을 찾아갔지만, 동아리 창설 인원이 최소 10명이 안됐다는 이유로 동아리 창설이 되지 못하였습니다. 우리가 오랜 시간 투자한 것들이 당장에 눈에 보이는 성과로 나타나지 않아서 다들 침울했지만 저는 친구들을 다독였습니다. 어떤 결과만을 향해 나아간다면 과정은 무의미해지겠지만, 우리가 제안서를 쓰기 위해 모르는 단어를 사전으로 찾고, 요약하기 위해 고민했던 것을 누가 가져갈 수 없는 자신만의 값진 경험이기 때문입니다.

읽어 보니 정말 대필한 느낌이 나지 않아? 평범한 고등학생의 눈높이로 썼다는 느낌이 들어? 절대 아니지. 어른들도 다소 생소한 개념인 행정지도를 들먹인 점부터가 의심이 팍팍! 게다가 고등학생이 행정지도를 폐지해 달라! 그리고 배변봉투함을 설치해 달라는 정책 제안서를 만들었다고? 쉽사리 믿어지나? 물론 고등학생이라고 이렇게 하지 말라는 법은 없어. 하지만 만약 정말로 고등학생이 행정지도의 부당함에 맞서 정책 제안서를 만들었다고 하면? 뭐야? 기삿거리지. 그렇게 하는 고등학생이 얼마나 되겠어? 당연히 중앙 일간지나 방송에는 안 나와도 지방 신문이나 하다못해 인터넷 뉴스에 한 번 정도 나올 수 있는 기삿거리야.

이렇게 쓴다고 해서 입학사정관이나 대학 관계자들이 어떻게 찾아내겠어? 그 바쁜 사람들이 수원시에 직접 전화를 해 볼 거야? 물론 아니지만 면접 과정에서 충분히 사실 관계를 확인할 수 있어. 자, 필자가 면접관이라면 이렇게 묻겠어. "정책 제안서를 만들었다고 하는데, 어른들도 하기 힘든 일을 했다. 정책 제안서는 어떤 양식으로 어떤 내용을 담아 어디에 제출했고, 그 결과는 어떻게 되었는가?" 자신이 직접 했다면 구체적으로 그 과정을 설명할 수 있어. 만약 아니라면 구체적인 설명을 하지 못해. 그러면 이런 질문을 할 수 있겠네? "사실이 아니라도 면접할 때 미리 완벽하게 시나리오를 짜서 대비하면 문제없지 않느냐?" 정답부터 말하면 문제 있다! 그렇게 준비해서 갔다고 하자. 입학사정관들이 면접 과정에서 본인이 준비하지 못한 내용을 질문하면 어떻게 할래?

실제로 현직 입학사정관들을 만나보면 자기소개서에서 의심스러운 부분은 질문 몇 번으로 진짜인지 아닌지를 확인할 수 있다고 해. 그 사람들이 한두 번 면접을 봤겠어? 느낌이 온다니까! 절대 대필 따위는 하지 말라고 충고한다. 참고로 아래 예시는 필자가 가급적 대필 냄새가 나지 않게끔 다시 한 번 손을 봐 준 내용이야. 앞에서 언급한 대필 자기소개서와 필자가 손을 본 내용을 비교해서 읽어 보면 자기소개서 작성에 많은 도움이 될 거야.

저는 제가 기르는 강아지 소금이 때문에 수원시에 '정책 제안서'를 낸 적이 있습니다. 집에서 10분 걸으면 도착하는 만석공원에서 강아지와 함께 산책하다가 '행정지도'라고 쓰인 종이를 받게 된 것이 그 이유였습니다. 그 종이에는 애완동물과 산책하는 것 자체가 안 된다는 내용이 담겨 있었습니다. 다들 공원에 강아지를 데리고 오는데 현실과 맞지 않는다고 저는 느꼈습니다. 집에 와서 사전을 찾아보니 행정지도라는 것은 행정기관이 국민이나 하급 행정기관에 대하여 지도, 조언 요청, 지시 등의 수단으로 행정 목적을 달성하는 수단이라는 것을 알게 됐습니다. 또한 과태료를 내는 것도 아니라고 합니다. 저는 이런 현실이 부당하다고 느꼈습니다. 이를 계기로 몇몇 친구들과 함께 머리를 맞대고 제가 겪은 부당한 행정지도 이야기나 등·하교 때 수많은 통학버스 때문에 학생들이 위험하게 차도를 건너면서 겪는 위험성에 관하여 어떻게 제안서를 작성할지 토의를 하게 됐습니다. 생각보다 많은 불만이 나와 사회를 맡은 저는 회의 내용을 필기하면서 손가락이 아팠지만 진정한 시민이 된 것 같은 뿌듯함을 느꼈습니다. 만석공원과 관련하여 현실과 맞지 않는 행정지도를 폐지해 달라는 점과, 분당 율동공원처럼 배변봉투를 설치해 달라는 정책 제안서를 만들다 보니 시간은 빠르게 지나갔습니다.

그러던 중 친구들과 의논한 것뿐만 아니라 실생활에서 느끼는 불편함을 해소할 수 있도록 수원시의 정책 중에서 제안할 것이 있는지 살펴보면서, 실질적인 예산편성 과정에 참여할 '수원시 주민참여예산 청소년위원회' 위원을 모집한다는 공고를 보게 되었습니다. 저는 그곳에 지원을 했고, 높은 경쟁률에서도 당당하게 청소년 예산위원으로 선정되었습니다. (➡ 선정 과정에 대한 이야기 추가하면 좋을 것 같은데요. 예컨대 어떻게 면접을 보고 어떤 질문이 가장 기억에 남고, 어떻게 답을 했는데 면접관은 뭐라고 하더라 등등. 면접이 없었으면 지원 서류 작성에 관계된 이야기라도.) 저는 청소년 예산위원일 때 그동안 친구들과 의견을 나누며 만든 정책 제안을 가지고 활동했습니다.

저는 저 혼자만 정책 제안 활동을 하는 것이 아니라 정책 제안에 대해 의견을 나누었던 친구들과 함께 활동하기를 원했습니다. 그래서 그동안 준비했던 아이템들을 가지고 정책 제안 동아리 창설을 위해 담임 선생님을 찾아갔지만, 동아리 창설 인원이 10명이 안 된다는 이유로 동아리를 만들지 못하였습니다. 우리가 오랜 시간 투자한 것들이 당장 눈에 보이는 성과로 나타나지 않아서 다들 실망했지만 저는 친구들을 다독였습니다. 어떤 결과만을 향해 나아간다면 과정은 무의미해지겠지만, 우리가 제안서를 쓰기 위해 모르는 단어를 사전으로 찾아보고 요약하기 위해 고민했던 것 등은 우리만의 값진 경험이기 때문입니다.

 선배들이 조언하는 자기소개서 Tip

필자의 의견과는 다른 점들이 있어 혼란스러울 수 있다. 참고만 하자.

TIP ① 자기소개서 작성은 시간을 정해서

자기소개서는 수능 준비와 병행해야 하는 어려움이 있다. 특히 고3은 내신성적 관리에도 신경을 써야 한다. 그래서 시간을 정해놓고 쓰는 방법을 추천한다. 예컨대 토요일과 일요일 오후 1시부터 4시까지를 자기소개서 작성 시간으로 삼는 것. 이렇게 하면 자칫 소홀할 수 있는 수능 준비와 내신성적 관리라는 두 마리 토끼를 모두 잡을 수 있다.

TIP ② 일주일에 한 문항씩

하루 만에 자기소개서 전부를 쓰겠다는 욕심은 버려라. 이번 주말엔 1번 문항, 다음 주말엔 2번 문항의 답변을 차근차근 쓰면서 자신의 활동을 돌아보는 시간을 많이 갖는 게 좋다. 항목별로 자기소개서를 작성하면서 퇴고하고, 답변을 모두 합친 뒤 다시 한 번 퇴고하면 더욱 꼼꼼히 확인할 수 있다.

TIP ③ 활동 계기와 목표에 초점

교과 활동의 소재로 교과우수상을 적는 친구들이 적지 않다. 이때 '이러한 큰 상을 받았다'에 초점을 맞추기보다는 그 과목을 공부하게 된 계기, 해당 과목을 통한 자신의 목표 등을 어필하는 것이 좋다. 해당 과목에 대한 자신의 열정을 더욱 확실히 보여 줄 수 있기 때문이다.

TIP ④ 친구들에게 자기소개서 평가를 부탁하라

자기소개서를 친구들에게 보여 주는 걸 부담스러워하는 학생들이 많다. 하지만 자기소개서는 가능한 한 많은 사람들에게 보여 주고 의견을 들은 뒤 보완하는 것이 좋다. 자신이 쓴 내용이 과장되지는 않았는지, 자신이 전달하려는 내용이 잘 이해되는지 알 수 있다.

TIP ⑤ 모방은 창조의 어머니

대학에 합격한 선배와 같은 반 친구의 자기소개서 그리고 문학 및 비문학 작품에 나온 문장 구성법과 표현을 많이 보고 참고할 것. 문장력이나 어휘력이 부족해 자신의 활동 경험을 글로 표현하는 데 서툰 학생에게 효과적인 방법이다.

TIP ⑥ 학생부를 뒤져서 활동을 확인하라

3년 동안 어떤 활동을 해 왔는지 막상 자기소개서를 쓰려면 기억이 잘 나지 않는다. 학생부를 보면서 눈에 띄는 활동을 모두 적어 보는 것이 좋다. 그리고 활동마다 가장 기억에 남는 점과 그 활동으로 얻은 역량을 각각 정리해 본다. 이렇게 정리한 내용과 자기소개서 문항 답변의 연결고리를 찾다 보면 자기소개서 작성이 한결 수월할 거다.

TIP ⑦ 입학사정관을 배려하는 글쓰기가 중요하다

입학사정관 한 명이 수많은 지원자들의 자기소개서를 검토한다. 그래서 입학사정관을 배려하는 글쓰기가 중요하다. 중요한 것이 두괄식 글쓰기다. 핵심 주제를 앞에 던져 두면 자신이 글을 쓸 때 방향성이 뚜렷해지는 장점도 있다.

PART

3

첨삭 사례로 본 자기소개서
쓰기의 비밀

서울대학교

서울대학교 자기소개서 첨삭 사례 1

> 1. 고등학교 재학 기간 중 학업에 기울인 노력과 학습 경험에 대해, 배우고 느낀 점을 중심으로 기술해주시기 바랍니다.(1,000자 이내)

물리를 배우지 않았지만 공학자가 되고 싶습니다. 초4학년 때 책벌레였던 저는 과학 선생님이셨던 할아버지 서재에서 고등학교 화학 교과서를 발견했습니다. 온갖 알파벳의 원소기호와 화학반응식, 분자 구조 모형을 당시 이해하진 못했지만 신기했습니다. 어린 제게 마치 중요한 암호 같았던 원소기호들을 중고등학교를 거치며 조금씩 알아가는 과정은 즐거웠고 점차 화학공학 연구원의 꿈을 꾸게 되었습니다. 하지만 공학에 있어 필수적인 탐구과목인 물리를 집중이수제 때문에 선택조차 할 수 없던 저는 공학자가 되고 싶어 보충으로라도 물리를 선택했지만 턱 없이 부족했습니다. 그래서 하루30분씩 시간을 정하고 개념을 정리했고 진도를 위해 넘어간 부분은 인터넷으로 공부했습니다. 수업 전 배울 내용을 천천히 읽고 이해가 안 되는 부분을 체크하고 수업 후 선생님께 질문했습니다. 그 덕분에 공통과학에서 흘러간 물리 내용들을 알 수 있었고, 지구과학에서 지진파에서의 파동, 사태에서의 사면의 경사와 안정도, 기압에서 역학적 에너지, 각운동량 보존 법칙,기하와 벡터 중 이차곡선 등 여기저기 물리와 직, 간접적으로 관련된 다른 수업내용도 더 쉽게 이해할 수 있었습니다. 76

등으로 입학한 전 두 가지 원칙을 세웠습니다. 수업시간엔 적극적으로, 선생님을 귀찮게 하자는 것이었습니다. 처음엔 들리지 않을 정도로 대답했지만 점차 자신감이 생겼습니다. 수업태도가 좋아졌고, 선생님들은 이름을 기억하고, 너 덕에 수업할 맛이 난다는 말도 해주셨습니다. 수업 후엔 내용을 정리를 하며 제대로 이해하지 못한 부분을 몇 번이고 질문했습니다. 선생님들은 또 왔냐며 그만 좀 오라고 하셨지만 한 번 하면 끝장을 봐야만 했습니다. 어쩌면 정말 기본적인 방법이지만 공부를 제대로 해보지 않았던 제겐 개념이 확실한 공부가 되었고, 심화와 문제 적용시 도움이 되었습니다. 어쩌면 너무나 기본적인 공부방법이겠지만 기본이 확실한 공부가 되었고 15등, 5등을 거쳐 1등! 성적이 오르고 화학뿐 아니라 전 과목 내신에서 대부분 1등급이라는 성적을 거두었습니다. 뿐만 아니라 수학/과학경시에서 매년 수상했고 수리과학 심화 탐구나 외국어 말하기, 백일장등 교내외를 가리지 않고 더 넓고 깊게 경험하고 배우려고 했습니다. 지난 3년은 조건이 불리하고 출발선이 뒤에 있어 불평하고 포기하기보다 기회를 찾고 최선을 다하면 더 많은 기회와 좋은 결과를 얻을 수 있다고 믿게 한 시간이었습니다.

➡ 필자의 첨삭 결과를 참조하세요.

물리를 배우지 않았지만 공학자가 되고 싶습니다. 집중이수제로 물리를 선택조차 할 수 없던 저는 (➡ 일주일에 몇 번? 몇 시간? 하는?) 보충수업으로 선택해야 했습니다. 공학자의 꿈을 이루기 위해 물리는 가장 기본이 되는 학문이기 때문입니다. 하지만 물리 공부는 생각보다 쉽지 않았습니다. 정규수업이 아닌 보충수업인 탓에 진도 나가기에 급급해 개념에 대해 이해할 시간이 부족했기 때문입니다. 수업 전 항상 배울 내용을 천천히 읽고 이해가 안 되는 부분을 체크하고 수업 후 선생님께 질문했습니다. 하루 30분씩 시간을 정하고 개념을 정리했고 진도를 위해 넘어간 부분은 인터넷으로 공부했습니다. 그 덕분에 공통과학에서 흘러간 물리 내용들을 알 수 있었고, 지구과학에서 지진파에서의 파동, 사태에서의 사면의 경사와 안정도, 기압에서 역학적 에너지, 각운동량 보존 법칙,기하와 벡터 중 이차곡선 등 여기저기 물리와 직, 간접적으로 관련된, 다른 수업내용도 더 쉽게 이해할 수 있었습니다또한 성대 물리학 특강을 들으면서 힉스 입자와 발광 물질 등 입자물리, 천체물리 같은 여러 분야도 알게 되었습니다.

76등으로 입학한 전 두 가지 원칙을 세웠습니다. 수업시간엔 적극적으로, 선생님을 귀찮게. 친구가 수업시간에 대답하고 질문하는걸 보며 따라했습니다. 처음엔 들리지 않을 정도로 대답했지만 자신감이 생겼습니다. 수업태도가 좋아졌고, 선생님들은 이름을 기억하고, 너 덕에 수업할 맛이 난다는 말도 해주셨습니다. 수업 후엔 내용을 정리를 하며 제대로 이해하지 못한 부분을 몇 번이고 질문했습니다. 선생님들도 또 왔냐며 그만 좀 오라고 하셨지만 한 번 하면 끝장을 봐야만 했습니다. 어쩌면 정말 기본적인 방법이지만 공부를 제대로 해보지 않았던 제겐 개념이 확실한 공부가 되었고, 심화와 문제 적용시 도움이 되었습니다.

이후 내신에서 대부분 1등급이라는 성적을 거두었고, 15등,5등,1등 성적이 오르는 것에만 만족할 수 없었습니다. 더 넓게 더 깊게 공부하고 싶어 수학/과학경시에서 계속 수상했고 외국어 말하기 대회나 백일장 등에도 적극적으로 참여하였습니다. 지난 3년은 조건이 불리하고 출발선이 뒤에 있어 불평하고 포기하기보다 기회를 찾고 최선을 다하면 더 많은 기회와 좋은 결과를 얻을 수 있다고 믿게 한 시간이었습니다.

연구원이라는 꿈을 구체화하기 위해 저는 과학기사를 수집했습니다. 1학년 때는 혼자 했는데 기사가 한 분야로 치우치고 정리를 해도 단순한 생각에서 못 벗어났습니다. 그래서 친구들을 모아 탑사이언스라는 자율동아리를 만들었습니다. 관심분야의 과학기사를 발표하고 토론을 하는 것이었습니다. 처음에는 모든 게 어려웠습니다. 아이들은 발표할 땐 이해시키기가 어려웠고, 토론할 땐 적극적으로 의견을 말하지 않았습니다. 활동이 활발하게 되지 않는 이유에 대해 고민했고, 내용을 모르니 잘못 말할까 두려워한다는 결론을 얻었습니다. 그래서 개념과 원리를 자세히 조사 해 오는 것이 좋겠다고 의견을 냈습니다. 예를 들면 저는 토륨 원자로에 대한 기사를 발표했고, 물리를 배우지 않아 원자력 발전의 원리를 잘 모르는 부원들을 위해 전에 읽었던 페르미의 핵융합, 핵분열 반응 책을 참고해 원리를 설명해주었습니다. 틀리면 뭐 어떠냐고 다독이며 적극적으로 발표했습니다. 질문이 점점 많아지고 토론은 활발해졌습니다. 원래 관심 있던 분야를 넘어 물리, 화학, 생명, 우주, 환경 등 여러 분야의 과학기사를 접할 수 있었고, 토론을 하면서 '아, 이런 측면에서 이렇게 생각할 수도 있구나'라는 생각을 매시간 하게 되었습니다. 그리고 연구를 할 때에 단순한 연구자로서의 호기심뿐 만아니라 윤리적, 사회적 측면에서도 신중하게 생각해야 한다는 것도 알게 되었습니다.

프런티어 캠프는 조선해양공학과에 대한 꿈을 선명하게 해준 활동입니다. 우연히 극지연구소주최 장보고 기지 체험단 선발대회를 참가하며 알게 된 대한민국국적 최초의 쇄빙선 아라온호에 대한 흥미는 배에 관해서로 이어졌고 깊이 배워보고 싶다는 생각이 들었습니다. 하지만 원래의 진로계획과 달라 충동적인가 고민했습니다. 융합과

학캠프, 농생명과학캠프, 과학기술나눔포럼 등 진로에 대해 다양하게 경험하고 관심을 가졌던 제게 공학캠프는 또 다른 도전이었습니다. 선배들이 한 번도 도전하지 않은 경험이라 기대하지 않았지만 예상외로 합격했고 전국의 엄청난 아이들 사이에서 주눅 들지 말아야지 하고 피구여왕이라고 불릴 정도로 체육대회 등에 적극 참여했는데 덕분에 많은 친구들을 사귀게 되었습니다.

조선해양공학은 단순히 '배만 만드는 학문'이 아니라 '슬로싱 현상', 이나 '배를 항해하는 중의 선체가 휘는 현상'등 연구할 것이 많은 학문이라는 것을 안내를 통해 알게 되었습니다. 우리 조는 관련 기자재가 너무 규모가 커서 작은 수조에 슬로싱 현상을 일으켜서 진동 주기를 측정하고 마우스로 고유 진동수를 측정하는 실험을 했습니다. 처음엔 그 실험을 시시하게 생각했습니다. 하지만 조교님이 간단한 실험이지만 연구실의 커다란 실험의 근본이 되는 것이라고 하셨습니다. 이 말은 제가 지금까지 과학과 실험에 대해 갖고 있던 인식을 바꾸었습니다. 전엔 교과내용을 시시하게 생각하고, 빨리 어려운 걸로 넘어가고 싶은 마음이 앞섰었지만 지금 배우는 것들에 대해 좀 더 진지한 자세로 임하게 되었고, 제가 공학자를 꿈꾸는 학생으로서 해야 하는 '준비'가 무엇인지 고민하게 되었습니다.

➡ 필자의 첨삭 결과를 참조하세요.

연구원이라는 꿈을 구체화하기 위해 저는 과학기사를 수집했습니다. 1학년 때는 혼자 했는데 기사가 한 분야로 치우치고 정리를 해도 단순한 생각에서 맴돌았습니다. 그래서 친구들과 탑사이언스라는 자율동아리를 만들었습니다. 각자 관심분야의 과학기사를 발표하고 토론을 하는데 처음에는 모든 게 어려웠습니다. 아이들은 발표하는 내용을 이해하지 못했고 토론엔 적극적이지 않았습니다. 활동이 활발하지 않은 이유에 대해 고민해보니 이해가 안 되어 잘못 말할까 두려워 토론에 참여하지 못한다는 결론이었습니다. 그래서 기사와 관련된 개념, 원리도 자세히 조사 해오는 것이 좋겠다고 의견을 냈습니다. 예를 들어 저는 기존의 우라늄을 이용하는 원자로의 안전상 단점을 보완한 토륨 원자로에 대한 기사를 발표했는데, 물리를 배우지 않아 부원들이 핵분열 반응을 이용한 원자력 발전에 대해 잘 모를 것 같아 이전에 읽었던 페르미의 핵분열, 핵융합 책 내용을 바탕으로 원자력 발전에 쓰이는 방사성원소가 무엇인지부터 핵분열의 원리, 기사에서 짧게 언급된 핵연쇄반응에 대해 설명해주었습니다. 틀리면 어떠냐고 다독이며 적극적으로 토론을 유도했습니다. 이후 서로 질문과 함께 토론은 점점 활발해져서 관심분야를 넘어 우주, 화학, 생명, 환경 등 여러 분야의 기사를 접하며 토론을 하면서 '아, 이런 측면에서 이렇게 생각할 수도 있구나'라는 생각을 매시간 하게 되었습니다. 또한 연구자로서의 호기심뿐 만아니라 윤리적, 사회적 측면도 신중하게 생각해야 한다는 것도 알게 되었습니다.

극지연구소 장보고 기지 체험단 선발대회를 통해 알게 된 대한민국 최초의 쇄빙선 아라온호는 배에 관한 관심을 가지게 해 준 계기가 되었습니다. 하지만 원래의 진로계획인 (➡ 무엇?) 과 달라 충동적인가 고민했고 진로에 대해 더 자세히 알고 싶어 프런티어 캠프에 참가했습니다. 조선공학은 단순히 '배만 만드는 학문'이 아니라 '(➡ 무엇을 말하는) 슬로싱 현상 (➡ 전공과 관련한 전문용어는 그 의미를 정확히 알고 있다는 느낌을 주어야 감점을 당하지 않습니다.)', 이나 '배를 항해하는 중의 선체가 휘는 현상' (➡ 무슨 현상) 등 연구할 것이 많은 학문이라는 것을 알게 된 계기가 되었습니다. 우리 조는 작은 수조에 슬로싱 현상을 일으켜서 진동 주기를 측정하고 마우스로 고유 진동수를 측정하는 실험을 했습니다. (➡ 이 실험은 무엇을 알기 위한 시험입니다.) 처음엔 시시하게만 생각했습니다. 하지만 조교님은 간단한 실험이지만 (➡ 어떤 이유이길래? 그 이유가 구체적으로 나와야만 뒤에 나오는 우리 친구가 과학과 실험에 대해 갖고 있던 인식을 바꾸게 된 내용이 설득력을 얻습니다. 그만큼 큰 사건인데 그 사건을 가져오게 된 이유가 없다면 입학사정관이나 평가하는 입장에서는 이게 뭐미?라고 할 수 밖에 없어요.) 연구실의 커다란 실험의 근본이 되는 것이라고 하셨습니다.

이 말은 지금 까지 과학과 실험에 대해 갖고 있던 (➡ 어떤 인식을 어떻게 바꾸었는지를 구체적으로 설명해 주어야 공학자를 꿈꾸는 학생으로서 해야 하는 준비에 대해 고민하게 되었습니다가 설득력을 얻습니다. 그래야 예비 공학자로서 준비됐다는 메시지를 줄 수 있습니다.) 인식을 바꾸었습니다. 전엔 교과내용을 시시하게 생각하고, 빨리 어려운 걸로 넘어가고 싶은 마음이 앞섰었지만 지금 배우는 것들에 대해 좀 더 진지한 자세로 임하게 되었고, 제가 공학자를 꿈꾸는 학생으로서 해야 하는 '준비'가 무엇인지 고민하게 되었습니다.

> **3.** 학교 생활 중 배려, 나눔, 협력, 갈등 관리 등을 실천한 사례를 들고 그 과정을 통해 배우고 느낀 점을 서술해주시기 바랍니다.(1,000자 이내)

2학년 때 셋이 한조로 '쇼 미 더 사이언스'라는 팀을 이뤄 과학탐구토론대회에 참가했습니다. '층간소음 해결'이라는 주제로 탐구활동을 하게 되었는데 처음엔 분위기가 좋았습니다. 하지만 구체적인 실험계획을 세우면서 층간소음을 측정하는 장소에 대해서 저와 다른 팀원의 의견이 충돌하기 시작했습니다. 서로 자신의 논리만 내세우며 상대방의 의견을 들으려고도 이해하려고도 하지 않으니 갈등은 깊어져 갔습니다. 그러다 우리 사이에서 어쩔 줄 몰라하던 다른 팀원이 눈에 들어왔을 때는 시간이 많이 지난 후였습니다. 아무 말도 못하고 불편하게 있는 다른 팀원을 보자 순간 내가 뭘 하고 있지? 너무 미안했고 더 이상 이대로는 안 되겠다고 생각했습니다. 갈등이 있었던 팀원을 만나 서로 자신의 의견을 말할 때는 절대 끼어들지 않기로 약속을 하고 의견을 얘기했습니다. 먼저 그 팀원이 자기 생각을 말했는데 객관적으로 최대한 긍정적으로 받아들이려고 했습니다. 제 차례엔 너의 논리도 일리가 있지만 다르게 보면 이러한 오류가 생길 수 있으니 다르게 하는 것이 어떠냐고 기분이 상하지 않도록 말하기 위해 노력했습니다. 하지만 서로 마음을 열려고 하지 않아 조율이 되지 않았습니다. 제가 양보하기로 하고 생각했던 오류에 대해서는 토론 중 반론이 제기될 수 있으니 그것에 대해선 다 같이 고민을 해보자고 제안을 했고, 갈등은 마무리되었습니다. 시간을 허비하며 내용을 보완하고 점검할 시간이 부족해 아쉬움이 남았지만 나머지 시간동안은 조용히 탐구활동을 끝마쳤고 그 결과로 금상을 수상하게 되었습니다. 상은 받았지만 설득하는데 있어서 부드럽게 배려함이 조금 더 있었으면 어땠을까 다시 생각하게 되었고 확신을 가지고 자기 생각을 주장함에 있어서 오만함으로 놓치고 있는 점은 없는지 조심해야겠다는 반성도 함께하게 되었습니다. 무엇보다 다행인 것은 그렇게 서로 고집을 피우며 싸웠던 친구와 지금도 고민을 나누고 힘들 때 의지하는 사이라는 점입니다.

➡ 필자의 첨삭 결과를 참조하세요.

2학년 때 셋이 한조로 '쇼 미 더 사이언스'라는 팀을 이뤄 과학탐구토론대회에 참가했습니다. '층간소음 해결'이라는 주제로 탐구활동을 하게 되었는데 처음엔 분위기가 좋았습니다. 하지만 구체적인 실험계획을 세우면서 층간소음을 측정하는 장소에 대해서 저와 다른 팀원의 의견이 충돌하기 시작했습니다. (➡ 구체적으로 어떤 의견에서 어떤 이유로 충돌했는지? 이유가 없으니 뒤에 이어지는 갈등구조가 와닿지 않습니다.) 서로 자신의 논리만 내세우며 상대방의 의견을 들으려고도 이해하려고도 하지 않으니 갈등은 깊어져 갔습니다. 그러다 우리 사이에서 어쩔 줄 몰라하던 다른 팀원이 눈에 들어왔을 때는 시간이 많이 지난 후였습니다. 아무 말도 못하고 불편하게 있는 다른 팀원을 보자 순간 내가 뭘 하고 있지? 너무 미안했고 더 이상 이대로는 안 되겠다고 생각했습니다. 갈등이 있었던 팀원을 만나 서로 자신의 의견을 말할 때는 절대 끼어들지 않기로 약속을 하고 의견을 얘기했습니다. 먼저 그 팀원이 자기 생각을 말했는데 객관적으로 최대한 긍정적으로 받아들이려고 했습니다. 제 차례엔 너의 논리도 일리가 있지만 다르게 보면 이러한 오류가 생길 수 있으니 다르게 하는 것이 어떠나고 기분이 상하지 않도록 말하기 위해 노력했습니다. 하지만 서로 마음을 열려고 하지 않아 조율이 되지 않았습니다. 제가 양보하기로 하고 생각했던 오류에 대해서는 토론 중 반론이 제기될 수 있으니 그것에 대해선 다 같이 고민을 해보자고 제안을 했고, 갈등은 마무리되었습니다. 시간을 허비하며 내용을 보완하고 점검할 시간이 부족해 아쉬움이 남았지만 나머지 시간동안은 조용히 탐구활동을 끝마쳤고 그 결과로 금상을 수상하게 되었습니다. 상은 받았지만 설득하는데 있어서 부드럽게 배려함이 조금 더 있었으면 어땠을까 다시 생각하게 되었고 확신을 가지고 자기 생각을 주장함에 있어서 오만함으로 놓치고 있는 점은 없는지 조심해야겠다는 반성도 함께하게 되었습니다. 무엇보다 다행인 것은 그렇게 서로 고집을 피우며 싸웠던 친구와 지금도 고민을 나누고 힘들 때 의지하는 사이라는 점입니다.

서울대학교 자기소개서 첨삭 사례 2

> 1. 고등학교 재학 기간 중 학업에 기울인 노력과 학습 경험에 대해, 배우고 느낀 점을 중심으로 기술해주시기 바랍니다.(1,000자 이내)

저는 평소 경제 분야에 대한 관심이 많았습니다. 그래서 학교 경제 수업에는 항상 집중하여 수업을 들었습니다. 그리고 경제 선생님과의 멘토 멘티 활동을 신청하여 평소 수업을 하며 궁금했던 내용을 질문하고 관심 있던 내용에 대한 심화적인 공부를 하였습니다. 저는 평소 경제가 우리 실생활에 어떻게 활용되고 있는 지에 관심이 많았습니다. 그래서 저는 저와 같이 평소 경제에 관심이 많은 친구들을 모아 경제 스터디 그룹을 만들었습니다. 이 스터디 그룹을 통해서 저는 평소 책에서 보던 내용들을 직접 체험할 수 있었습니다. 한번은 수업 시간에 제가 평소 관심을 가지고 있던 조세 제도에 관한 내용을 공부하면서 우리 고장의 세금은 어떻게 이루어져 있을까 하는 궁금증을 가지게 되었습니다. 그래서 친구들과 함께 군청을 방문하여 그곳에서 일하시는 분들과 인터뷰를 가지게 되었습니다. 그 인터뷰를 통해 저는 우리 고장의 재정규모는 어떻게 되며 재정 자립도는 어느 정도 인지에 대해 알게 되었습니다. 특히 재정의 운용에 있어 가장 힘든 점이 무엇인지에 대한 질문에 아직 우리 재정과는 맞지 않는 복지 정책에 대해 말씀해 주셨습니다. 이에 대해 저는 문제를 해결할 수 있는 방안에 대해 깊이 고민해 볼 수 있었습니다. 저는 이러한 활동들을 통해 책에서 배우던 이론적인 경제 과목을 직접 체험하고 느낌으로써 제가 훗날 경제를 공부하는 학자가 되어 개선해야할 경제 정책들을 무엇이고 앞으로 나아가야 할 방향에 대해 생각해 볼 수 있는 계기가 되었습니다.

그리고 저는 더욱 훌륭한 경제학자가 되기 위해서는 그 분야 외의 지식에 대해서도 관심을 가질 필요가 있음을 느끼게 되었습니다. 그래서 저는 평소 자신 없던 인문학적인 내용에 대해 흥미를 가지고 접근할 수 있는 방법을 고민하였습니다. 그래서 저는 제가 평소 좋아하는 내용을 통해 먼저 그 문제들에 접근하여 순차적으로 다른 내용들을 공부해 나가는 방법을 사용했습니다. 이를 통해 비록 넘기 힘든 산같이 보이던 것도 즐겁게 헤쳐나 갈 수 있음을 느끼게 되었습니다. 또한 더 폭넓은 시각으로 문제에 접근할 수 있게 되었습니다.

➡ 필자의 첨삭 결과를 참조하세요.

저는 평소 경제 분야 중 조세 제도에 관해 관심이 많습니다. 한번은 수업 시간 중 조세 제도에 관한 내용을 공부하다가 우리 고장의 세금은 어떻게 이루어져 있을까 하는 궁금증이 생겨났습니다. 그래서 친구들과 함께 군청을 방문하여 그곳에서 일하시는 분들과 인터뷰를 가지게 되었습니다. 그 인터뷰를 통해 저는 우리 고장의 재정규모는 어떻게 되며 재정 자립도는 어느 정도 인지에 대해 알게 되었습니다. 특히 재정의 운용에 있어 가장 힘든 점이 무엇인지에 대한 질문에 아직 우리 재정과는 맞지 않는 복지 정책에 대해 말씀해 주신 것이 기억에 남습니다. (➡ 우리 재정과는 맞지 않는 복지 정책에 대해 어떤 내용을 말씀했기에 기억에 남을까요? 입학사정관을 궁금하게 하는 자기소개서는 좋은 평가를 받기가 어렵습니다. 구체적인 사례를 하나 정도 써주면 뒤에 이어지는 문장도 좀 더 구체적으로 쓸 수 있습니다.) 이에 대해 저는 문제를 해결할 수 있는 방안에 대해 깊이 고민해 볼 수 있었습니다. (➡ 문제가 뭔지도 모르는데 문제를 해결한다고 적혀 있습니다. 자기소개서는 이런 나열식 보다는 구체적인 스토리로 이어나가는 것이 자신을 더 잘 드러낼 수 있고 읽어 내려가는 입학사정관들도 호감을 가질 수 있습니다. 해결하고자 하는 문제를 써 주세요!) 저는 이러한 활동들을 통해 책에서 배우던 이론적인 경제 과목을 직접 체험하고 느낌으로써 제가 훗날 경제를 공부하는 학자가 되어 개선해야할 경제 정책들을 무엇이고 앞으로 나아가야 할 방향에 대해 생각해 볼 수 있는 계기가 되었습니다. (➡ 여기도 마찬가지 생각을 해 보았다는데……. 별 내용이 없어요. 경제학자의 원대한 꿈을 가졌다는데 그 고민이 구체적이지 못하면 입학사정관들이 어떻게 평가할까요? 생각해 본 내용 중 본인이 중요하다고 판단하는 1~2개 정도의 사례를 들어주세요. 앞에서 조세제도에 관심이 많았다고 했으니 그와 관련한 사례면 좋겠네요…….)

경제 수업을 좋아했기 때문에 경제 선생님과의 멘토 멘티 활동을 신청하게 됐습니다. 평소 수업을 하며 궁금했던 내용을 질문하고 관심 있던 내용에 대한 심화적인 공부를 하기 위해서였습니다. 저는 평소 경제가 우리 실생활에 어떻게 활용되고 있는 지에 관심이 많았습니다. 그래서 저는 저와 같이 평소 경제에 관심이 많은 친구들을 모아 경제 스터디 그룹을 만들었습니다. 이 스터디 그룹을 통해서 저는 평소 책에서 보던 내용들을 직접 체험할 수 있었습니다. (➡ 자 여기서 중요한 핵심문장은 '평소 책에서 보던 내용들을 직접 체험할 수 있었습니다.'라는 내용입니다. 그런데 여기에도 어떤 체험을 했고 이를 통해 무엇을 느꼈다는 사례가 없습니다.) 그리고 저는 더욱 훌륭한 경제학자가 되기 위해서는 그 분야 외에도 관심을 가질 필요가 있음을 느끼게 되었습니다. 그래서 저는 평소 자신 없던 인문학적인 내용에 대해 흥미를 가지고 접근할 수 있는 방법을 고민하였습니다. 그래서 저는 제가 평소 좋아하는 내용을 통해 먼저 그 문제들에 접근하여 순차적으로 다른 내용들을 공부해 나가는 방법을 사용했습니다. (➡ 여기도 마찬가지……. 그 문제들에 접근하여 순차적으로 다른 내용들을 공부해 나가는 방법을 어떻게 사용했나요? 그리고 어떤 성취를 이루었나요? 이것도 한 가지 정도의 사례로 보여주세요!) 이를 통해 비록 넘기 힘든 산같이 보이던 것도 즐겁게 헤쳐나 갈 수 있음을 느끼게 되었습니다. 또한 더 폭넓은 시각으로 문제에 접근할 수 있게 되었습니다.

> **2.** 고등학교 재학 기간 중 본인이 의미를 두고 노력했던 교내 활동을 배우고 느낀 점을 중심으로 3개 이내로 기술해주시기 바랍니다. 단, 교외 활동 중 학교장의 허락을 받고 참여한 활동은 포함됩니다.(1,500자 이내)

축제 추진 위원회 활동

축제 추진 위원회는 예산 편성, 무대 연출, 축제 홍보 등 축제 전반적인 일을 담당하는 부서입니다. 저는 축제 추진 위원으로서 축제의 재정을 담당하였습니다. 막중한 임무를 맡은 만큼 저는 주어진 예산을 가장 경제적이고 효율적으로 사용할 수 있는 방법을 찾기 위해 노력하였습니다. 먼저 최근 축제 예산안을 잘 분석하여 불필요한 지출들은 없었는지 살펴보았습니다. 또한 정부나 기업은 어떠한 방식으로 예산을 편성하며, 그것에 있어 그들이 가장 중요하게 생각하는 것은 무엇인지를 공부하여 활용하였습니다. 저는 이 활동을 하면서 책상 앞에서 배웠던 내용들을 직접 활용해 볼 수 있었던 점이 인상 깊었습니다. 또한 서로의 의견을 주고받으며 더 나은 해결방안을 찾아가면서 상호 간의 의견 교환이 얼마나 중요한 것인지 깨달았습니다. 평소 제 주장대로 모든 것이 이루어지도록 노력했던 저의 태도에 대해 반성 할 수 있는 계기가 되었습니다.

➡ 필자의 첨삭 결과를 참조하세요.

축제 추진 위원회는 예산 편성, 무대 연출, 축제 홍보 등 축제 전반적인 일을 담당하는 부서입니다. 저는 축제 추진 위원으로서 축제의 재정을 담당하였습니다. 막중한 임무를 맡은 만큼 저는 주어진 예산을 가장 경제적이고 효율적으로 사용할 수 있는 방법을 찾기 위해 노력하였습니다. 먼저 최근 축제 예산안을 잘 분석하여 불필요한 지출들은 없었는지 살펴보았습니다. 또한 정부나 기업은 어떠한 방식으로 예산을 편성하며, 그것에 있어 그들이 가장 중요하게 생각하는 것은 무엇인지를 공부하여 활용하였습니다. (➡ 좋은 글감입니다. 지원 분야에 대한 전공적합성과 발전가능성을 어필할 수 있지요. 한 가지 아쉬운 점이 있다면 궁금하다는 겁니다. '무엇인지를 공부하여 활용하였습니다.'에 대한 보충설명이 필요합니다. 한 마디로 예를 들어주시라 이거죠.)

저는 이 활동을 하면서 책상 앞에서 배웠던 내용들을 직접 활용해 볼 수 있었던 점이 인상 깊었습니다. 또한 서로의 의견을 주고받으며 더 나은 해결방안을 찾아가면서 상호 간의 의견 교환이 얼마나 중요한 것인지 깨달았습니다. 평소 제 주장대로 모든 것이 이루어지도록 노력했던 저의 태도에 대해 반성 할 수 있는 계기가 되었습니다.

봉사 동아리 활동

저는 고등학교를 입학하면서 저의 지난 삶들을 돌이켜 보았습니다. 그런 저의 삶 속에는 누군가를 이해하고 배려한 기억이 많지 않았습니다. 그래서 앞으로의 고등학교 생활을 하면서는 좀 더 주위를 둘러보는 삶을 사는 것을 목표로 세웠습니다. 그래서 저는 교내에 있던 봉사 동아리에 들어가게 되었습니다. 처음에는 할머니들을 돌봐드리는 것이 어렵기만 했습니다. 그리고 정말 열심히 재롱떨면서 열심히 돌봐드려도 다음 주가 되면 처음 본 사람인 것처럼 잊어버리시는 할머님들 때문에 너무 속상하였습니다. 그러나 봉사를 자주 다니면서 점점 그 분들 그 자체를 이해할 수 있게 되었습니다. 그리고 할머니들께서 그러신 것처럼 저도 처음 만난다는 설렘을 항상 가지고 친절하게 대했드렸습니다. 저는 이제는 그 자체를 이해하게 된 제 모습을 보면서 완전은 아니지만 이러한 저의 목표에 점점 가까워지고 있다는 생각을 하게 되었습니다.

➡ 필자의 첨삭 결과를 참조하세요.

저는 고등학교를 입학하면서 저의 지난 삶들을 돌이켜 보았습니다. 그런 저의 삶 속에는 누군가를 이해하고 배려한 기억이 많지 않았습니다. 그래서 앞으로의 고등학교 생활을 하면서는 좀 더 주위를 둘러보는 삶을 사는 것을 목표로 세웠습니다. 그래서 저는 교내에 있던 봉사 동아리에 들어가게 되었습니다.(➡ 인과관계가 명확하고 인성까지 드러낼 수 있는 좋은 구성입니다. 하지만 봉사동아리에 들어가서 양로원에 가게 된 이유가 없다보니 문장이 어설퍼집니다. ^_^ 그 내용 적어주시고요.)

처음에는 할머니들을 돌봐드리는 것이 어려웠습니다. 그리고 정말 열심히 재롱도 떨고 돌봐드려도 다음 주가 되면 처음 본 사람인 것처럼 잊어버리시는 할머님들 때문에 너무 속상하였습니다. 그러나 봉사를 자주 다니면서 점점 그 분들을 이해할 수 있게 되었습니다. (➡ 여기도 이해를 하게 된 이유가 없네요……. 이어지는 문장을 보면 사람을 그리워하기 때문에 기억을 하지 못한다는 의미로 생각이 들긴 하는데……. 하루에도 100장 가까운 자기소개서를 읽어야 하는 입학사정관들은 그런 고민할 시간이 부족합니다. 좀 더 친절해 집시다.) 그리고 할머니들께서 그러신 것처럼 저도 처음 만난다는 설렘을 항상 가지고 친절하게 대해드렸습니다. 저는 이제는 그 자체를 이해하게 된 제 모습을 보면서 완전하지는 않지만 이러한 저의 목표에 점점 가까워지고 있다는 생각을 하게 되었습니다. (➡ 이러한 저의 목표가 무엇인가요? 앞에서 이야기 한 '고등학교 생활을 하면서는 좀 더 주위를 둘러보는 삶을 사는 것을 목표로 세웠습니다.'라는 그 목표인가요? 구체적으로 써주세요. 궁금하지 않도록)

영어 방과 후 활동

처음에는 학원을 다니지 않고 영어 공부를 한다는 것이 두렵지만 할 수 있는 일이라 생각했습니다. 그러나 꼼꼼히 공부 계획을 세워놓고 실천을 해도 여전히 부족한 무엇인가를 느끼게 되었습니다. 저는 문제가 무엇인지 고민을 해도 쉽게 답을 찾지 못했습니다. 그래서 먼저 지금 내가 활용할 수 있는 것들을 잘 활용해보자고 생각하며 선택한 것이 바로 영어 방과 후 활동이었습니다. 영어 방과 후에서는 발표 형식으로 수업이 이루어졌습니다. 저는 이 발표를 준비하고 진행하면서 저의 문제점이 무엇이었는지 깨닫게 되었습니다. 저는 문법 위주로 모든 내용들을 이해하려 들어 정작 그 지문의 내용에 대해서는 알지 못하는 경우가 많았습니다. 그래서 발표 후 친구들이 내용에 관한 질문을 했을 때에는 답을 하지 못하는 경우가 많았습니다. 이를 통해 저는 저의 장점들을 살려 더 심오한 내용 이해가 이루어질 수 있도록 하는 방법을 찾을 수 있었고 자연히 성적 또한 오를 수 있었습니다.

➡ 필자의 첨삭 결과를 참조하세요.

처음에는 학원을 다니지 않고 영어 공부를 한다는 것이 두렵지만 할 수 있는 일이라 생각했습니다. 그러나 꼼꼼히 공부 계획을 세워놓고 실천을 해도 여전히 부족한 무엇인가를 느끼게 되었습니다. 저는 문제가 무엇인지 고민을 해도 쉽게 답을 찾지 못했습니다. 그래서 먼저 지금 내가 활용할 수 있는 것들을 잘 활용해보자고 생각하며 선택한 것이 바로 영어 방과 후 활동이었습니다. 영어 방과 후 발표 형식으로 수업이 이루어졌습니다. 저는 이 발표를 준비하고 진행하면서 저의 문제점이 무엇이었는지 깨닫게 되었습니다. 저는 문법 위주로 모든 내용들을 이해하려 들어 정작 그 지문의 내용에 대해서는 알지 못하는 경우가 많았습니다. (➡ GOOD! 이제야 구체적으로 나오는군요) 그래서 발표 후 친구들이 내용에 관한 질문을 했을 때에는 답을 하지 못하는 경우가 많았습니다. 이를 통해 저는 저의 장점들을 살려 더 심오한 내용 이해가 이루어질 수 있도록 하는 방법을 찾을 수 있었고 자연히 성적 또한 오를 수 있었습니다.

(➡ 여기서도 문제……. 그러니까 문제는 지문 내용을 모르는 것이고 이를 해결하기 위해 무엇을 했다는 것인지? 가 나와야지 뜬금없이 이를 통해 저는 저의 장점들을 살려 더 심오한 내용 이해가 이루어질 수 있도록 하는 방법을 찾을 수 있었고 자연히 성적 또한 오를 수 있었습니다.라고 나오네요. 님의 장점이 무엇일까요? 그리고 심오한 내용 이해가 이루어질 수 있는 방법은 어떤 것이고 성적은 왜? 그리고 얼마나 올랐을까요?)

> **3.** 학교 생활 중 배려, 나눔, 협력, 갈등 관리 등을 실천한 사례를 들고 그 과정을 통해 배우고 느낀 점을 서술해주시기 바랍니다.(1,000자 이내)

저는 간부로서 친구들 사이의 문제 또는 학교와 친구들 사이의 문제를 해결해야 하는 상황에 놓여 난처했던 적이 많았습니다. 한번은 전기를 아껴야 한다는 학교 측과 너무 더워 수업에 집중할 수 없다는 학생들 사이에 갈등이 일어났던 때가 있었습니다. 그런데 또 학생들 사이에서도 에어컨 사용의 필요성에 대한 정도가 달라 말다툼이 있었습니다. 서로 양보하기만을 주장하였습니다. 저는 모두의 입장을 고려하면서도 간단하게 문제를 해결할 수 있는 방법에 대해 고민하였습니다. 고민 끝에 저는 '시간 할당제'라는 해결방안을 제시하였습니다. 학교에서 각 반에 에어컨 사용 가능 시간을 주면 그 주어진 시간 내에서 각 학급이 원하는 시간에 맞춰 에어컨을 사용하는 방법입니다. 물론 이 방법에 대한 문제점들이 발생하였지만 이에 대해서도 서로 의논을 하면서 풀다보니 모두가 만족할 만한 결과를 얻게 되었습니다. 저는 이 과정을 통해 서로 양보를 하는 것이 꼭 최고의 방안은 아니라는 것을 느끼게 되었습니다. 우리는 일반적으로 어떤 문제에 대한 해결을 위해 누군가는 양보를 해야 한다는 생각을 가지고 서로의 입장을 표명하기 때문에 오히려 갈등이 악화되는 상황을 자주 목격할 수 있었을 것입니다. 우리는 '양보'에 대한 선입견 속에 모두가 만족할 수 있는 방안들을 놓치고 있었던 것입니다. 그래서 저는 '양보'하는 것이 무조건 배려있는 것이라 생각했던 것이 잘못되었다고 생각할 수 있었습니다. 모두가 만족할 수 있는 그런 대책을 세우는 것이 최고의 배려였던 것입니다. 이와 같이 저는 이 계기를 통해 어떤 문제에 접근할 때 나와 그리고 모두를 위해 전체적인 입장에서 먼저 고려하는 것이 얼마나 중요한지 느끼게 되었습니다.

➡ 필자의 첨삭 결과를 참조하세요.

저는 간부로서 친구들 사이의 문제 또는 학교와 친구들 사이의 문제를 해결해야 하는 상황에 놓여 난처했던 적이 많았습니다. 한번은 전기를 아껴써야 한다는 학교 측과 너무 더워 수업에 집중할 수 없다는 학생들 사이에 갈등이 있었습니다. 게다가 학생들 사이에서도 에어컨 사용의 필요성에 대한 생각이 달라 말다툼이 있었습니다. 서로 양보하기만을 주장하였습니다. 저는 모두의 입장을 고려하면서도 간단하게 문제를 해결할 수 있는 방법을 고민하였습니다. 고민 끝에 저는 '시간 할당제'라는 해결방안을 제시하였습니다. 학교에서 각 반에 에어컨 사용 가능 시간을 주면 그 주어진 시간 내에서 각 학급이 원하는 시간에 맞춰 에어컨을 사용하는 방법입니다. 물론 이 방법에 대한 문제점들이 발생하였지만 이에 대해서도 서로 의논을 하녀서 풀다보니 모두가 만족할 만한 결과를 얻게 되었습니다.(➡ 좋은 소재입니다. 하지만 여기서도 시작은 창대했으나 끝은 흐지부지되는 경향이 보입니다. 어떤 문제점이 발생했고 어떤 과정을 거쳐 어떻게 풀었는지요? 모두가 만족할 만한 결과를 얻게 되었습니다라고 본인 스스로 평가를 내리는데 입학사정관들은 이런 문장을 신뢰하지 않습니다. 평가는 님이 아닌 입학사정관이 내리는 것이지요. 모두가 만족할 만한 결과를 얻게 됐다고 생각합니다라는 식으로 바꾸면 좋겠습니다.)

저는 이 과정을 통해 서로 양보를 하는 것이 꼭 최고의 방안은 아니라는 것을 느끼게 되었습니다. 우리는 일반적으로 어떤 문제를 해결하기 위해서는 누군가는 양보를 해야 한다는 생각을 가지고 서로의 입장을 표명하기 때문에 오히려 갈등이 악화되는 상황을 자주 목격하게 됩니다. 우리는 '양보'에 대한 선입견 속에 모두가 만족할 수 있는 방안들을 놓치고 있었다고 생각합니다. 그래서 저는 '양보'가 무조건적인 미덕이 아니라는 생각에 미치게 됐습니다. 오히려 모두가 만족할 수 있는 그런 대책을 세우는 것이 최고의 배려였던 것입니다. 이와 같이 저는 이 계기를 통해 어떤 문제에 접근할 때 나와 그리고 모두를 위해 전체적인 입장에서 먼저 고려하는 것이 얼마나 중요한지 느끼게 되었습니다.

서울대학교 자기소개서 첨삭 사례 3

> 1. 고등학교 재학 기간 중 학업에 기울인 노력과 학습 경험에 대해, 배우고 느낀 점을 중심으로 기술해주시기 바랍니다.(1,000자 이내)

저는 바이러스의 유전자 조작을 통한 암세포 치료제 연구에 관한 글을 보고 이 치료제가 어떤 방식으로 만들어 지는지, 부작용을 초래하지는 않는지 알고 싶어졌기 때문에 생명과학에 관련된 공부에 좀 더 집중하였습니다.

그렇게 생명과학 공부에 집중하던 차에 과제탐구수업을 받게 되었습니다. 제가 과제탐구를 하며 선택했던 주제는 전자기파가 효모의 발효에 미치는 영향에 관한 실험이었습니다. 저는 전자기파가 인체에 암을 유발한다는 이야기를 들었던 터라, 이 전자기파가 생물체에 어떠한 영향을 주는지 조사하기로 하였습니다. 저는 전자기파를 방출하는 물건 중 일상에서 영향을 많이 받는 물건인 와이파이 공유기를 통하여 전자기파가 효모의 생장에 미치는 영향을 실험해 보기로 하였습니다. 그 실험을 통하여 저는 전자기파가 효모의 생장을 촉진시킨다는 결론을 도출해 내었습니다. 그로부터 전자기파가 세포분열을 비정상적으로 촉진해 분열 사이클에 이상을 가져온다는 가설을 세웠습니다. 저는 그 가설이 맞는지 심화되고 정확한 실험을 통해 확인하고 싶습니다.

저는 생명과학에 익힌 지식을 평가해보기 위해 교내생명과학경시대회에 매번 응시했습니다. 경시대회를 준비하면서 동아리에서 광량에 따른 바닷말의 산소배출량 비교, 카탈라아제의 활성도 비교와 같은 실험들을 추진해 각 이론에 대한 지식을 경험적으로 습득했습니다. 그러한 노력을 기울인 덕에 경시대회에서 좋은 성적을 거둘 수 있었습니다.

또한, 유전자와 생명공학 단원에서 유전자 재조합 기술에 대하여 공부하면서 미래에 제가 연구하고 싶은 바이러스의 유전자 조작을 통한 안전한 암세포 치료제 개발이 어떤 방식으로 진행되는지 알 수 있었습니다. 그 과정에서 저는 바이러스의 유전자를 조작해 표적항암제를 개발 할 때, 바이러스의 유전자에 돌연변이가 쉽게 일어나는 특성 때문에 바이러스가 암세포가 아닌 정상적인 세포를 공격하도록 유전자가 바뀔 수 있다는 단점을 알아내었습니다. 저는 심화된 생명과학에 대한 공부를 통하여 이 단점을 해결하여 안전한 표적항암제를 만드는데 도움이 되고 싶습니다.

➡ 필자의 첨삭 결과를 참조하세요.

제가 생명과학에 관심을 가지게 된 계기는 바이러스의 유전자 조작을 통한 암세포 치료제 연구에 관한 글을 보고 이 치료제가 어떤 방식으로 만들어 지는지, 부작용을 초래하지는 않는지 호기심이 생겼기 때문입니다.

그렇게 생명과학 공부에 집중하던 차에 과제탐구수업을 받게 되었습니다. 저는 전자기파가 효모의 발효에 미치는 영향에 관한 실험을 주제로 선택했습니다. 저는 전자기파가 인체에 암을 유발한다는 이야기를 들었던 터라, 이 전자기파가 생물체에 어떠한 영향을 주는지 알고 싶었기 때문입니다. 저는 전자기파를 방출하는 물건 중 일상에서 영향을 많이 받는 물건인 와이파이 공유기를 통하여 전자기파가 효모의 생장에 미치는 영향을 실험해 보기로 하였습니다. 그 실험을 통하여 저는 전자기파가 효모의 생장을 촉진시킨다는 결론을 도출해 내었습니다. 그로부터 전자기파가 세포분열을 비정상적으로 촉진해 분열 사이클에 이상을 가져온다는 가설을 세웠고 그 가설이 맞는지 심화되고 정확한 실험을 통해 확인하고 싶습니다.(➡ 확인하고 싶었는데? 그 다음은 확인을 해서 어떻게 됐나요? 실험과정과 결론에 대해 친절하게 설명해 주는 것이 필요합니다.)

저는 생명과학에 익힌 지식을 평가해보기 위해 교내생명과학경시대회에 매번 응시했습니다. 경시대회를 준비하면서 동아리에서 광량에 따른 바닷말의 산소배출량 비교, 카탈라아제의 활성도 비교와 같은 실험들을 추진해 각 이론에 대한 지식을 경험적으로 습득했습니다. 그러한 노력을 기울인 덕에 경시대회에서 좋은 성적을 거둘 수 있었습니다.(➡ 나열식······. 전혀 자신의 장점과 경쟁력, 전공에 대한 열정이 느껴지지 않아요. 차라리 이 부분을 날리고 앞에서 언급한 실험과정과 결론을 보충하는 것이 남과 차별화된 님의 경쟁력을 드러낼 수 있다고 봅니다.)

또한, 유전자와 생명공학 단원에서 유전자 재조합 기술에 대하여 공부하면서 미래에 제가 연구하고 싶은 바이러스의 유전자 조작을 통한 안전한 암세포 치료제 개발이 어떤 방식으로 진행되는지 알 수 있었습니다. 그 과정에서 저는 바이러스의 유전자를 조작해 표적항암제를 개발 할 때, 바이러스의 유전자에 돌연변이가 쉽게 일어나는 특성 때문에 바이러스가 암세포가 아닌 정상적인 세포를 공격하도록 유전자가 바뀔 수 있다는 단점을 알아내었습니다. 저는 심화된 생명과학에 대한 공부를 통하여 이 단점을 해결하여 안전한 표적항암제를 만드는데 도움이 되고 싶습니다.

2. 고등학교 재학 기간 중 본인이 의미를 두고 노력했던 교내 활동을 배우고 느낀 점을 중심으로 3개 이내로 기술해주시기 바랍니다. 단, 교외 활동 중 학교장의 허락을 받고 참여한 활동은 포함됩니다.(1,500자 이내)

일산과학축전, 유전공학의 기초를 다지다.

저는 일산에서 열린 과학축전 학교부스에 운영보조로 참가하게 되어 방문객들을 위한 실험에 대한 강의를 준비하면서 유전공학의 기초적인 부분에 대하여 배우게 되었습니다. 강의를 위해 원하는 구간의 DNA량을 증폭시키는 중합효소연쇄반응과 제한효소로 DNA를 처리하여 절편으로 만든 뒤 잘린 절편의 크기에 따라 겔을 통과하는 속도의 차이로 DNA를 구별하는 DNA전기영동과 같은 지식을 배울 수 있었습니다. 또한 DNA전기영동실험을 여러 번 반복해서 해 봄으로써 유전공학이 제가 갈 길이라는 것을 확실히 했습니다. 또한, 바이러스의 유전자조작을 통한 표적항암제 개발을 연구하고 싶은 저의 입장에서는 미래의 연구를 위한 기초지식을 배울 수 있는 좋은 과정이었습니다.

➡️ 필자의 첨삭 결과를 참조하세요.

일산과학축전, 유전공학의 기초를 다지다.

일산에서 열린 과학축전에 학교부스 운영보조로 참가한 경험이 있습니다. 방문객들을 위해 실험에 대한 강의를 준비하면서 유전공학의 기초적인 부분에 대하여 배우게 되었습니다. 강의를 위해 원하는 구간의 DNA량을 증폭시키는 중합효소연쇄반응과 제한효소로 DNA를 처리하여 절편으로 만든 뒤 잘린 절편의 크기에 따라 겔을 통과하는 속도의 차이로 DNA를 구별하는 DNA전기영동과 같은 지식을 배울 수 있었습니다. 또한 DNA전기영동실험을 여러 번 반복해서 해 봄으로써 유전공학이 제가 갈 길이라는 것을 확실히 했습니다. (➡ 또한 DNA전기영동실험을 여러 번 반복해서 해 봄으로써 유전공학이 제가 갈 길이라는 것을 확실히 했습니다.–>DNA전기영동실험과 유전공학이 님의 갈 길이라는 것을 확실히 했다고 표현할 정도면 이 실험의 의미가 님에게 아주 크다는 것인데? 문장을 읽어보면 그런 느낌이 하나도 와 닿지 않습니다. 그 실험이 왜 확신을 주었는지 설명해 주세요. 아주 중요합니다.) 또한, 바이러스의 유전자조작을 통한 표적항암제 개발이 꿈인 저에게 기초지식을 배울 수 있게 해준 좋은 과정이었습니다.

운명적인 작명, CREBS

제가 동아리를 만들면서 동아리 이름을 작명하는데 어려움을 겪고 있을 때, 예전에 책에서 보았던 CREB라는 기억 활성 단백질에 생각이 미치게 되었습니다. 그 당시, 지금도 그렇지만, 저의 친할머니께서는 알츠하이머로 인해 입원해 계셨습니다. 저는 할머니의 질병이 치유되기를 바라는 마음으로 질병치료에 대한 기초발판이 될 생명과학 동아리 CREBS의 이름을 짓게 되었습니다. 제가 개설한 동아리였고 이름을 짓는데 특별한 의미를 담아 지은 동아리였기 때문에 더 열정적으로 동아리 활동하였습니다. 저는 동아리 활동을 하면서 열 명이 넘는 동아리 회원들과 함께 머리를 모아 실험을 구상, 설계하였고, 설계한 실험을 수행하여 실험결과를 도출해 내었을 때의 느낌은 혼자서 실험을 수행하였을 때와는 다른 느낌이었습니다. 동아리 활동은 다른 사람과 함께 실험하는 기회를 가지지 못한 제가 함께 실험할 기회를 가지게 되는 계기가 되었으며 타인의 의견을 심사숙고 하여 판단하고 여러 사람의 의견을 종합해서 그 결과를 도출해 낼 수 있게 하는 능력을 길러주었습니다.

➡ 필자의 첨삭 결과를 참조하세요.

운명적인 작명, CREBS

제가 동아리를 만들면서 동아리 이름을 작명하는데 어려움을 겪고 있을 때, 예전에 책에서 보았던 CREB라는 기억 활성 단백질에 생각이 미치게 되었습니다.(➡ 무슨 동아리 인가요? 문장을 읽어보면 생명과학 동아리 같기는 한데⋯⋯. 제가 ~~~ 동아리를 만들면서 이름을 작명하는데 어려움을 겪고 있었습니다. 그 때 책에서 보았던~~~ 이런 방식으로 손질해 주세요. 입학사정관을 궁금하게 하는 문장과 표현은 좋은 평가를 받을 수 없어요.) 그 당시, 지금도 그렇지만, 저의 친할머니께서는 알츠하이머로 입원해 계셨습니다. 저는 할머니의 질병이 치유되기를 바라는 마음으로 질병치료에 대한 기초발판이 될 생명과학 동아리 CREBS의 이름을 짓게 되었습니다.(➡ 친할머니의 쾌유를 빌면서 동아리 이름을 지었다. 님의 인성과 전공적합성을 함께 느낄 수 있는 문장입니다. 하지만 여기서도 문제는 문장의 인과관계가 느슨하다는 것. 책에서 CREB 단백질을 보고 할머니의 쾌유를 비는 의미에서 CREBS의 이름을 짓게 되었다? 그래서요?? 정작 동아리 이름인 CREBS에 대한 설명은 없네요? 이렇게 표현하는 것이 가장 의미를 확실하게 전달할 수 있어요. "생명과학 동아리 CREBS의 이름을 짓게 되었습니다. CREBS에서 S는 성공을 뜻하는 SUCCESS의 첫 글자입니다. 미래 생명공학자로서 성공하겠다는 저의 의지를 담았습니다.) 제가 개설한 동아리였고 이름을 짓는데 특별한 의미를 담아 지은 동아리였기 때문에 더 열정적으로 동아리 활동하였습니다. 저는 동아리 활동을 하면서 열 명이 넘는 동아리 회원들과 함께 머리를 모아 실험을 구상, 설계하였고, 설계한 실험을 수행하여 실험결과를 도출해 내었을 때의 느낌은 혼자서 실험을 수행하였을 때와는 다른 느낌이었습니다.(➡ 어떻게 다른 느낌이었나요? 궁금합니다.) 동아리 활동은 다른 사람과 함께 실험하는 기회를 가지지 못한 제가 함께 실험할 기회를 가지게 되는 계기가 되었으며 타인의 의견을 심사숙고 하여 판단하고 여러 사람의 의견을 종합해서 그 결과를 도출해 낼 수 있게 하는 능력을 길러주었습니다.

진로에 대한 확신을 가지다, 생명과학의 미래를 느끼다.

저는 2학년 때 국립과천과학관에서 열린 이공계 진로탐구 프로그램에 참가하게 되었습니다. 각 대학교의 교수님들이 강의하는 프로그램이었는데, 이 프로그램은 저에게 생명과학이라는 진로에 대한 확신을 심어주었습니다. 수 시간 동안 연속해서 지루할 법도 했지만, 아니, 다른 참가자 중에서는 교수님의 강의 앞에서도 조는 모습을 보였지만, 저에게는 교수님 한분 한분의 강의가 와 닿았습니다. 저는 이 프로그램을 통해서 생명과학이라는 저의 진로에 대한 강한 확신을 가졌고, 교수님들의 강의를 들으며 제가 생명과학과에 들어가게 되었을 때 진행하고 싶은 연구에 대하여 깊게 생각해 보는 계기가 되었습니다.

➡ 필자의 첨삭 결과를 참조하세요.

진로에 대한 확신을 가지다, 생명과학의 미래를 느끼다.

저는 2학년 때 국립과천과학관에서 열린 이공계 진로탐구 프로그램에 참가하게 되었습니다. 각 대학교의 교수님들이 강의하는 프로그램이었는데, 이 프로그램은 저에게 생명과학이라는 진로에 대한 확신을 심어주었습니다. 수 시간 동안 연속해서 지루할 법도 했지만, 아니, 다른 참가자 중에서는 교수님의 강의 앞에서도 조는 모습을 보였지만, 저에게는 교수님 한분 한분의 강의가 와 닿았습니다. 저는 이 프로그램을 통해서 생명과학이라는 저의 진로에 대한 강한 확신을 가졌고, 교수님들의 강의를 들으며 제가 생명과학과에 들어가게 되었을 때 진행하고 싶은 연구에 대하여 깊게 생각해 보는 계기가 되었습니다. (➡ 마찬가지…… 생명과학에 진로에 대한 확신을 심어주었다는데, 정작 본인은 그렇게 주장하지만 글을 읽는 입장에서는 어디에서도 님의 주장을 뒷받침하는 근거가 보이지 않습니다. 왜 확신을 심어주었는지 이유가 없잖아요? 예를 들어 어떤 교수의 무슨 강의를 듣고 어떤 점에서 확신을 주었다라는 구체적인 설명이 반드시 필요합니다.)

저는 병을 치료하는 기술을 연구하는 사람들이 많아질수록 병에 의해 고통 받는 사람들이 없는 세상을 만드는데 도움이 된다는 생각을 하고 있었습니다. 그러한 이유로 다른 학생들이 생명과학에 관심을 가지게 돕고 싶다는 생각을 하고 있던 차에, 동아리 고문 선생님께서 중학생을 대상으로 하는 과학수학교실에 도우미로 참가해 보지 않겠냐고 권유하셨습니다. 저는 이것이 중학생들에게 과학의 즐거움을 알려줄 수 있는 좋은 기회라고 생각하여 권유를 받아들였습니다. 저는 생명과학동아리 부장으로써 동아리체험 부스운영을 통괄했습니다. 부스체험활동 중 쥐 해부체험을 하는 과정에서 장기의 위치를 묻거나 절개방법이 어떻게 되는지 묻는 등 적극적으로 참여하는 학생에게는 그 질문에 성실하게 답해주었고 쥐가 불쌍하다고 해부를 하기 싫어하는 학생에게는 "함부로 쥐의 생명을 빼앗는 것은 물론 잘못된 일이야. 하지만 과학의 발전해 이바지해 다른 생명을 살릴 수 있게 희생해 주는 것이니 쥐에게 고마워하는 마음을 가지고 있으면 되지 않을까?" 라고 답변해 주었습니다. 그러니 그 아이는 고개를 끄덕이며 알았다고 말했습니다.

축제를 준비하며 있었던 일입니다. 저는 동아리 부장으로써, 동아리 회원들의 시간분담을 맡고 있었습니다. 그때, 편한 보직인 불꽃반응실험부분의 인원을 선정하는 과정에서 사소한 말다툼이 벌어졌습니다. 동아리 내에서 자체적으로 했던 불꽃반응실험을 주도한 두 명이 서로 실험시현의 자리를 맡겠다고 한 것입니다. 인원이 빠듯(부족)했기 때문에, 두 명다 불꽃반응실험에 참가할 수는 없었습니다. 그래서 저는 2교대로 돌아가며 불꽃반응실험 시현과 액체질소로 얼린 요구르트 제조를 맡으면 어떻겠냐고 물었습니다. 그 두 명은 승낙해주었고, 주먹다짐으로 번지지 않고 원만하게 해결 할 수 있었습니다.

저는 1학년 때부터 꾸준히 목화노인병원에서 봉사활동을 해왔습니다. 목화 노인 병원은 저의 외할아버지께서 암 투병으로 고생하시다 임종을 맞이하신 곳이고, 저의 친 할머니께서도 치매환자로 입원해 계셔서 저에게 있어 특별한 의미를 가진 장소입니다. 저는 봉사활동 중에 저의 친 할머니뿐만 아니라 병원 내에 입원해 계시는 다른 노인 분들의 병간호를 해 드렸습니다. 병간호를 해 드릴 때 치매가 악화되어 계신 분들은 몇 분만 지나도 제가 누구였는지 잊어버리셨습니다. 저는 그 때, 다시 처음부터 이야기를 나누었습니다. 그 외에도 저는 암 투병 중이신 분들의 병을 수발들기도 하였습니다. 저는 그 모습을 보면서 병에 고통 받는 사람들의 고통을 덜어주기 위해 지금은 치료하기 힘든 각종 질병을 치료하는 방법을 찾기 위해 노력하고 싶다고 느꼈습니다.

➡ 필자의 첨삭 결과를 참조하세요.

저는 병을 치료하는 기술을 연구하는 사람들이 많아질수록 병에 의해 고통 받는 사람들이 없는 세상에 한 걸음 더 다가간다고 생각합니다. 그러한 이유로 다른 학생들이 생명과학에 관심을 가지게 돕고 싶다는 생각을 하고 있던 차에, 동아리 고문 선생님께서 중학생을 대상으로 하는 과학수학교실에 도우미로 참가해 보지 않겠냐고 권유하셨습니다. 저는 중학생들에게 과학의 즐거움을 알려줄 수 있는 좋은 기회라고 생각하여 참가를 결정했습니다. 저는 생명과학동아리 부장으로써 동아리체험 부스운영을 총괄했습니다. 부스체험활동 중 쥐 해부체험을 하는 과정에서 장기의 위치를 묻거나 절개방법이 어떻게 되는지 묻는 등 적극적으로 참여하는 학생에게는 그 질문에 성실하게 답해주었고 쥐가 불쌍하다고 해부를 하기 싫어하는 학생에게는 "함부로 쥐의 생명을 빼앗는 것은 물론 잘못된 일이야. 하지만 과학의 발전에 이바지해 다른 생명을 살릴 수 있게 희생해 주는 것이니 쥐에게 고마워하는 마음을 가지고 있으면 되지 않을까?" 라고 답변해 주었습니다. 그러니 그 아이는 고개를 끄덕이며 알았다고 말했습니다.(➡ 이런 식으로 구체적인 일화를 들어주니 얼마나 좋아요! 읽기도 쉽고 이 일화를 통해 님의 전공에 대한 적극성과 전공적합성, 열정 그리고 발전가능성 까지 드러낼 수 있잖아요!!!)

축제를 준비하며 있었던 일입니다. 저는 동아리 부장으로써, 동아리 회원들의 시간분담을 맡고 있었습니다. 그때, 편한 보직인 불꽃반응실험부분의 인원을 선정하는 과정에서 사소한 말다툼이 벌어졌습니다. 동아리 내에서 자체적으로 했던 불꽃반응실험을 주도한 두 명이 서로 실험시현의 자리를 맡겠다고 한 것입니다. 인원이 부족했기 때문에, 두 명다 불꽃반응실험에 참가할 수는 없었습니다. 그래서 저는 2교대로 돌아가며 불꽃반응실험 시현과 액체질소로 얼린 요구르트 제조를 맡으면 어떻겠냐고 물었습니다. 그 두 명은 승낙해주었고, 주먹다짐으로 번지지 않고 원만하게 해결 할 수 있었습니다.(➡ 음…… 너무 약한데…… 시작은 창대하지만 결과는??? 차라리 다른 갈등사례를 찾아보는 건 어떨까 싶은데?????? 갈등의 원인->갈등의 중재안 마련->갈등 조정->갈등 조정을 통해 어떻게 마무리 됐고 나는 어떤 교훈을 얻었는지…… 이런 내용으로 다른 에피소드 정리해 보세요.)

저는 1학년 때부터 꾸준히 목화노인병원에서 봉사활동을 해왔습니다. 목화 노인병원은 저의 외할아버지께서 암 투병으로 고생하시다 임종을 맞이하신 곳이고, 저의 친 할머니께서도 치매환자로 입원해 계셔서 저에게 있어 특별한 의미를 가진 장소입니다. 저는 봉사활동 중에 저의 친 할머니뿐만 아니라 병원 내에 입원해 계시는 다른 노인 분들의 병간호를 해 드렸습니다. 병간호를 해 드릴 때 치매가 악화되어 계신 분들은 몇 분만 지나도 제가 누구였는지 잊어버리셨습니다. 저는 그 때, 다시 처음부터 이야기를 나누었습니다. 그 외에도 저는 암 투병 중이신 분들의 병을 수발들기도 하였습니다. 저는 그 모습을 보면서 병에 고통 받는 사람들의 고통을 덜어주기 위해 지금은 치료하기 힘든 각종 질병을 치료하는 방법을 찾기 위해 노력하고 싶다고 느꼈습니다. (➡ 좋습니다. 개인 가족사와 봉사활동을 연계한 후 이를 전공에 대한 계기와 발전가능성으로 이어주고 있습니다. 100점 만점에 100점줍니다.)

서울대학교 자기소개서 첨삭 사례 4

> 1. 고등학교 재학 기간 중 학업에 기울인 노력과 학습 경험에 대해, 배우고 느낀 점을 중심으로 기술해주시기 바랍니다.(1,000자 이내)

1학년 때 영어로만 진행되는 모의 UN대회에 참가하면서 신선한 충격을 받았습니다. 좋은 생각이 떠올랐는데도 영어로 표현하지 못해서 발표기회를 놓치기도 했고, 답변을 얼버무리고 연단에서 내려오기도 했습니다. 국제아동교육복지가가 꿈인 저는 이번 일들을 겪으며 영어 실력을 쌓을 필요성을 느꼈습니다.

우선, 매일 새벽에 열 개의 독해지문을 푸는 것과 '천일문'이라는 책의 문장 10개씩을 구문독해 하는 것을 계획했습니다. 처음에는 주어와 술어를 끊는 것도 어려워서 한 지문을 해석하는 데에 10분이 넘게 걸렸습니다. 그렇지만 어려웠던 문장을 3일 뒤, 일주일 뒤에 다시 복습했고, 모르는 단어들은 단어장을 만들어 이동시간에 반복해 외웠습니다. 처음에 작은 노트 10권을 사 두었는데 그것이 더 필요할 정도로 단어장을 많이 활용했습니다.이러한 노력들이 모여 겨울방학 때는 영어 지문들이 꽤 큰 단위로 구분되어 해석이 되는 것을 느낄 수 있었습니다.

이런 경험을 바탕으로 동일한 모의 UN대회에 다시 도전했습니다. 이 때 인권기구인 UNHCR기구에서의 안건이 '팔레스타인 가자지구 분쟁'이었는데, 저는 팔레스타인의 대표를 맡았습니다. 미숙했던 1년 전과 달리, 가자지구 내의 팔레스타인 사람들의 입장을 당당히 대변할 수 있었습니다. 영어로 표현할 수 있다는 기쁨 때문에 새벽까지 최종결의안을 완성하면서도 피곤한 줄 몰랐습니다. 그리고 마지막 날, 저는 '우수발표자상'을 받을 수 있었습니다. 하루도 빠뜨리지 않고 계속해왔던 노력이 보상받는 듯하다 뿌듯함과 함께 영어에 대한 자신감도 얻을 수 있었습니다.

저는 영어실력을 쌓으려 노력하는 과정을 통해 무엇보다 꾸준함의 중요성을 배울 수 있었다고 생각합니다. 아무리 힘든 일이 있어도 이것만은 끝낸다는 생각은 생활습관으로도 이어져 계획한 공부와 운동은 꼭 하는 규칙적인 생활을 하게 되었습니다. 이 덕에 보통은 체력이 바닥난다는 3학년 때의 '학생건강체력평가'에서 저는 1등급을 받을 수 있었습니다. (997자)

➡ 필자의 첨삭 결과를 참조하세요.

1학년 때 영어로만 진행되는 모의 UN대회에 참가하면서 신선한 충격을 받았습니다. 좋은 생각이 떠올랐는데도 영어로 표현하지 못해서 발표기회를 놓치기도 했고, 답변을 얼버무리고 연단에서 내려오기도 했습니다. 국제아동교육복지가가 꿈인 저는 이번 일들을 겪으며 영어 실력을 쌓을 필요성을 느꼈습니다.(➡ 교내 인가요? 교외대회 인가요? 물론 교외대회 이겠네요. 교내인지 교외인지 명확히 써주세요.)

우선, 매일 새벽에 열 개의 독해지문을 푸는 것과 '천일문'이라는 책의 문장 10개씩을 구문독해 하는 것을 계획했습니다. 처음에는 주어와 술어를 끊는 것도 어려워서 한 지문을 해석하는 데에 10분이 넘게 걸렸습니다. 그렇지만 어려웠던 문장을 3일 뒤, 일주일 뒤에 다시 복습했고, 모르는 단어들은 단어장을 만들어 이동시간에 반복해 외웠습니다. 처음에 작은 노트 10권을 사 두었는데 그것이 더 필요할 정도로 단어장을 많이 활용했습니다.(➡ 좋습니다. 구체적인 과정을 친절하게 언급해 주었기 때문에 영어 실력을 쌓을 필요성이 제기된 후 구체적인 노력의 과정을 파악할 수 있어 글에 대한 신뢰성을 높여 줍니다.) 이러한 노력들이 모여 겨울방학 때는 영어 지문들이 꽤 큰 단위로 구분되어 해석이 되는 것을 느낄 수 있었습니다.(➡ 여기서 좀 아쉬운데……. 노력의 과정에 비해 결과가 힘이 빠진 다는 것. 이런 노력들의 결집체가 이거다 아닌가요? 입학사정관들에게 자신이 기울인 노력이 이런 결과를 가져왔다고 어필하기 위해서는 구체적인 사례로 보여주는 것이 좋습니다. 본인이 느낀 대표적인 사례로 구체화 시키는 것이 필요합니다.)

    이런 경험을 바탕으로 동일한 모의 UN대회에 다시 도전했습니다. 이 때 인권기구인 UNHCR기구에서의 안건이 '팔레스타인 가자지구 분쟁'이었는데, 저는 팔레스타인의 대표를 맡았습니다. 미숙했던 1년 전과 달리, 가자지구 내의 팔레스타인 사람들의 입장을 당당히 대변할 수 있었습니다.(➡ 주관적인 표현. 당당히 대변할 수 있었다. 그건 본인 생각이고……. 입학사정관들도 그렇게 생각할까요? 아니죠……. 주관적인 표현은 빼주세요. 그래도 놓고 싶다면 그 근거를 명확히 해줘야 합니다. 1년 전과 달리 무엇이 달라졌기 때문에 당당히 대변할 수 있었다!!!) 영어로 표현할 수 있다는 기쁨 때문에 새벽까지 최종결의안을 완성하면서도 피곤한 줄 몰랐습니다. 그리고 마지막 날, 저는 '우수발표자상'을 받을 수 있었습니다.(➡ 위험한 표현인 것 알죠? 이렇게 바꾸세요. 우수발표자로 선정되는 기쁨을 누렸다라는 방식으로…….) 하루도 빠뜨리지 않고 계속해왔던 노력이 보상받는 듯하다 뿌듯함과 함께 영어에 대한 자신감도 얻을 수 있었습니다.

    저는 영어실력을 쌓으려 노력하는 과정을 통해 무엇보다 꾸준함의 중요성을 배울 수 있었다고 생각합니다. 아무리 힘든 일이 있어도 이것만은 끝낸다는 생각은 생활습관으로도 이어져 계획한 공부와 운동은 꼭 하는 규칙적인 생활을 하게 되었습니다. 이 덕에 보통은 체력이 바닥난다는 3학년 때의 '학생건강체력평가'에서 저는 1등급을 받을 수 있었습니다. (➡ 좋습니다! 보통 체력적인 이야기는 잘 다루지 않는데 ^_^ 공부를 잘 하기 위해서 체력적인 관리도 소홀하지 않았다는 본인의 철저한 자기관리와 성실함을 드러낼 수 있는 좋은 표현입니다.)

고등학교 재학 기간 중 본인이 의미를 두고 노력했던 교내 활동을 배우고 느낀 점을 중심으로 3개 이내로 기술해주시기 바랍니다. 단, 교외 활동 중 학교장의 허락을 받고 참여한 활동은 포함됩니다.(1,500자 이내)

학생이지만, 조금이나마 가진 지식을 나누고 싶은 마음에 1학년 때 'AIT'라는 아동 교육봉사동아리를 만들었고 학교 근처에 있는 '참사랑 나눔터'라는 지역아동센터를 1주일에 한 번 방문했습니다. 처음에 센터 아이들의 반응은 그리 달갑지 않았고, 잘 따르지도 않았습니다. 특히, 한 아이가 눈에 띄었는데, 학습시간에 집중하지 않아서 항상 나머지 공부를 했습니다. 저는 작은 사탕을 준비해가서 '1의 자릿수와 10의 자릿수'를 설명한 후, 학습을 끝내면 사탕을 주기도 했습니다. 이 아이는 조금씩 발전해, 나머지 공부를 하지 않게 되었습니다. 나중에는 자신의 이야기를 미주알고주알 해주는 밝은 아이로 변했고, 센터에 가면 '선생님~'하고 안기기도 하고, 문자를 하기도 했습니다. 일주일에 한번인데도 이렇게 바뀌는 아이들을 보면서 작은 관심의 힘이 대단하게 느껴졌고 다양한 배경의 아동에게 다가가는 법에 대해 좀 더 전문적으로 배우고 싶다는 생각을 하였습니다.

저는 인성교육주간에 전교생이 고민을 함께 나누는 'Family'라는 소그룹의 리더를 맡았습니다. 마음속에 꽁꽁 숨겨왔던 것을 솔직하게 털어놓는 친구들의 이야기를 들었습니다. 친구들의 각기 다른 고민들을 듣다보니, 상담자로서 해결할 수 없는 부분이 많았고 '소통형 인간'이라는 책을 보게 되었습니다. 그 책에서 얻은 교훈을 통해 제 상처를 먼저 드러냈고, 친구들은 더 편하게 이야기할 수 있었습니다. 특히, 항상 남을 웃게 하고, 강해보이기만 했던 친구가 울었을 때가 기억에 남는데, "네가 꼭 남을 웃기지 않더라도, 1등을 하지 않더라도 넌 충분하다."라는 말을 하자마자 울면서 "그 말이 정말 듣고 싶었다."고 말했습니다. 그런데 이런 상담을 할 때마다 자주 나왔던 것이 가정에서 받은 상처 이야기였습니다. 아무에게도 이야기를 꺼낼 수 없었지만, 아픈 기억으로 남아서 치유되지 않은 채로 남아있었습니다. 이런 상담을 하며 부모님의 불화나, 가족환경의 불안함과 같은 어렸을 때의 가정환경이 매우 중요하다는 것을 알게 되었습니다. 그래서 아동과 가족에 대해 탐구해보고 싶다는 생각을 하게 되었습니다.

그리고 학교 해외봉사 동아리 'YES'를 통해 가게 된 9박10일간의 해외봉사는 정말 행복한 경험이었습니다. 봉사지였던 'Manado'는 전기와 물 공급이 끊기는 섬이었습니다. 처음에는 촛불을 켜야 하고, 빗물로 모든 것을 해결하는 상황이 불만스러웠습니다. 하지만 그 곳의 아이들은 각자의 꿈이 있어도 공부를 할 수 없는 상황이라 어업을 직업으로 삼아야 한다는 것을 알게 되었습니다. 불만을 가졌던 것이 부끄러워졌고 봉사기간이 지날수록 작은 것에 감사함을 배웠습니다. 또 책이나 다큐멘터리에서만 보았던 교육의 기회에서 소외된 아이들을 실제로 보며 더 안타까움을 느꼈고 꿈을 이룰 수 있는 기회, 즉 교육의 기회를 주고 싶다는 생각을 하였습니다. 이런 경험은 관심이 있었던 제3세계의 교육복지를 실현시키겠다는 꿈을 확실하게 하게 된 결정적 계기가 되었습니다.

➡ 필자의 첨삭 결과를 참조하세요.

학생이지만, 조금이나마 가진 지식을 나누고 싶은 마음에 1학년 때 'AIT'라는 아동교육봉사동아리를 만들었습니다. 학교 근처에 있는 '참사랑 나눔터'라는 지역아동센터를 1주일에 한 번 방문해서 (➡ 무엇을?) 했습니다. 처음에 센터 아이들의 반응은 그리 달갑지 않았고, 잘 따르지도 않았습니다. 특히, 한 아이가 눈에 띄었는데, 학습시간에 집중하지 않고 항상 딴 짓을 하거나 다른 공부를 했습니다. 저는 작은 사탕을 준비해가서 '1의 자릿수와 10의 자릿수'를 설명한 후, 학습을 끝내면 사탕을 주기도 했습니다. 이 아이는 조금씩 발전해, 수업에 집중하게 되었습니다.(➡ 핵심문장은 이 아이는 조금씩 발전해입니다. 이 아이의 발전에 우리 친구가 어느 정도 핵심적인 역할을 했다는 것 아닌가요? 그렇기 때문에 자기소개서에 써 놓았을 테고……. 그런데 말이죠. 그 과정이 생략되어 있네요. 사탕을 주니까 발전한 건지? 그 아이의 발전을 위해 어떤 고민을 했고 어떤 시도를 했으며 그런 과정을 통해 아이가 조금씩 어떻게 바뀌었는지를 풀어주는 것이 우리 친구의 경쟁력을 드러낼 수 있는 방법입니다.)

나중에는 자신의 이야기를 미주알고주알 해주는 밝은 아이로 변했고, 센터에 가면 '선생님~'하고 안기기도 하고, 문자를 하기도 했습니다. 일주일에 한번인데도 이렇게 바뀌는 아이들을 보면서 작은 관심의 힘이 대단하게 느껴졌고 다양한 배경의 아동에게 다가가는 법에 대해 좀 더 전문적으로 배우고 싶다는 생각을 하였습니다.

저는 인성교육주간에 전교생이 고민을 함께 나누는 'Family'라는 소그룹의 리더를 맡았습니다. 마음속에 꽁꽁 숨겨왔던 것을 솔직하게 털어놓는 친구들의 이야기를 들었습니다. 친구들의 각기 다른 고민들을 듣다보니, 상담자로서 해결할 수 없는 부분이 많았고 '소통형 인간'이라는 책을 보게 되었습니다.(➡ 이것도 인과관계가 부실합니다. 해결할 수 없는 부분이 많았고 그래서 왜 소통형 인간이라는 책을 보게 됐는지?) 그 책에서 얻은 교훈을 통해 제 상처를 먼저 드러냈고, 친구들은 더 편하게 이야기할 수 있었습니다.(➡ 마찬가지 그 책에서 무슨 교훈을 얻었나요? 너무 뜬금없이 자기소개서가 흘러갑니다.) 특히, 항상 남을 웃게 하고, 강해보이기만 했던 친구가 울었을 때가 기억에 남는데, "네가 꼭 남을 웃기지 않더라도, 1등을 하지 않더라도 넌 충분하다."라는 말을 하자마자 울면서 "그 말이 정말 듣고 싶었다."고 말했습니다. 그런데 이런 상담을 할 때마다 자주 나왔던 것이 가정에서 받은 상처 이야기였습니다. 아무에게도 이야기를 꺼낼 수 없었지만, 아픈 기억으로 남아서 치유되지 않은 채로 남아있었습니다. 이런 상담을 하며 부모님의 불화나, 가족환경의 불안함과 같은 어렸을 때의 가정환경이 매우 중요하다는 것을 알게 되었습니다. 그래서 아동과 가족에 대해 탐구해보고 싶다는 생각을 하게 되었습니다.(➡ 자신이 하고 싶은 상담분야에 대한 전공적합성과 열정, 발전가능성을 드러내는 문장입니다. 좋습니다. 하지만 아쉬운 점이 있는데 울면서 그 말이 정말 듣고 싶었다라는 친구의 뒷이야기가 무척 궁금하다는 것. 울었을 정도면 그 이유가 있지 않을까? 단지 그 말을 했다고 울지는 않을 테고? 그 이유가 우리 친구의 발전가능성과 전공적합성을 좀 더 자세하게 드러낼 수 있는 수단이 된다고 봅니다. 따라서 울게 된 이야기 분량을 늘려주세요)

그리고 학교 해외봉사 동아리 'YES'를 통해 가게 된 9박10일간의 해외봉사는 정말 행복한 경험이었습니다. 봉사지였던 'Manado'(➡ 어디? 필리핀???) 는 전기와 물 공급이 끊기는 섬이었습니다. 처음에는 촛불을 켜야 하고, 빗물로 모든 것을 해결하는 상황이 불만스러웠습니다. 하지만 그 곳의 아이들은 각자의 꿈이 있어도 공부를 할 수 없는 상황이라 어업을 직업으로 삼아야 한다는 것을 알게 되었습니다. 불만을 가졌던 것이 부끄러워졌고 봉사기간이 지날수록 작은 것에 감사함을 배웠습니다. (➡ 왜? 작은 것에 감사함을 배웠나요? 그 이유가 있지 않나요? 그냥 감사함을 배웠다고 적는 것은 의미가 없어요. 어떤 이유와 과정을 통해서 감사함을 느끼게 되었다라고 나와야 입학사정관들은 지원자가 진솔하게 쓴 문장이구나라고 평가할 수 있습니다.) 또 책이나 다큐멘터리에서만 보았던 교육의 기회에서 소외된 아이들을 실제로 보며 더 안타까움을 느꼈고 꿈을 이룰 수 있는 기회, 즉 교육의 기회를 주고 싶다는 생각을 하였습니다. 이런 경험은 관심이 있었던 제3세계의 교육복지를 실현시키겠다는 꿈을 확실하게 하게 된 결정적 계기가 되었습니다.

> **3. 학교 생활 중 배려, 나눔, 협력, 갈등 관리 등을 실천한 사례를 들고 그 과정을 통해 배우고 느낀 점을 서술해주시기 바랍니다.(1,000자 이내)**

저는 다른 사람들의 지나친 관심을 항상 불편하게 느꼈던 이기적인 학생이었습니다. 하지만 기숙사에 살면서 친구들과의 만남과 관심은 피할 수 없는 일이었습니다. 처음에는 공동체 생활이 익숙하지 않아 많이 부딪히고 깨져야 했습니다. 그렇지만 이 과정을 통해 사소한 일이 인간관계를 결정한다는 값진 교훈을 얻을 수 있었습니다. 매일 혼자 먹던 사과도 방원들과 함께 먹었고, 밥을 못 먹은 친구가 보이면 두유와 빵을 챙겨주는 노력을 시작으로 저는 조금씩 바뀌어갔습니다. 이런 변화로 주위 사람들은 저를 더 편하게 생각하고 고민을 털어놓았습니다.

하루는 많은 후배들이 저를 찾아와서는 기숙사에 들어가기 무서울 정도로 기숙사 생활이 힘들다고 했습니다. 학생들 사이의 일을 조정하는 것은 민감한 사안이라서 건드리는 데 있어 사실 겁이 먼저 났고 많이 망설였습니다. 하지만 제가 기숙사에서 어려움을 겪었던 만큼 제 감정보다도 다른 학교생활과도 밀접하게 연결되어 있는 기숙사생활을 빨리 해결하여야 한다는 생각에 조정자 역할에 나섰습니다. 학년별로 친구들을 찾아갔는데 처음에는 자신의 이야기가 새어나갈까 봐 두려워서 말을 못하는 학생들이 많았습니다. 저는 기숙사 생활의 고충에 대해 공감대를 형성한 후 문제의 빠른 해결을 위해 너의 의견이 꼭 필요하다'는 말로 설득했습니다. 그래서 층간 방원을 바꾸고 규칙을 제대로 운영할 것, 학년 갈등을 풀기 위해 모두 함께 만나는 시간을 가질 것 등의 해결책을 찾을 수 있었습니다. 겁났던 조정자 역할은 제게 사람에게 한층 더 다가가게 되는 계기가 되었고 '소통'의 중요성을 새삼 깨달을 수 있었습니다. 또, 스스로에게 초점을 맞추며 살아가는 것보다 함께 세상을 살아가는 것이 더 큰 행복이라는 것도 알게 되었습니다. 이렇게 기숙사라는 공동체 생활은 무엇보다 '사람'이 궁금해지게 만들었고 '사람'을 도와주고 그 내면을 치유해주고 싶다는 생각으로 교육복지가라는 꿈을 더 확실히 가지게 되었습니다.

➡ 필자의 첨삭 결과를 참조하세요.

저는 다른 사람들의 지나친 관심을 항상 불편하게 느꼈던 이기적인 학생이었습니다. 하지만 기숙사에 살면서 친구들과의 만남과 관심은 피할 수 없는 일이었습니다. 처음에는 공동체 생활이 익숙하지 않아 많이 부딪히고 깨져야 했습니다. 그렇지만 이 과정을 통해 사소한 일이 인간관계를 결정한다는 값진 교훈을 얻을 수 있었습니다.(➡ 자신이 이기적인 학생이었는데 공동체 생활로 값진 교훈을 얻고 바뀌었다? 그 과정이 핵심인데 이 또한 나열에 그치고 있어요. 그렇게 바뀐 사례 1~2가지를 추가해 주세요. 그래야 문장의 힘이 생기고 신뢰성도 높아집니다.) 매일 혼자 먹던 사과도 방원들과 함께 먹었고, 밥을 못 먹은 친구가 보이면 두유와 빵을 챙겨주는 노력을 시작으로 저는 조금씩 바뀌어갔습니다.(➡ 마찬가지 이렇게 바뀐 계기가 무엇인지? 그 계기와 과정 그리고 교훈이 중요합니다.) 이런 변화로 주위 사람들은 저를 더 편하게 생각하고 고민을 털어놓았습니다.

하루는 많은 후배들이 저를 찾아와서는 기숙사에 들어가기 무서울 정도로 기숙사 생활이 힘들다고 했습니다. 학생들 사이의 일을 조정하는 것은 민감한 사안이라서 저도 사실 겁이 먼저 났고 많이 망설였습니다. 하지만 제가 기숙사에서 어려움을 겪었던 만큼 제 감정보다도 다른 학교생활에도 영향을 미치는 기숙사생활을 빨리 해결하여야 한다는 생각에 조정자 역할에 나섰습니다. (➡ 좋은 소재입니다. 마치 청담동에 있는 이탈리아 레스토랑 요리를 먹은 느낌 이예요. 재료는 좋은데 맛은 없어요 ^_^ 기숙사 생활에서 무엇이 힘들었는지? 그게 무엇이기에 우리 친구가 이런 고민을 하면서까지 나서야 했는지가 명확하지 않습니다. 관련 근거가 없기 때문에 이 경험담에 대한 신뢰도 떨어집니다. 앞에서 어떻게 고쳐라 말을 많이 했으니 참고해서 손보세요.) 학년별로 친구들을 찾아갔는데 처음에는 자신의 이야기가 새어나갈까 봐 두려워서 말을 못하는 학생들이 많았습니다. 저는 기숙사 생활의 고충에 대해 공감대를 형성한 후 문제의 빠른 해결을 위해 너의 의견이 꼭 필요하다'는 말로 설득했습니다. 그래서 층간 방원을 바꾸고 규칙을 제대로 운영할 것, 학년 갈등을 풀기 위해 모두 함께 만나는 시간을 가질 것 등의 해결책을 찾을 수 있었습니다. 겁났던 조정자 역할은 제게 사람에게 한층 더 다가가게 되는 계기가 되었고 '소통'의 중요성을 새삼 깨달을 수 있었습니다. 또, 스스로에게 초점을 맞추며 살아가는 것보다 함께 세상을 살아가는 것이 더 큰 행복이라는 것도 알게 되었습니다. 이렇게 기숙사라는 공동체 생활은 무엇보다 '사람' 이 궁금해지게 만들었고 '사람'을 도와주고 그 내면을 치유해주고 싶다는 생각으로 교육복지가라는 꿈을 더 확실히 가지게 되었습니다.

(➡ 중간 중간 언급한 내용만 손보면 흠 잡을 데 없는 자기소개서 내용입니다.)

서울대학교 자기소개서 첨삭 사례 5

> **1. 고등학교 재학 기간 중 학업에 기울인 노력과 학습 경험에 대해, 배우고 느낀 점을 중심으로 기술해주시기 바랍니다.(1000자 이내)**

고등학교 1,2학년 때, 저를 한마디로 표현한다면 열정만 가득한 학생입니다. 이전에는 어떤 일을 시작하면 처음에는 열심히 했습니다. 하지만 시간이 지난수록 열정은 서서히 식어가고 중도에 그만두게 되는 경우도 있었습니다. 예를 들어 공부에 대해 계획서를 쓰고 나서 1주, 2주일 정도는 계획에 맞춰 공부를 했습니다. 하지만 시간이 지날수록 소홀해지고 결국은 원하는 진도까지 다 못나가는 경우가 있었습니다. 이런 저를 되돌아보면 아쉬움과 후회만 남았습니다. 하지만 이런 나쁜 습관을 고쳐주는 계기가 있었습니다. 2학년 때 친구의 추천으로 뜻있는 학생들이 모여 수학, 영어 과학문제에 대해 토론하며 함께 푸는 ESC라는 동아리에 들게 되었습니다. 처음 접하는 공부 동아리, 새로운 공부 방법 그리고 친구들과 문제를 푸는 것이 즐거웠고 적극적으로 참여했습니다. 하지만 담당선생님의 임신으로 인한 부재 그리고 시간이 지날수록 같이 푸는 시간이 지루하다며 결석하는 학생들이 생기기 시작했습니다. 결국 동아리 결성한지 2달 만에 해체 위기가 찾아왔습니다. 그 때 더 이상 진전은 무의미하다는 친구들의 반응과 이왕 시작했으니 어떻게든 끝까지 가보자는 친구들의 의견으로 나뉘게 되었습니다. 결국 동아리 자체는 해체되었지만 저와 함께 일부학생들이 모여 문제 푸는 것을 계속하기로 결정하였습니다. 제가 만약 여기서 포기한다면 지금까지의 해왔던 안 좋은 습관들이 계속 이어질 것 같았기 때문입니다. ESC처럼 저희를 잡아주시는 분들도 없었고 학생들 스스로 공부를 한다는 것이 너무 힘들었습니다. 하지만 자신과의 약속을 지키면서 계속 공부를 하는 저의 모습을 보며 성취감도 들었고 뿌듯했습니다. 그 결과로 고등학교 3년 중 2학년 내신 점수가 가장 높았습니다. 앞으로 더 잘할 수 있을 거란 생각이 강하게 들었고 지금까지 계획을 세우면 끝까지 하려고 노력합니다. 꿈을 이루려면 자신이 새운 목표를 잘 지켜야 한다고 생각 합니다. 장래에도 꿈을 이루려 자신과의 약속을 잘 지키는 사람이 되려합니다.

➡ 필자의 첨삭 결과를 참조하세요.

고등학교 1,2학년 때, 저를 한마디로 표현한다면 열정만 가득한 학생입니다. 어떤 일을 시작하면 처음에는 열심히 했습니다. 하지만 시간이 지난수록 열정은 서서히 식어가고 중도에 그만두게 되는 경우도 있었습니다. 예를 들어 공부에 대해 계획서를 쓰고 나서 1주, 2주일 정도는 계획에 맞춰 공부를 했습니다. 하지만 시간이 지날수록 소홀해지고 결국은 원하는 진도까지 다 못나가는 경우가 대부분 이었습니다. 이런 저를 되돌아보면 아쉬움과 후회만 남았습니다. 하지만 이런 나쁜 습관을 고치게 된 계기가 있었습니다. 2학년 때 친구의 추천으로 뜻있는 학생들이 모여 수학, 영어 과학문제에 대해 토론하며 함께 푸는 ESC라는 동아리에 들게 되었습니다. 처음 접하는 공부 동아리, 새로운 공부 방법 그리고 친구들과 문제를 푸는 것이 즐거웠고 적극적으로 참여했습니다. 하지만 담당선생님의 임신으로 인한 부재 그리고 시간이 지날수록 지루하다며 결석하는 학생들이 생기기 시작했습니다. 결국 동아리 결성한지 2달 만에 해체 위기가 찾아왔습니다. 동아리를 해체하자는 친구들과 이왕 시작했으니 어떻게든 끝까지 가보자는 친구들의 의견이 팽팽했습니다. 결국 동아리는 해체되었지만 저와 함께 일부학생들이 모여 문제 푸는 것을 계속하기로 했습니다. 만약 여기서 포기한다면 지금까지 해왔던 안 좋은 습관들이 계속 이어질 것 같았기 때문입니다. ESC처럼 저희를 잡아주시는 담당 선생님도 없었고 학생들 스스로 공부를 한다는 것이 너무 힘들었습니다. 하지만 자신과의 약속을 지키면서 계속 공부를 하는 저의 모습을 보며 성취감도 들었고 뿌듯했습니다. 그 결과로 고등학교 3년 중 2학년 내신 점수가 가장 높았습니다.(➡ 좋은 소재입니다. 나쁜 습관->그 습관 이기기 위해 동아리->동아리 해체->나쁜 습관 이기기 위해 잔류결정->힘들지만 나와의 약속 실천->결국 성적상승의 사이클 좋습니다. 하지만 한 가지 아쉬운 점은 과정은 좋은데 결과가 흐지부지라는 것. 이런 저런 노력을 했다고 장황하게 설명하고 있지만 정작 성취에 대해선 2학년 내신 점수가 가장 높았습니다. 그리고 끝~ 지극히 본인 중심적이죠. 자기소개서는 입학사정관을 위한 글쓰기. 입학사정관을 궁금하게 하는 글쓰기는 나빠요. 물론 학생부를 보면 알 수 있겠지만 하루에도 수십 장의 자기소개서를 봐야하는 입학사정관의 짜증남을 생각한다면 이 한 장에 친절하게 담아주어야 합니다. 이렇게 바꿔보세요 "그 결과로 고등학교 3년 중 2학년 00,00,00과목의 내신 점수가 00등급으로 가장 높았습니다.")

앞으로 더 잘할 수 있을 거란 생각이 강하게 들었고 지금까지 계획을 세우면 끝까지 하려고 노력합니다. 꿈을 이루려면 자신이 세운 목표를 잘 지켜야 한다고 생각 합니다. 장래에도 꿈을 이루려 자신과의 약속을 잘 지키는 사람이 되려합니다.

> **2.** 고등학교 재학 기간 중 본인이 의미를 두고 노력했던 교내 활동을 배우고 느낀 점을 중심으로 3개 이내로 기술해주시기 바랍니다. 단 교외 활동 중 학교장의 허락을 받고 참여한 활동은 포함됩니다.(1500자 이내)

평소 저는 누구와 하나의 주제로 논쟁하는 것이 좋고 TV에서 토론 프로그램을 자주 즐겨봤습니다. 그러다 학교에서 동아리별로 1, 2, 3학년 한 명씩 참가하는 토론 대회가 개최된다는 사실을 알게 되었고 무척 흥미로울 것 같아 1학년 대표로 참가하기로 했습니다. 하지만 토론을 준비하는 과정이 꽤 어렵다는 것을 곧 알게 되었습니다. 토론 주제와 관련된 많은 자료를 수집하고 모의 토론을 실시하여 예상되는 상대방의 질문과 대응자료도 미리 준비해야 했습니다. 또 대회를 준비하는 동안 시험도 같이 준비해야 했기 때문에 저나 선배들이나 시간에 쫓겨 많은 갈등이 일어났습니다. 그러나 갈등이 일어날 때마다 서로 조금씩 양보하고 배려하면서 사이를 더욱 돈독하게 만들었고 토론 준비도 더 수월해졌습니다. 인터넷이며 신문이며 열심히 자료를 찾아보았고 시간 나는 대로 선배들께 조언도 많이 구하며 준비한 결과, 첫 번째 토론 경기에서 우리 팀은 값진 첫 승을 했습니다. 토론에서 이겼다는 사실이 정말 기뻤습니다. 이 첫 경기의 승리를 계기로 다음 경기를 더 열정적으로 준비할 수 있었습니다. 4승 무패라는 좋은 성적으로 조별리그를 통과해 16강전에 오르게 되었습니다. 16강전도 이 기세로 통과하자고 파이팅을 다졌습니다. 하지만 경기를 하는 도중 상대팀의 날카로운 질문에 저는 당황하여 답변을 제대로 하지 못했고 그 결과 16강전에서 떨어지게 되었습니다. 제가 자책하고 있었던 도중 선배들이 다가와서 괜찮다며 격려해 주고 제 탓이 아니라고 말해주셨습니다. 그런 선배들에게 너무나도 미안했습니다. 하지만 저는 토론대회 탈락이 좋은 경험이었다고 생각했습니다. 의견이 맞지 않을 때 서로 양보하는 법, 우리 팀이 실수를 했을 때에 누구를 탓하지 않고 괜찮다고 격려하는 법을 몸소 느낄 수 있었습니다. 앞으로 일상생활이나 사회생활에서도 많은 갈등과 사건들이 있을 것입니다. 그럴 때 제가 겪었던 경험들을 토대로 협력하고 배려하는 마음을 가진다면 충분히 헤쳐 나갈 것이라고 생각합니다.

 '사랑의 메아리'라는 모금활동이 있는데 각 동아리에서 매주 소량의 돈을 모아 어려운 이웃들을 돕는 활동입니다. 평소에도 기부활동을 꾸준히 하는 저는 선생님께 이런 일을 하고 싶다고 말씀드려 부장이 되었습니다. 처음에 24명의 동아리 학생들에게 돈을 걷으려니 많이 힘들었습니다. 안가지고 오는 학생들도 있었고 매우 조금 내는 학생들도 있었습니다. 하지만 저는 책임감을 느꼈고 학생들에게 이런 말을 했습니다. "이 모금활동이 비록 돈을 낸다고 자기에게 다시 돌아오는 것은 없을 거야. 하지만 우리가 이 돈을 냄으로 인해 많은 불우이웃들이 기뻐하고 우리에게 감사할거야."

그러자 매주 24명 모두가 돈을 냈고 한 학기동안 약 60만원이 모였습니다. 이 돈이 사랑의 메아리에 전해져 생활비를 보태실 불우한 이웃 분들을 생각하니 저를 포함해 모든 동아리학생들이 뿌듯해 했습니다. 1학기 끝날 쯤 저희 동아리의 기부금이 전체 동아리에서 상위권을 기록했습니다. 평소에도 기부활동을 하지만 학생 모두가 돈을 모아 기부를 한다는 것이 너무 뜻 깊은 시간이 이었습니다. 즐겁게 할 수 있는 일이어서 좋았고 지금처럼 앞으로도 계속 기부활동을 할 것입니다.

➡ 필자의 첨삭 결과를 참조하세요.

평소 저는 하나의 주제로 논쟁하는 것이 좋았고 TV에서 토론 프로그램도 즐겨봤습니다. 그러다 학교에서 동아리별로 1,2,3학년 한 명씩 참가하는 토론대회가 개최된다는 사실을 알게 되었고 무적 흥미로울 것 같아 1학년 대표로 참가하기로 했습니다. 하지만 토론을 준비하는 과정이 꽤 어렵다는 것을 곧 알게 되었습니다. 토론 주제와 관련된 많은 자료를 수집하고 모의 토론을 실시하여 예상되는 상대방의 질문과 대응자료도 미리 준비해야 했습니다. 또 대회를 준비하는 동안 시험공부도 해야 했기 때문에 저나 선배들이나 시간에 쫓겨 많은 갈등이 일어났습니다.(➡ 자 여기서 갈등의 종류가 구체적으로 무엇인지가 없어요, 생각해보면 나 시험 준비가 더 중요하니 대회 안 갈래~ 뭐 이런 종류겠지만 구체적으로 어떤 갈등인지는 명시하지 않았죠. 그렇기 때문에 나열식으로 흐르는 겁니다. 1~2개 정도의 갈등사례를 적어주세요. 그래야 우리 친구가 뒷 문장에 쓴……. 갈등이 일어날 때마다 서로 조금씩 양보하고 라는 문장이 설득력을 가지게 됩니다.) 그러나 갈등이 일어날 때마다 서로 조금씩 양보하고 배려하면서 사이를 더욱 돈독해지게 만들었고 토론 준비도 더 수월해졌습니다. 인터넷이며 신문이며 열심히 자료를 찾아보았고 시간 나는 대로 선배들께 조언도 많이 구하며 준비한 결과, 첫 번째 토론 경기에서 우리 팀은 값진 첫 승을 했습니다. 토론에서 이겼다는 사실이 정말 기뻤습니다. 이 첫 경기의 승리를 계기로 다음 경기를 더 열정적으로 준비할 수 있었습니다. 4승 무패라는 좋은 성적으로 조별리그를 통과해 16강전에 오르게 되었습니다. 16강전도 이 기세로 통과하자고 파이팅을 다졌습니다. 하지만 경기를 하는 도중 상대팀의 날카로운 질문에 저는 당황하여 답변을 제대로 하지 못했고 그 결과 16강전에서 떨어지게 되었습니다.(➡ 자 전반적으로 지루한 느낌을 줍니다. 글을 읽는 상대방을 배려하지 않아요. 내가 이렇고 저렇고 해서 이렇게 저렇게 됐지요라고 백날 써봐야 정작 입학사정관에는 우리 친구의 메시지가 전달되지 않는데……. 메시지의 효과적인 전달방법은 스토리텔링. 그 중에서도 16강전에서 떨어진 사실은 구체적인 상황을 적어주는 것이 뒤에 이어지는 탈락이 좋은 경험이었다고 생각했다는 문장이 힘을 얻게 됩니다. 이렇게 고쳐보세요 "하지만 경기를 하는 도중 상대팀이 나에게 OO에 대한 날카로운 질문을 했습니다. 저는 너무 당황했습니다. OO였기 때문입니다. 저는 "아……. 그것이 말이죠.. 뭐냐면……." 이런 식으로 제대로 답을 못했고 결국 우리 팀은 저 때문에 떨어졌습니다.) 제가 자책하고 있었던 도중 선배들이 괜찮다며 격려해 주고 제 탓이 아니라고 말해주셨습니다. 그런 선배들에게 너무나도 미안했습니다. 하지만 저는 토론대회 탈락이 좋은 경험이었다고 생각했습니다. 의견이 맞지 않을 때 서로 양보하는 법, 우리 팀이 실수를 했을 때에 누구를 탓하지 않고 괜찮다고 격려하는 법을 몸소 느낄 수 있었습니다.(➡ 의견이 맞지 않을 때~느낄 수 있었습니다.까지의 내용도 나열식이 되지 않으려면 앞에서 언급했던 갈등의 구체적인 사례가 나와 주어야 합니다. 아시겠죠?) 앞으로 일상생활이나 사회생활에서도 많은 갈등과 사건들이 있을 것입니다. 그럴 때 제가 겪었던 경험들을 토대로 협력하고 배려하는 마음을 가진다면 충분히 헤쳐 나갈 것이라고 생각합니다.

'사랑의 메아리'라는 모금활동이 있는데 각 동아리에서 매주 소량의 돈을 모아 어려운 이웃들을 돕는 활동입니다. 평소에도 기부활동을 꾸준히 하는 저는 선생님께 이런 일을 하고 싶다고 말씀드려 부장이 되었습니다. (➡ 여기도 주관적 표현, 평소에도 기부활동을 꾸준히 한다. 근거가 있나요? 이런 문장을 쓰고 싶다면 평소에도 유니세프, 공동모금회, 홀트아동복지회에 용돈의 얼마를 꾸준히 기분하는 저는 이라고 표현해야 입학사정관들이 신뢰를 가집니다.) 처음에 24명의 동아리 학생들에게 돈을 걷으려니 많이 힘들었습니다. 안가지고 오는 학생들도 있었고 매우 조금 내는 학생들도 있었습니다. 하지만 저는 책임감을 느꼈고 학생들에게 이런 말을 했습니다. "이 모금활동이 비록 돈을 낸다고 자기에게 다시 돌아오는 것은 없을 거야. 하지만 우리가 이 돈을 냄으로 인해 많은 불우이웃들이 기뻐하고 우리에게 감사할거야." 그러자 매주 24명 모두가 돈을 냈고 한 학기동안 약 60만원이 모였습니다. (➡ 자 어색한 옷을 입고 있습니다. 모금에 대한 관심이 저조한 학생들에게 우리 친구가 이런 감동적인 말을 했다고 해서 바로 아이들이 모두 돈을 냈다? 믿어지지가 않아요! 오히려 과장된 표현이라고 느껴질 뿐. 왜냐면 말을 한 후 돈을 내기까지의 과정이 생략되어 있기 때문. 이렇게 쓰고 싶으면 "감사할거야라고 말을 한 후 저부터 모범을 보여야 하겠다. 일주일 용돈이 얼마였는데 아이들이 변할 때까지 그 돈을 다 기부하기로 했다. 처음에는 착한 척한다고 흉보던 친구들이 매일같이 일주일 용돈을 기부하는 나의 모습을 보고 하나 둘 모금을 하는 친구들이 생기고 그 금액도 늘더라. 그래서 느꼈다. 감동적인 말도 중요하지만 그 말을 하고 책임지는 모습이 중요하다는 사실을…….. 뭐 이런 식으로") 1학기 끝날 쯤 저희 동아리의 기부금이 전체 동아리에서 상위권을 기록했습니다.(상위권이라는 표현도 주관적 몇 등!!!) 평소에도 기부활동을 하지만 학생 모두가 돈을 모아 기부를 한다는 것이 너무 뜻 깊은 시간이 이었습니다. 즐겁게 할 수 있는 일이어서 좋았고 지금처럼 앞으로도 계속 기부활동을 할 것입니다.

---

3. 학교 생활 중 배려, 나눔, 협력, 갈등 관리 등을 실천한 사례를 들고 그 과정을 통해 배우고 느낀 점을 서술해주시기 바랍니다.(1,000자 이내)

고등학교에 입학해 선택한 동아리는 봉사활동 하는 음악 동아리입니다. 첫 번째로 간곳은 양로원이었는데 가서 몸이 불편하신 할머니, 할아버지 분들 앞에서 음악 공연을 하는 음악 봉사였습니다. 평소에 봉사를 다니시는 어머니와 초등학생 때부터 봉사를 다녔고 중학교부터 지금까지 조금씩 용돈을 모아 후원도 하고 있어 봉

사하는 것엔 별 불편함이 없었습니다. 하지만 음악봉사는 일반 봉사와는 달랐습니다. 양로원에 가기 전에 공연을 기획하고 준비를 해야 했고 동아리 선배님들과 의견을 나누다보니 어색하고 각자 취향도 다르다 보니 갈등이 많았습니다. 그래서 저는 조심스레 무엇인가 보여 주려고만 해서 의견이 나눠지는 것 같으니 처음부터 잘하려고 하지 말고 악기, 노래, 율동 등 각자가 잘하는 분야를 나누어 연습하고 함께 맞추어보면 좋겠다고 했습니다. 선배님들과 친구들 모두 열심히 해보자는 마음으로 한 뜻모아 서로서로 양보하면서 같이 공연할 노래도 선곡하고 음악에 맞춰 율동하고 연주해가며 차츰차츰 발전해 갔습니다. 공연 당일이 되고 관객석에 계신 여러 어르신들을 보니 긴장이 되었습니다. 낯선 사람 앞에서 공연을 하는 것이 처음이라 떨리는 마음을 안고 공연을 시작했습니다. 공연을 하는 도중, 어르신들이 웃으며 박자에 맞춰 박수를 치며 즐거워하는 모습을 보았습니다. 그 순간 희열을 느꼈고 긴장감은 어느덧 사라져 신나게 공연하는 저를 느낄 수가 있었습니다. 비록 어설프고 실수도 했던 공연 이였지만 다행히도 무사히 마쳤습니다. 공연이 끝난 뒤 어르신 한분이 다가와 "수고했어, 고마워"라고 말을 하시는 순간 가슴이 뭉클해짐을 느꼈습니다. 두 번, 세 번 계속하면 할수록 점점 더 발전했고 동아리 취지인 '음악&사랑으로, 꿈을 나누고 찾아서' 라는 슬로건이 진정으로 마음에 와 닿았습니다. 비록 작은 노력이지만 함께하면 기쁨이 배가되어 돌아온다는 것을 아는 소중한 시간을 안겨준 경험 이었습니다.

➡ 필자의 첨삭 결과를 참조하세요.

고등학교에 입학해 선택한 동아리는 음악봉사활동 동아리입니다. 첫 번째로 간 곳은 양로원이었는데 가서 몸이 불편하신 할머니, 할아버지 분들 앞에서 음악 공연을 하는 봉사였습니다. 평소에 어머니와 초등학생 때부터 양로원, 고아원 등에서 이런 저런 봉사를 다녔고 중학교부터 지금까지 조금씩 용돈을 모아 어디 어디 후원도 하고 있어 봉사에 대한 불편함이 없었습니다. 하지만 음악봉사는 달랐습니다. 양로원에 가기 전에 공연을 기획하고 준비를 해야 했고 동아리 선배님들과 의견을 나누다보니 각자 취향이 다르다 보니 이러 저러한 갈등이 많았습니다. 그래서 저는 조심스레 무엇인가 보여 주려고만 해서 의견이 나눠지는 것 같으니 처음부터 잘하려고 하지 말고 악기, 노래, 율동 등 각자가 잘하는 분야를 나누어 연습하고 함께 맞추어 보면 좋겠다고 했습니다. 선배님들과 친구들 모두 제 의견에 동의를 했고 같이 공연할 노래도 선곡하고 음악에 맞춰 율동하고 연주해가며 조금씩 나아지는 모습을 보였습니다. 공연 당일 여러 어르신들을 보니 긴장이 되었습니다. 낯선 사람 앞에서 공연을 하는 것이 처음이라 떨리는 마음을 안고 시작했습니다. 우리가 준비한 곡목은 무엇이고 이유는 할아버지 할머니들이 좋아하는 취향이라고 생각했기 때문입니다. 공연을 하는 도중, 어르신들이 웃으며 박자에 맞춰 박수를 치며 즐거워하는 모습을 보았습니다. 그 순간 희열을 느꼈고 긴장감은 어느덧 사라져 신나게 공연하는 저를 느낄 수가 있었습니다. 비록 어설프고 실수도 했던 공연 이였지만 공연이 끝난 뒤 어르신 한분이 다가와 "수고했어, 고마워"라고 말을 하시는 순간 가슴이 뭉클해짐을 느꼈습니다. 함께하면 기쁨이 배가되어 돌아온다는 것을 아는 소중한 시간을 안겨준 경험 이었습니다.

서울대학교 자기소개서 첨삭 사례 6

> 1. 고등학교 재학 기간 중 학업에 기울인 노력과 학습 경험에 대해, 배우고 느낀 점을 중심으로 기술해주시기 바랍니다.(1000자 이내)

물리는 흥미로운 과목이었습니다. 공식을 외워 계산하는 것은 지루했지만 이전까지 몰랐던 내용을 배우는 것은 즐거웠습니다. 그러던 중 상대성 이론을 배웠습니다. 상식과는 다르게 길이와 시간이 변한다는 내용이 전혀 이해되지 않았습니다. 이 상식을 깨는 발상을 꼭 이해하고 싶었습니다. 그래서 EBS 다큐프라임 '빛의 물리학'을 시청해 상대성 이론의 내용을 직관적으로 이해하고, 책 '물리학 클래식' 1장, 3장을 읽으면서 상대성 이론이 탄생한 배경, 상대성 이론의 증거와 영향도 알게 되었습니다. 이러한 과정에서 상대성 이론을 받아들일 수 있게 되어 뿌듯했습니다. 또한 선생님께 다시 설명을 듣고 시간 팽창과 길이 수축 공식을 스스로 유도하면서 그저 외워야 할 수식이라고만 생각했던 공식이 각 물리량의 관계를 나타내는 것임을 깨달았습니다. 그러면서 자연현상을 이론과 수식으로 기술하는 물리학에 큰 매력을 느꼈습니다.

2학년 때 수업에서 배우지 못한 부분을 알고 싶었지만 교과목에 편성되지 않았습니다. 그래서 등교 시간을 한 시간 앞당겨 물리 I 인터넷 강의를 청취했습니다. 강의내용을 스스로 설명해보기도 하고 중요한 내용은 공책에 정리하며 공부했습니다. 강의를 듣다 궁금한 것이 생기면 인터넷에 검색하고 책을 읽어 해결했습니다. 그 중 하나가 빛의 성질이었습니다. 빛은 파동이라고 알고 있었는데 강의에선 광전효과를 광자로 설명해 이에 대해 검색하다 빛의 이중성과 물질파 개념을 접했습니다. 이것이 양자역학이라는 학문의 내용이라는 것을 알게 된 저는 그 내용이 궁금해 책 '양자역학과 현대과학', '퀀텀스토리'를 읽었습니다. 양자역학이 발전한 역사를 통해 불확정성 원리, 통일장 이론 등의 내용을 알게 되었고, 화학 시간에 배웠던 보어의 원자모형과 오비탈의 개념을 양자역학에서의 의미와 연결 지어 이해할 수 있었습니다. 이렇게 지적호기심을 충족시키는 공부를 하면서 지식을 쌓는 즐거움을 깨달았고, 어떤 공부를 하더라도 즐기며 할 수 있는 원동력이 되었습니다.

➡ 필자의 첨삭 결과를 참조하세요.

물리에서 상대성 이론을 배웠을 때의 일입니다. 길이와 시간이 변한다는 내용이 전혀 이해되지 않았습니다. 상식과는 다른 내용이었기 때문입니다. 이 상식을 깨는 발상을 꼭 이해하고 싶었습니다. '물리학 클래식'이라는 책과 EBS 다큐프라임 '빛의 물리학'을 통해서 길이와 시간이 변한다는 내용을 이해할 수 있었습니다. 길이와 시간이 변하는 것은 이런저런(➡ 이유를 적어주세요) 이유 때문 이었습니다. 이러한 과정을 통해 상대성 이론을 받아들이고 이해할 수 있어 뿌듯했습니다. 시간 팽창과 길이 수축 공식도 스스로 유도할 수 있게 되었습니다. 그저 외워야 할 수식이라고만 생각했는데 이 공식이 각 물리량의 관계를 나타내는 것임을 깨달았을 때의 기쁨은 이루 말할 수 없습니다. 자연현상을 이론과 수식으로 기술하는 물리학에 큰 매력을 느끼게 된 계기가 되었지요. (➡ 한 번은 2학년 때 수업에서 배우지 못한 구체적으로 어떤 부분? 어떻게 왜? 알고 싶었지만 교과목에 편성되지 않았습니다.) 그래서 등교 시간을 한 시간 앞당겨 물리I 인터넷 강의의 어떤 부분을 청했습니다. 강의를 듣다 빛의 성질에 대해 궁금한 것이 생겼습니다. 빛은 파동이라고 알고 있었는데 강의에선 광전효과를 광자로 설명하는 것입니다. 여기서 빛의 이중성과 물질파 개념을 알게 됐고 양자역학이라는 학문을 접하게 됐습니다. 양자역학의 내용이 궁금해 무슨 내용을 담은 '양자역학과 현대과학', 무슨 내용인 '퀀텀스토리'를 읽었습니다. 양자역학이 발전한 역사를 통해 불확정성 원리, 통일장 이론 등을 알게 되었고, 화학 시간에 배웠던 보어의 원자모형과 오비탈의 개념을 양자역학에서의 의미와 (➡ 어떻게 연결되는 지 구체적인 예로 설명해 주신 후 이해할 수 있었습니다를 연결해 주세요.) 이런 식으로 공부를 하다 보니 지식을 쌓는 즐거움을 깨달았고, 어떤 공부를 하더라도 즐기며 할 수 있는 원동력이 되었습니다.

2. 고등학교 재학 기간 중 본인이 의미를 두고 노력했던 교내 활동을 배우고 느낀 점을 중심으로 3개 이내로 기술해주시기 바랍니다. 단 교외 활동 중 학교장의 허락을 받고 참여한 활동은 포함됩니다.(1500자 이내)

1학년 동안 했던 아침 청소는 각종 궂은일에 솔선수범하는 계기가 되었습니다. 학년 초, 담임선생님께선 교실이 지저분하다고 자주 혼내셨습니다. 아침부터 혼나고 나면 기분이 안 좋았지만, 저는 주변을 항상 깨끗이 했기 때문에 신경 쓰지 않았습니다. 그러던 어느 날, 평소보다 학교에 일찍 도착해 기분이 좋았는데 반이 평소보다 더러웠습니다. 이 상태면 아침부터 선생님께서 혼내시겠다는 생각이 들어 청소를 했습니다. 깨끗해진 교실에 뿌듯함을 느꼈습니다. 그 날 담임선생님께서 교실이 깨끗해졌다며 칭찬하셨고, 친구들이 저에게 고맙다고 했습니다. 저는 그 뒤로도 아침에 교실을 쓸겠다고 다짐했습니다. 다짐을 지키는 것은 힘들었습니다. 아침에 평소보다 일찍 일어나야 했고, 줄지 않는 쓰레기에 이것이 과연 가치 있는지에 대한 의문도 들었습니다. 그렇지만 저는 제 다짐을 지키려고 노력했고, 그러자 친구들에게도 변화가 생겼습니다. 몇몇 친구들이 저를 도와 교실을 함께 쓸기 시작한 것입니다. 제가 한 것은 작은 행동 하나에 불과했지만 제가 속한 공동체에 긍정적인 변화를 가져올 수 있다는 것을 깨달았습니다.

교과서에서만 보던 실험을 실제로 하고 싶어 화학Ⅱ 기반의 다양한 실험을 할 수 있는 동아리 화학탐구부에 가입했습니다. 그 중 두 가지 활동이 가장 기억에 남습니다. 첫 번째는 사염화탄소 분자량 측정 실험으로, 실험할 때 가져야 할 자세에 대해 생각해보는 계기가 됐습니다. 실험 과정에 따라 분자량을 계산했더니 원자의 분자량보다 훨씬 적은 값이 나왔습니다. 처음에는 계산 실수인 줄 알았지만 몇 번을 다시 계산해도 분자량은 동일했습니다. 아무리 생각해 봐도 그 원인을 알 수 없어 실험 과정을 몇 번을 되짚어 보다 과정대로 하지 않은 부분을 단 한 군데 찾았습니다. 실험 시간이 촉박해 플라스크의 표면에 묻은 물기를 빨리 제거하려고 헤어드라이기로 말렸습니다. 그 과정에서 사염화탄소가 더 많이 증발되었다는 것을 발견했습니다. 이를 통해 실험할 때는 모든 과정을 인내와 끈기를 가지고 기본 매뉴얼에 충실히 수행해야 한다는 것을 깨달았습니다.

두 번째는 실험봉사활동입니다. 동아리에서 실험할 때 느꼈던 즐거움을 아이들에게도 알려주고 싶어 조장을 맡아 봉사를 계획했습니다. 하지만 실험을 선정하는 것부터 힘들었습니다. 처음에 조원들에게 각자 실험을 알아봐달라고 했지만 다들 비협조적이어서 흡열 반응을 이용한 쿨팩 만들기를 실험으로 선정하는 것부터 어려웠습니다. 하지만 저는 이 실험봉사가 조원들이 모두 참여해야 의미가 있는 것이라고 생각했습니다. 그래서 조원들의 태도를 바꾸기 위해 봉사를 함께 계획했습니다. 함께 아이들의 흥미를 끌 수 있는 방법을 상의해 시온스티커를 붙이기로 했고, 봉사활동 전날에는 조원들과 만나 직접 만들어봤습니다. 실험 과정을 확인하고 실험 시 주의 사항을 숙지하는 것은 물론, 아이들의 눈높이에 맞춘 설명 방법을 함께 고민해 일상에서 흔히 보는 손난로와 얼음과 비교해 설명하기로 했습니다. 함께 문제와 해결 방안을 찾는 과정에서 조원들의 태도는 협력적으로 바뀌었습니다. 봉사 당일, 세심하게 준비한 만큼 아이들이 실험할 때 잘 보조해줄 수 있었고, 저희의 설명을 이해하고 자신이 만든 쿨팩을 사용하며 즐거워하는 아이들의 모습을 보며 뿌듯함을 느꼈습니다. 또한 준비하는 과정에서 조원들과 상의하고 의견을 나누면서 어떤 일을 할 때 협력적인 태도가 중요하다는 것을 알게 되었습니다.

➡ 필자의 첨삭 결과를 참조하세요.

1학년 담임선생님께서는 교실이 지저분하다고 자주 혼내셨습니다. 저는 항상 주변을 깨끗이 정리했기 때문에 기분은 나빴지만 나에게 해당하는 일은 아니라고 생각했습니다. 그러던 어느 날, 평소보다 학교에 일찍 도착했는데 교실이 평소보다 더러운 것이 눈에 들어왔습니다. 아침부터 엄청나게 혼나겠구나 하는 생각이 들어 혼자서 짜증을 내며 교실을 청소했습니다. 그 날 선생님께서는 교실이 깨끗해졌다며 칭찬을 하셨습니다. 그저 같이 혼나기가 싫어서 청소를 했을 뿐인데 뿌듯한 마음이 들었습니다. 친구들도 고마워했습니다. 그 때부터 아침에 청소를 자청했습니다. 하지만 그 다짐을 지키는 것은 힘들었습니다. 평소보다 일찍 일어나야 했고, 청소를 해도 다음날 매일 똑같아지는 교실을 보면서 이것이 과연 가치 있는지에 대한 의문도 들었습니다. 제가 혼자였다면 그만 뒀을 겁니다. 매일 마다 교실을 청소하는 제가 안쓰러웠는지 몇 몇 친구들이 저를 도와 함께 교실을 함께 청소하기 시작한 겁니다. 제가 한 작은 행동 하나가 제가 속한 공동체에 긍정적인 변화를 가져올 수 있다는 것을 깨달은 계기가 되었습니다.

화학탐구부에 가입을 했습니다. 교과서에서만 보던 화학Ⅱ 기반의 다양한 실험을 하고 싶어서 였습니다. 두 가지 활동이 가장 기억에 남습니다. 첫 번째는 사염화탄소 분자량 측정 실험입니다. (➡ 사염화탄소는 무엇인지 써 주세요.) 실험할 때 가져야 할 자세에 대해 생각해보는 계기가 됐습니다. 실험 과정에 따라 분자량을 계산했더니 원자의 분자량보다 훨씬 적은 값이 나왔습니다. 처음에는 계산 실수인 줄 알았지요 몇 번을 다시 계산해도 분자량은 동일했습니다. 아무리 생각해도 원인을 알 수 없었습니다. 실험 과정을 몇 번을 되짚어 보다 그 원인을 찾았습니다. 플라스크의 표면에 묻은 물기를 빨리 제거하려고 헤어드라이기로 말렸던 것이 문제였습니다. 이 과정에서 열에 약한 사염화탄소가 많이 증발되었기 때문에 이런 결과가 생긴 겁니다. 실험을 할 때는 모든 과정을 인내와 끈기를 가지고 기본 매뉴얼에 충실히 수행해야 한다는 것을 알게 된 소중한 기회였습니다.

두 번째는 실험봉사활동입니다. 동아리에서 실험할 때 느꼈던 즐거움을 아이들에게도 알려주고 싶어 봉사활동을 계획했습니다. 하지만 쉽지 않았습니다. (➡ 조원들은 다들 비협조적이었습니다.) 왜 비협조적이었는지 살짝 써 주시고. 고민 끝에 혼자서 흡열 반응을 이용한 쿨팩 만들기를 선정했지만 조원 모두가 참가해야 의미가 있다고 생각했습니다. 조원들이 봉사활동에 적극적으로 참가할 수 있는 방법을 고민했습니다. 문제는 저 혼자 독단적으로 결정하고 조원들의 의견을 잘 듣지 않았다는 것입니다. 조원들에게 사과를 하고 함께 하자고 설득했습니다. 함께 아이들의 흥미를 끌 수 있는 방법을 상의해 (➡ 무엇을 위해 무슨 역할을 하는 시온스티커를 붙이기로 했고,) 봉사활동 전날에는 조원들과 만나 실험 과정을 확인하고 주의 사항을 숙지하는 것은 물론, 아이들의 쉽게 이해할 수 있는 방법을 고민했습니다. 함께 문제와 해결 방안을 찾는 과정에서 조원들의 태도는 협력적으로 바뀌었습니다. 이번 일을 계기로 어떤 일을 할 때 협력적인 태도가 중요하다는 것을 알게 되었습니다.

---

3. 학교 생활 중 배려, 나눔, 협력, 갈등 관리 등을 실천한 사례를 들고 그 과정을 통해 배우고 느낀 점을 서술해주시기 바랍니다.(1,000자 이내)

1학년 때 문집을 만들면서 역지사지의 자세가 중요하다는 것을 깨달았습니다. 연초, 담임선생님께서 학급 문집 제작을 제안하셨습니다. 저는 소중한 추억을 남기는 데 일조하고 싶어 카페를 꾸미고 글을 관리하는 카페 관리자와 문집편찬위원회에 자원했습니다. 처음에는 친구들이 카페에 자주 들리고 글도 많이 남겼지만 시간이 지날수록 친구들의 관심은 줄었습니다. 관심을 모으고자 사비를 털어 글과 댓글을 작성하면 아이스크림을 주는 이벤트도 열었지만 참여율은 낮았습니다. 결국 문집을 편찬하기에는 카페 글이 너무 부족해 문집편찬위원회를 소집해 글을 어떻게 모을지 상의했습니다. 글을 쓰는 것이 부담스러울 것이라고 판단해 개인당 한 편의 글과 버킷리스트를 받기로 의견을 모으고 친구들에게 공지했습니다. 많지 않은 분량이라 글이 금방 모일 것이라고 생각했지만, 예상외로 글을 낸 친구들은 적었습니다. 심

지어 내지 않으면 안 되냐고 하는 친구도 있었습니다. 다들 문집을 만들 의욕이 없는 것 같아 친구들에게 섭섭하기도 했습니다. 그래도 맡은 바 끝까지 최선을 다하자는 생각으로 마음을 다잡고 친구들을 찾아다니며 글을 내지 않는 이유를 물어봤습니다. 그러자 대부분의 친구들이 소재를 찾지 못하겠다고 답했고, 그제야 제가 지금까지 제 입장에서 문제를 판단했다는 것을 깨달았습니다. 그 뒤 위원회에서 다시 토의했고, 친구들에게 편지쓰기, 반 여행에서 느낀 점, 좋아하는 시와 책 추천 등 구체적인 글감을 함께 공지했습니다. 그러자 놀랍게도 많은 친구들이 자신의 개성이 묻어나는 글을 금방 내주었고, 그 후 위원회에서 카페 글 선별, 문집 꾸미기, 원고 편집 등 자신이 맡은 역할에 책임을 다했습니다. 그 결과 종업식 날, 모든 친구가 자신의 글이 실린 문집을 받아볼 수 있었습니다. 학급 문집을 만들면서 갈등 상황이 생겼을 때 상대방의 입장에서 상황을 이해하고 해결 방법을 찾는 것이 중요하다는 것을 새삼 깨달았습니다. 이후 갈등이 발생했을 때 역지사지의 자세를 취하려고 노력했고, 덕분에 갈등을 수월하게 해결할 수 있었습니다.

➡️ 필자의 첨삭 결과를 참조하세요.

1학년 때 문집을 만들면서 역지사지의 자세가 중요하다는 것을 알았습니다. 학기 초에 담임선생님께서 학급 문집 제작을 제안하셨습니다. 소중한 추억을 남기는 데 보탬이 되고 싶어 문집편찬위원회에 자원했습니다. 처음에는 친구들이 카페에 자주 들리고 글도 많이 남겼지만 시간이 지날수록 관심은 줄었습니다. 제 용돈을 아껴서 글과 댓글을 작성하면 아이스크림을 주는 이벤트도 열었지만 참여율은 낮았습니다. 문집을 편찬하기에는 카페 글이 너무 부족했습니다. 문집편찬위원회를 소집해 상의를 했습니다. 글을 쓰는 것이 부담스러울 것이라고 판단해 개인당 한 편의 글과 버킷리스트를 받기로 의견을 모았습니다. 많지 않은 분량이라 글이 금방 모일 것이라고 생각했지만, 예상외로 글을 낸 친구들은 적었습니다. 심지어 내지 않으면 안 되냐는 친구도 있었습니다. 다들 문집을 만들 의욕이 없는 것 같아 섭섭했지만 그래도 최선을 다하자는 생각으로 친구들을 찾아다니며 이유를 물어봤습니다. 그 때 머리를 망치로 때리는 듯한 충격을 받았습니다. 의외로 그 이유는 간단했습니다. 대부분의 친구들이 소재를 찾지 못하겠다고 답했던 겁니다. 모든 문제를 제 입장에서만 생각하고 판단했다는 것을 뒤늦게 깨달았던 겁니다. 그 이후 친구들에게 편지 쓰기, 반 여행에서 느낀 점, 좋아하는 시와 책 추천 등 구체적인 글감을 함께 공지했습니다. 그러자 많은 친구들이 자신의 개성이 묻어나는 글을 금방 내주었고 종업식 날, 모든 친구가 자신의 글이 실린 문집을 받아볼 수 있었습니다. 학급 문집을 만들면서 갈등 상황이 생겼을 때 상대방의 입장에서 상황을 이해하고 해결 방법을 찾는 것이 중요하다는 것을 새삼 깨달았습니다. 이후 갈등이 발생했을 때 역지사지의 자세를 취하려고 노력했고, 덕분에 갈등을 수월하게 해결할 수 있었습니다.

(➡ 흠 잡을 데 없이 잘 썼어요. very good!)

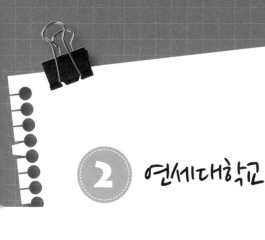

2 연세대학교

연세대학교 자기소개서 첨삭 사례 1

> 1. 고등학교 재학 기간 중 학업에 기울인 노력과 학습 경험에 대해 배우고 느낀 점을 중심으로 기술해주시기 바랍니다.(1,000자 이내)

필자의 첨삭 결과를 참조하세요.

저는 미국 Missouri주 Hickman High School에서 10학년을 마친 후, 국내 고등학교로 편입했습니다. 미국에서 3년간 공부했던 환경과는 상당히 다른 분위기에 적응하며 학교 생활을 시작했습니다. (➡ 왜 편입을 하게 됐지요? 당장 첫 문장에서부터 궁금증이 생깁니다. 입학사정관을 궁금하게 하는 자기소개서는 좋은 자기소개서가 아닙니다.)

편입하며 가장 힘든 과목은 국어였습니다. 한국에서 중학교를 다니지 않았던 제게 국어는 너무 어려운 과목이 되어, 선생님 말씀도 제대로 이해되지 않는 부분이 있었습니다. 어릴 때부터 누구보다 책 읽기, 글쓰기를 좋아했던 제가 미국에서 지내는 동안 많은 것을 놓쳤다는 생각이 들어 잠깐씩이라도 시간을 내어 책을 읽기 시작했습니다. 이와 함께 부족한 수학을 집중적으로 공부하면서 영어도 꾸준히 계속하여 실력을 다져 나갔습니다. (➡ 국어는 너무 어려운 과목이라고 했습니다. 리터니들에게는 당연한 문제입니다. 하지만 국어가 어렵다고만 했지 그 어려운 국어를 어떻게 공부했고 그 결과 이 만큼 실력이 성장했다와 같은 내용이 없네요. 그냥 책을 읽기 시작했다는 이야기뿐이고 말이죠……. 용어 선택도 잘 못 되었어요. 가장 힘든 과목이 국어이니 국어를 집중적으로 공부해야 하는 것 아닌가? 그런데 '수학을 집중적으로 공부하면서'라는 표현이 있습니다. 문장이 완결성을 갖추지 않았습니다. 국어에 대한 이야기만 잘 풀어도 자기소개서 한 장 나올 것 같은데…….)

저는 체계적인 학습을 위해 플래너와 오답노트를 활용했습니다. 오늘 할 공부의 양을 정하고 하나씩 지워 나가며 공부하니 하루하루 성취감을 느낄 수 있었습니다. 자주 틀리는 유형을 파악하여 유사한 문제를 익혔으며, 쉽다고 생각해서 그냥 흘려버리지 않고 시험 전에 꼭 정리하는 습관을 가졌습니다. 시험의 출제자는 바로 지금 수업을 하시는 선생님이란 사실을 잊지 않고, 수업 시간에 집중했습니다. (➡ 좋습니다. 고민해서 쓴 흔적이 보입니다. 아쉬운 점이 있다면 핵심을 자꾸 놓치는 것은 아닌가? '시험 전에 꼭 정리하는 습관을 가졌습니다.'라는 문장에서 끝나면 안 됩니다. '시험 전에 꼭 정리하는 습관을 가졌더니 시험 칠 때 공부할 분량이 줄어들고 내신을 준비하는 시간도 단축할 수 있었습니다. 그리고 이런 습관 덕에 기말고사 시험도 몇 점에서 몇 점으로 상승하는 결과도 얻었습니다.'라고 나와 줘야 A학생의 계획적인 생활이 제대로 전달 될 수 있습니다.)

또한 생활 속의 영어공부를 위해 영자신문을 매일 읽으며 관심 있는 부분은 스크랩하여 다양한 지문으로 독해 연습을 했습니다. 등하교 시간은 BBC방송을 청취하였으며, 말하기 연습을 위해 녹음을 하며 저의 부족한 부분을 찾아 억양, 발음 등의 문제점을 고쳐 나갔습니다. 이러한 과정을 통해 저는 현재 수준 높은 영자신문의 기사도 막힘없이 읽을 수 있고, 어떠한 주제에도 저의 의견을 영어로 말할 수 있게 되었습니다. (➡ 현재 수준 높은 영자신문의 기사라??? 주관적인 표현입니다. 이런 주관적인 표현은 입학사정관들에게 좋은 인상을 주기 어렵습니다. 'OO타임스와 같은' 식으로 구체적인 매체 명을 소개해 주는 것이 좋겠고요. '어떠한 주제에도 저의 의견을 영어로 말할 수 있게 되었습니다.'라는 표현 또한 주관적입니다. 자신감보다는 자기 자랑한다는 느낌을 받게 되네요. 이렇게 고쳐보세요 '어떠한 주제에도 저의 의견을 영어로 말할 수 있다는 자신감이 있습니다.')

저의 장점은 꾸준히 노력하는 것입니다. 미국에서 공부할 당시 7학년에서 바로 9학년으로 승급하면서 한 학년의 공백을 성실과 노력으로 극복했습니다. 한국 고등학교로 편입 후에도 열심히 노력한 결과 학교성적은 계속 향상되었고 영어도 모든 영역에서 어려움이 없어졌습니다. 이러한 경험으로 저는 긍정적인 마음으로 최선을 다한다면 무엇이든 이룰 수 있다는 자신감을 얻었습니다. (➡ 노력이 장점이라고 했습니다. 그 사례로 미국에서 월반한 사례를 적었고요. 월반한 이유가 없네요? 구구절절이 내가 이렇게 했고 저렇게 했고 서술하는 것도 방법이지만 월반한 그 자체가 학생의 우수성을 입증해주는 소재입니다. 따라서 월반을 하게 된 구체적인 스토리를 담아주세요. 예컨대 '학교교사가 추천해서 월반했다. 하지만 나는 월반이 싫었다, 한 학년의 공백을 극복하기가 어렵다고 생각했다. 하지만 나의 장점인 노력을 믿었기에 월반을 했고 한 학년의 공백을 성실과 노력으로 극복할 수 있었다. 월반 후 첫 몇 개월간은 2~3시간만 잘 수 있었다. 1년 과정을 생략하고 올라왔기 때문에 그만큼 공부할 분량이 많았기 때문이다' 뭐 이런 식으로 고치면서 마무리 지어주면 그 자체가 A 학생의 우수성을 입증하는 스토리가 됩니다.)

---

2. 고등학교 재학 기간 중 본인이 의미를 두고 노력했던 교내 활동을 배우고 느낀 점을 중심으로 3개 이내로 기술해주시기 바랍니다. 단, 교외 활동 중 학교장의 허락을 받고 참여한 활동은 포함됩니다.(1,500자 이내)

필자의 첨삭 결과를 참조하세요.

(1) 봉사 활동

봉사는 제게 가장 의미 있는 활동입니다. 2011년 여름부터 행신동 지역아동센터에서 중학생들에게 영어 학습을 지도했습니다. 기쁜 마음으로 시작했지만 분위기가 산만하고 수업에 빠지는 아이들도 많아 실망스러웠습니다. 고민 끝에 아이들과 친해지기 위해 많은 대화를 하며 그들을 이해하려 노력했고, 책과 인터넷을 통해 영어게임, 영어노래 등을 찾아 흥미로운 공부 방법을 만들어 수업을 준비했습니다.

아이들의 수업 태도는 눈에 띄게 달라졌고, 수업에 집중하며 저를 잘 따라주기 시작했습니다. 아이들이 점차 재미있게 공부하는 모습을 보며 저는 뿌듯한 보람을 느낄 수 있었습니다. 이러한 과정을 통해 저는 다른 사람의 마음을 진심으로 이해하며, 그들의 눈높이에서 함께하는 것이 얼마나 중요한지를 깨닫게 되었습니다. (➡ 자기가 가장 잘할 수 있는 영어로 봉사활동을 했다는 이야기입니다. 보편적인 소재이지요. 산만한 분위기와 수업에 빠지는 아이들도 많아 실망했다도 일반적인 스토리 전개입니다. 그래서 중요한 포인트가 '흥미로운 공부 방법들을 만들었다'입니다. 진부한 소재에서 나만의 개성을 드러내는 장치이기 때문이지요. 그런데 영어게임, 영어노래 등을 찾아 흥미로운 공부 방법들을 만들었다는 아주 평범합니다. 잘 생각해보세요. 아이들이 유독 좋아한 공부 방법이 있었을 겁니다. 그 방법을 토대로 '어떻게 그 공부 방법을 생각해 냈고, 어떻게 준비를 했고 수업을 했더니 애들이 어떻게 좋아하더라. 그 다음부터 결석자도 1~2명에 불과했다'라는 내용을 만들어 강조하는 것이 좋겠습니다.)

또 번역메이트로 활동하면서 아프리카 등 저개발 국가에서 하루하루 힘들게 살아가는 아이들을 알게 되었습니다. 학교에 다니는 것만으로도 감사하게 생각하는 아이들, 병원 치료도 받을 수 없는 가난 등을 글을 통해 접하면서, 세계 아동교육과 인권 문제에 더욱 관심을 갖게 되었습니다. 이를 계기로 저도 아이들의 후원자가 되어 함께하고 있습니다.

제가 가진 것을 나누겠다는 마음으로 시작한 봉사 활동은 제게 많은 변화를 주었습니다. 시간이 지날수록 감사한 마음과 보람 등을 느끼면서 지금도 꾸준히 계속하고 있습니다. (➡ 좋은 소재이나 마찬가지로 구체적이지 않습니다. '이를 계기로 저도 아이들의 후원자가 되어 함께하고 있습니다.'라는 문장으로 끝나버립니다. 결연을 맺었거나 아니면 유니세프에 한 달에 얼마씩 기부를 한다거나 등등은 구체적인 후원활동이 있을 텐데 그 내용을 적어주세요.)

(2) 동아리 활동

다양한 동아리 활동을 통해 많은 경험을 하며 생활했습니다. 영화를 좋아하는 저는 교내동아리<스크린으로 세상읽기>에 가입해 영화를 통해 타인의 삶을 이해하고, 삶을 대하는 자세를 반성할 수 있었습니다. <영어소설읽기반>에서는 제가 읽은 책의 결말을 새롭게 만들어 보는 과정을 통해 창의성을 기를 수 있었고, 번역의 미묘한 차이 때문에 작품에 대한 이해가 달라지는 경우도 찾을 수 있었습니다.

이를 계기로 저는, 세계문학의 중심에 있는 영어권 문학의 번역과 우리나라 문학의 번역을 통해 다른 언어를 사용하는 사람들의 삶을 간접적으로 공유하는데 기여하고 싶다는 꿈을 갖게 되었습니다. 또한 문학번역 뿐만 아니라, 제가 좋아하는 영화와 접목시킬 수 있는 영상번역에도 관심을 갖고 지금도 자막 없이 영화보기를 즐기고 있습니다. (➡ 전형적인 나열식이네요……. 학생의 동아리 종목을 보려고 질문한 것이 아닙니다. 동아리 활동을 왜 했고 하다 보니 무엇을 느꼈고 그것이 내 인생에 어떤 영향력을 주었으며 그로인해 내가 이렇게 바뀌었다'를 요구하는 것이죠. 예컨대 스크린으로 세상읽기에 가입했다고 했잖아요? 거기에서 타인의 삶을 이해하고 반성할 수 있었다고 했지요? 그런데 말 뿐입니다. 봤던 영화 중 1~2편의 영화를 토대로 상기 내용을 풀어나가는 것이 좋을 것 같아요.)

(3) 고양 차세대 글로벌리더 해외연수

학교의 추천으로 고양시가 지원한 「고양차세대 글로벌리더 해외연수」에 선발되어 2주간 미국 UCLA캠퍼스에서 대학생활을 체험했습니다. 미국대학 교수님들의 다양한 주제에 대해 강의를 들었으며, 주요 대학교 탐방 프로그램 등은 제가 세상을 더 넓게 생각하고 바라볼 수 있도록 해 주었습니다. 특히 John Duncan 교수님의 '다양한 경험들을 토대로 사회 전체와 공감할 수 있는 리더가 되라'는 말씀은 무척 감명 깊게 들었습니다. (➡ 우수한 인재라는 것이 자연스레 드러나는 소재입니다. 좋습니다. 한 가지가 아쉬운데요……. Duncan 교수님의 말씀을 무척 감명 깊게 들었다고 했는데 그 이유가 없네요? 리더가 되라는 이야기로 봐서 학생이 그렇게 살고 싶다는 인생의 목표를 가지고 있다는 의미인 것 같은데……. 명확한 설명이 필요합니다.)

UCLA 학생들과 기숙사에서 함께 지내면서 영어실력을 향상시키고 다양한 문화들을 직접 체험할 수 있었던 소중한 시간이었습니다. 연수 이후 평가발표회 준비를 하며 서로의 경험들을 나누고, 새로운 제안을 통해 고양시의 발전에 기여했습니다. (➡ '새로운 제안을 통해 고양시의 발전에 기여했습니다.'라는 대단히 주관적인 표현은 입학사정관들이 가장 싫어하는 표현입니다. 새로운 제안이 무엇인지도 모르겠고 그 제안이 어떻게 기여를 했다는 것인지??? 이런 표현은 삭제하는 것이 좋습니다.)

> **3.** 학교 생활 중 배려, 나눔, 협력, 갈등 관리 등을 실천한 사례를 들고 그 과정을 통해 배우고 느낀 점을 기술해주시기 바랍니다.(1,000자 이내)

필자의 첨삭 결과를 참조하세요.

학교생활에 조금씩 적응하며 2학년이 되어 처음 배정받은 반의 느낌은 '알록달록'이었습니다. 반 친구들 중 상당수가 예체능 계열이었고 개성 있는 친구들이 많았습니다. 그 중 유독 눈에 띄는 A는 수업시간에 화장을 하거나 음식을 먹으며 우리 반 친구들의 눈을 찌푸리게 했습니다. 친구들은 A의 외모와 성격에 대해 뒤에서 험담하고 비웃었습니다. 이동수업 시간에는 친구들이 깨우지 않아 수업에 빠지는 일이 종종 있었고, 점심시간에도 늘 혼자인 모습을 보면서 미국에서 외롭게 지냈던 저의 모습을 보는 것 같아 마음이 아팠습니다. (➡ 자신의 경험담과 학급에서의 갈등사례를 매치시킨 소재 아주 좋습니다. 평범함 소재라도 자신의 경험이 담긴다면 세상에 딱 하나 뿐인 자신만의 내용이 되니깐요. 100점 만점에 100점!)

저 또한 미국에서 처음 공부할 당시 부족한 영어로 인해 미국 친구들과 대화하는 것을 두려워하며 홀로 지내면서 어려운 시간을 보낸 경험이 있습니다. 그때 하나님을 찾게 되었고, 제가 간절히 소망했던 기도가 하나씩 실현되면서 감사한 마음과 긍정적 생각으로 유학 생활의 어려움을 이겨 낼 수 있었습니다. 저와 경우는 조금 다르지만 그 친구도 많이 외로울 것이란 생각에 기회가 될 때마다 그 친구에게 말을 건네기 시작했습니다. 함께 다니는 모습을 보며 몇 명은 이를 못마땅해하면서 저까지 멀리하기도 했습니다. 그래도 저는 친구들에게 A의 장점을 말해 주는 한편 A에게는 친구들이 싫어하는 부분을 조심스럽게 알려 주었습니다.

(➡ 좋습니다. 문장도 전체적으로 세련되고 잘 정돈된 느낌입니다. 하지만 약간씩 늘어진다는 느낌이 있어요. 이렇게 고쳐 봤어요. '저도 미국에서 공부할 당시 미국 친구들과 대화하는 것이 두려웠던 적이 있었습니다. 영어도 부족했지만 낯선 상황에 대한 두려움 때문에 홀로 지내면서 어려운 시간을 보냈지요. 그때 하나님을 찾게 되었고, 제가 간절히 소망했던 기도의 응답을 받으면서 감사한 마음과 긍정적 생각으로 유학 생활의 어려움을 이겨 낼 수 있었습니다. 그 친구도 많이 외로울 것이란 생각에 기회가 될 때마다 그 친구에게 말을 붙이기 시작했습니다. 몇 명은 이를 못마땅해하면서 저까지 멀리했습니다. 그래도 저는 친구들에게 A의 장점을 말해 주는 한편 A에게는 친구들이 싫어하는 부분을 조심스럽게 알려 주었습니다.')

시간이 지날수록 조금씩 달라지는 A를 보며 반 친구들도 변하기 시작했습니다. 친구들의 관심과 따뜻한 말 한마디는 A에게 힘이 되었고, 행동의 변화뿐 아니라 공부하는 모습도 눈에 띄게 늘어났습니다. A가 수업시간에 빠지지 않고 열심히 필기를 하자 선생님들도 놀라셨고, 옆에서 도와준 저에게도 칭찬을 아끼지 않으셨습니다. 저는 "너도 할 수 있어, 같이 대학가자"라고 말하며 모르는 것은 먼저 공부하여 알려주었습니다. 기말고사에서 급상승한 성적에 기뻐하는 A를 보며 저 또한 매우 행복했습니다. 제가 믿음을 가지고 함께 한 만큼 변화된 친구의 모습을 보며 가능성을 배웠습니다. 무엇보다 왕따 없는 반을 만드는데 제가 조금이나마 기여했다는 것을 보람 있게 생각합니다. (➡ 학생의 인성과 공동체정신을 볼 수 있어 좋은 소재입니다. 한 가지 아쉬운 점은 시간이 지날수록 A가 어떻게 달라졌느냐 하는 것입니다. 그 부분이 너무 생략되어 있고요……. '기말고사에서 급상승한 성적에 기뻐하는 A를 보며 저 또한 매우 행복했습니다.'라는 표현도 두루 뭉실 넘어갑니다. 이런 건 구체적인 수치를 들어주며 이야기하는 것이 신뢰를 줄 수 있답니다.)

③ 고려대학교

고려대학교 자기소개서 첨삭사례 1

> 1. 고등학교 재학 기간 중 학업에 기울인 노력과 학습 경험에 대해 배우고 느낀 점을 중심으로 기술해주시기 바랍니다.(1,000자 이내)

필자의 첨삭 결과를 참조하세요.

　화학과 운명적으로 만나다.

　어려서 과학 선생님이셨던 할아버지 댁에 놀러 가면 항상 고등학교 화학 교과서가 눈에 들어왔습니다.(➡ 그 이유는 무엇인지? 구체적으로 써 주세요. 이유가 있어야 뒤에 나오는 화학에 대한 동경을 설명해 줄 수 있습니다.) 특히 원소기호는 (➡ 마찬가지로 원소기호가 왜 화학에 대한 동경을 갖게 해 주었는지 이유 써 주세요. 입학사정관들이 궁금해하지 않겠어요? 어린 학생이 고등학생도 어려워하는 화학 교과서에 관심을 가지고 더 나가 원소기호에 대한 동경을 가지게 되었는데 말이죠.) 화학에 대한 동경을 갖게 해주었습니다. 고등학교에서 화학을 배우며 하나하나 알아가는 과정이 즐거웠는데 점점 더 잘하고 싶다는 욕심이 생겼습니다. 그러기 위해 두 가지 원칙을 세웠습니다. '수업시간엔 적극적으로', '선생님을 귀찮게.' 1학년 초엔 수업에 적극적이지 못했습니다. 친구가 수업시간에 대답도 잘하고 서슴없이 질문하는 걸 따라 하기 시작했습니다. 처음엔 들리지 않을 정도로 작게 대답했지만 점점 자신감이 생겼습니다. 자연스레 수업태도가 좋아졌고, 전엔 수업을 그냥 듣고 적었다면 이젠 수업에 참여하게 되었습니다. 어색했던 선생님들도 제 이름을 기억하시기 시작했고, 너 덕에 수업할 맛이 난다는 말도 해주셔서 뿌듯했습니다. 수업 후엔 내용을 떠올리며 정리를 하면서 제대로 이해하지 못한 부분을 선생님께 몇 번이고 완벽하게 이해할 때까지 질문했습니다. 다른 선생님들도 또 왔냐며 그만 좀 오라고 하셨지만 한 번하면 끝장을 봐야만 했습니다. 어쩌면 너무나 기본적인 공부방법인지 모르지만 공부를 제대로 해본 적인 없던 제게 개념을 확실히 잡는 공부가 되었고, 심화내용을 배우고 문제에 적용을 시킬 때 도움이 되었습니다.

이렇게 공부하다 보니 고등학교에 입학할 때 제 등수는 76등이었지만, 화학뿐 아니라 전 과목 내신에서 대부분 1등급이라는 성적을 거두었고, 수학경시와 과학경시에서 (➡ 총 몇 번?)에 걸쳐 수상했습니다. 성적이 오르는 것에만 만족할 수 없었습니다. 더 넓게 더 깊게 공부하고 다양한 경험을 하고 싶었습니다. 외국어 말하기 대회나 백일장 등 무엇이든 적극적으로 참여한 이유입니다. 지난 3년은 조건이 불리하다거나 출발선이 뒤에 있더라도 불평하고 포기하기보다 기회를 찾고 최선을 다하면 더 많은 기회를 얻을 수 있고 좋은 결과를 얻을 수 있다고 믿게 한 시간이었습니다.

> **2.** 고등학교 재학 기간 중 본인이 의미를 두고 노력했던 교내 활동을 배우고 느낀 점을 중심으로 3개 이내로 기술해주시기 바랍니다. 단, 교외 활동 중 학교장의 허락을 받고 참여한 활동은 포함됩니다.(1,500자 이내)

필자의 첨삭 결과를 참조하세요.

숨소리배움터는 (➡ 어떤 특색활동인지 간단하게 써 주세요. 무엇을 하는 무슨 활동) 우리 학교의 특색활동입니다. 텃밭에 배추를 심었는데 자라는 모습을 자세하게 관찰했으면 좋앉겠지만 김장을 나눠드린 걸로 보람을 찾아야 했습니다. 김장을 하다가 의문이 생겼습니다. 절인 배추에 속을 넣고 버무린 생김치가 어떻게 감칠맛 나는 김치가 되는지 궁금했던 겁니다. 특강으로 김치의 역사와 원리를 배웠지만 발효에 대해 더 자세히 알아보기로 했습니다. 김치 발효에 가장 중요한 역할을 하는 젖산균의 변화와 역할에 대해 조사하고 보고서 형식의 리뷰 논문을 작성하기로 했습니다. 도서관에서 논문을 찾아보고, 수집한 자료를 바탕으로 각자 파트를 맡아 정리했습니다. 처음엔 소논문을 작성하는 자체가 낯설어 어색하기만 했습니다. 지루하다는 친구들도 있었지요.

저는 한동대 실험실에서 현미경으로 김치유산균을 확대해서 본 경험을 친구들과 나누면서 실험에 몰두하는 대학원생들의 멋있었던 모습을 떠올리자고 했습니다. 지금 우리는 고등학생이 아닌 실험에 몰두하는 대학원생이라는 최면을 걸자 진지하게 탐구하는 자세로 바꿀 수 있었고, 자주 만나고 서로 부족한 점을 보완하다 보니 부족하지만 나름 많은 것을 알게 된 활동이었습니다.(➡ 2번 문항에서 핵심은 나름 많은 것을 알게 된 활동입니다. 말 그대로 많은 것을 알게 된 활동이 구체적으로 뭐였는지가 필요합니다. 예컨대 위에서 장황하게 설명한 연구과정을 통해 어떤 제목과 어떤 내용의 소논문이 완성되었고 이를 통해 혼자서 알아내는 것보다 여러 명이 생각을 나누고 내용을 정리하는 일들이 보람 있었습니다.라고 마무리가 되어야 하지요. 과정이 머리고 결과가 몸통이라면 과정은 거대한 가분수, 몸통은 기아에 허덕이는 아프리카 난민이라 할 수 있겠어요.)

(➡ 어떤 분야의?) 연구원의 꿈을 꾸며 과학기사를 스크랩했습니다. 1학년 때는 혼자 했는데 기사가 한 분야로 치우치고 정리를 해도 단순한 생각에서 맴돌았습니다. 그래서 친구들을 모아 탑사이언스라는 자율동아리를 만들었습니다. 각자 관심분야의 과학기사를 발표하고 토론을 하는 것이었는데 처음에는 모든 게 어려웠습니다. 저를 포함해 아이들은 발표할 땐 처음 보는 내용을 이해하지 못했고 토론할 땐 적극적으로 의견을 말하지 않았습니다. 이해가 안되니 잘못 말할까 두려웠던 것이 이유였습니다. 그래서 기사와 관련된 개념, 원리도 자세히 조사 해오는 것이 좋겠다고 의견을 냈

습니다. 예를 들어 저는 (➡ 간단한 설명 부탁해요. 토륨 원자로가 무엇이지?) 토륨 원자로에 대한 기사를 발표했고, 물리를 배우지 않아 원자력 발전의 원리를 잘 모르는 부원들을 위해 전에 읽었던 페르미의 핵융합, 핵분열 반응 책을 참고해 (➡ 원자력 발전의 원리는 어떤 방식이다라는 것을 간단히 써 줍시다.) 원리를 설명해주었습니다. 그리고 틀리면 어떠냐고 다독이며 적극적으로 발언했습니다. 그러자 서로 질문과 함께 토론은 점점 활발해져서 우주, 화학, 생명, 환경 등 여러 분야의 기사를 접할 수 있었고, 토론을 하면서 '아, 이런 측면에서 이렇게 생각할 수도 있구나'라는 생각을 할 수 있었습니다. 또한 연구를 할 때 연구자로서의 호기심뿐 만아니라 윤리적, 사회적 측면에서도 신중하게 생각해야 한다는 것도 알게 되었습니다. 또한 성대 토요물리학교실, 서울대 공학캠프를 비롯한 여러 프로그램들은 과학을 좋아하는 제게 새로운 경험에 대한 도전으로 3년 동안 이어졌는데 제 꿈을 조금씩 구체적으로 만들어 준 계기가 되었습니다. (➡ 또한~되었습니다는 수정 후 분량을 보고 분량이 넘치면 빼버리는 걸로 나열식에 그치기 때문입니다.)

> **3.** 학교 생활 중 배려, 나눔, 협력, 갈등 관리 등을 실천한 사례를 들고 그 과정을 통해 배우고 느낀 점을 기술해주시기 바랍니다.(1,000자 이내)

필자의 첨삭 결과를 참조하세요.

2학년 때 셋이 한조로 '쇼 미 더 사이언스'라는 팀을 이뤄 과학탐구토론대회에 참가했습니다. '층간소음 해결'이라는 주제로 탐구활동을 하게 되었는데 처음엔 분위기가 좋았습니다. 하지만 구체적인 실험계획을 세우면서 층간소음을 측정하는 장소에 대해서 저와 다른 팀원의 의견이 충돌하기 시작했습니다. 서로 자신의 논리만 내세우며 상대방의 의견을 들으려고도 이해하려고도 하지 않으니 갈등은 깊어져 갔습니다. 그러다 우리 사이에서 어쩔 줄 몰라 하던 다른 팀원이 눈에 들어왔을 때는 시간이 많이 지난 후였습니다. 아무 말도 못하고 불편하게 있는 다른 팀원을 보자 순간 내가 뭘 하고 있지? 너무 미안했고 더 이상 이대로는 안 되겠다고 생각했습니다.

갈등이 있었던 팀원을 만나 서로 자신의 의견을 말할 때는 절대 끼어들지 않기로 약속을 하고 의견을 얘기했습니다. 먼저 그 팀원이 자기 생각을 말했는데 객관적으로 최대한 긍정적으로 받아들이려고 했습니다. 제 차례엔 너의 논리도 일리가 있지만 다르게 보면 이러한 오류가 생길 수 있으니 다르게 하는 것이 어떠냐고 기분이 상하지 않도록 말하기 위해 노력했습니다. 하지만 서로 마음을 열려고 하지 않아 조율이 되지 않았습니다. 제가 양보하기로 하고 생각했던 오류에 대해서는 토론 중 반론이 제기될 수 있으니 그것에 대해선 다 같이 고민을 해보자고 제안을 했고, 갈등은 마무리되었습니다. 시간을 허비하며 내용을 보완하고 점검할 시간이 부족해 아쉬움이 남았지만 나머지 시간동안은 조용히 탐구활동을 끝마쳤고 그 결과로 금상을 수상하게 되었습니다. 상은 받았지만 설득하는데 있어서 부드럽게 배려함이 조금 더 있었으면 어땠을까 다시 생각하게 되었고 확신을 가지고 자기 생각을 주장함에 있어서 오만함으로 놓치고 있는 점은 없는지 조심해야겠다는 반성도 함께하게 되었습니다. 무엇보다 다행인 것은 그렇게 서로 고집을 피우며 싸웠던 친구와 지금도 고민을 나누고 힘들 때 의지하는 사이라는 점입니다.

고려대학교 자기소개서 첨삭사례 2

> 1. 고등학교 재학 기간 중 학업에 기울인 노력과 학습 경험에 대해 배우고 느낀 점을 중심으로 기술해주시기 바랍니다.(1,000자 이내)

필자의 첨삭 결과를 참조하세요.

고객센터에게 가장 중요한 것은 한 통의 전화라고 생각합니다. 고객의 소리를 들을 수 있기 때문입니다. 경영과 마케팅에 있어 '영어'는 고객센터의 '전화'와 같이 매우 중요한 역량이라고 생각합니다. 그 이유는 무엇입니다. 1학년 겨울 방학 학교선생님으로부터 한 통의 '전화'가 걸려왔습니다. '영어심화반' 가입을 권유하는 내용이었습니다. 쓰기, 토론, 발표 수업이 많다는 선생님의 말씀에 영어에 대한 자신감과 영어의 소통능력을 키울 수 있다는 생각이 들어 영어심화반에 가입했습니다.

영어심화반 첫 과제로 어떤 내용을? 주제로 발표 준비를 하였지만, 영어로 말하는 것은 익숙하지 않았기 때문에 준비했던 내용은 하나도 생각이 나지 않았고 그저 원고를 국어책 읽듯이 읽어가야만 했습니다.(➡ 전체적으로 문장이 거칠고 쓸데없는 표현이 많습니다. 고민은 참 많이 했는데 이런 단점들로 인해 상대적으로 빛을 보지 못하고 있습니다.) 친구들은 제 발표에 집중하지 못했고 그런 모습을 보면서 더더욱 주눅이 든 저의 목소리는 옹알이로 들릴 뿐이었습니다. 자신감 있는 발표 진행을 위해 고민하다가 '피아노 셈여림' 방법을 생각하였습니다. 피아노는 악보의 마디마다 셈여림표 pp-p-mp-mf-f-ff 가 무엇이 붙느냐에 따라 강하고 여리게 연주하는데, 이것을 발표원고에 적용하였습니다. 친구들이 발표내용을 이해하는데 있어서 중요한 단어나 어구, 문장에는 주로 f 계열로 상대적으로 덜 중요한 것들은 p 계열로 표시하였습니다. 발표원고에 표시된 셈여림표를 따라 강하거나 여리게 발표를 하였는데 어디서 강하게 하고 여리게 해야 하는지를 신경쓰다보니 내용도 잘 까먹지 않고 발표의 흐름도 자연스러워졌다는 평가를 받았습니다.(➡ 자신만의 방법을 고안해 단점을 극복한 경험담 좋습니다.)

영어심화반 활동을 통해 (➡ 본인에게 쓰기 말하기 듣기 읽기의 4개 영역 중 부족했던 어떤 영역이 어떻게 좋아졌는지를 구체적으로 써주는 것으로 마무리 하세요. 이 활동을 통해 구체적으로 어떤 성취를 얻었다가 중요한데 성취에 대한 내용이 명확하지 않아. 힘이 빠집니다.)

필자의 첨삭 결과를 참조하세요.

2학년 여름방학 때 000 청소년 국제교류단 00기에 선발되어 얼마간의 일정으로? 미국에 가게 되었습니다. 외국으로는 한 번도 나가본 적이 없고 학업에 지장이 갈까봐 망설였지만, 더 넓은 곳에서 새롭고 다양한 경험을 해볼 수 있고, 한국과는 다른 생활방식과 가치관을 가진 사람들과 영어로 소통해볼 수 있는 기회를 놓치고 싶지 않았습니다. 미국 남유타대학교에서 ESL프로그램 활동을 수료하고 홈스테이 가족들과 즐거운 시간을 보내면서 미국의 마트에서 흥미로운 점을 알게 되었습니다. 거스름돈을 주는 방식이 한국과 다르다는 것입니다. 거스름돈을 바로 주지 않고 단위가 작은 화폐부터 주었습니다. 홈스테이 엄마에게 물어 봤더니 Counting money backwards 라고 알려 주셨습니다. 미국인이 뺄셈보다는 덧셈을 잘하기 때문이라고 하셨습니다.(➡ 이해가 잘 안가는데? 그러니까 한국처럼 한 번에 모든 잔돈을 주는 것이 아니라 10원 다음에 100원, 100원 다음에 1000원... 뭐 이런 식으로 준다는 것 인가요? 입사관들은 자기소개서를 읽을 때 흐름이 끊기는 것을 제일 싫어합니다. 하루에도 수십장의 자소서를 읽느라 바쁜데 그들 입장에서 친절하게 써 주어야 합니다. 구체적인 설명을 통해 어떤 사람이 봐도 이해할 수 있게 끔 해주세요) 그래서 저는 반대로 한국의 거스름돈 주는 방식에 대해 알려주었습니다. 그 때 홈스테이 엄마의 반응은 어떠했습니다. 거스름돈 계산과 같이 작은 것에서 한국과 미국의 문화의 차이를 직접 느껴볼 수 있었고,(➡ 외국인과 대화를 하면서 영어 소통능력을 향상시킬 수 있었다는 것이 중요한 게 아닌 것 같은데? 본인이 거스름돈의 차이점을 눈여겨 본 이유는 무엇일까? 본인의 관심사인 경영과 마케팅 쪽과 관련이 있기 때문 아닐까? 그럼 이런 일을 통해 무엇을 얻어야 할까? 그저 영어소통능력을 향상시킬 수 있었다고 해야 할까? 아니지 '문화적 다양성을 체험한 계기가 되었고 이를 통해 경영과 마케팅 역시 문화적 다양성을 기반에 두어야 실패하지 않을 수 있겠다는 생각이 들었다.'라는 식으로 마무리가 되어야 본인의 전공적합성을 들어낼 수 있지 않겠어?)

저는 2학년 때 글로벌경제경영동아리를 만들었습니다. 세계의 경제와 경영에 관심이 있는 친구들끼리 모인 자율동아리입니다. 다양한 활동을 통해 경제에 대한 기본적인 용어나 개념을 알 수 있었고, 세계의 경제흐름에 대해 많이 알아갈 수 있었습니다. 뉴스기사 스크랩 활동이 가장 기억에 남는데요. 매주 뉴스기사를 찾아서 기업의 여러 마케팅 사례를 분석하다보니 다양한 마케팅 전략을 알게 되었습니다. 특히 영화 어벤저스를 이용한 마케팅 사례에 대한 기사가 흥미 있었습니다. 자세히 알고 싶어 동아리 개인발표 주제로 정했습니다. (➡ 기사에 나와 있는 것보다 자세히 조사하여 호기심을 충족시킬 수 있었고, 동아리 친구들과 업체의 입장이 되어 영화 어벤저스를 이용한 효과적인 마케팅 전략에 대해 생각해볼 수 있었습니다. → 어벤저스를 이용한 마케팅 사례를 직접 언급할 정도면 그 정도로 기억에 남는다는 것인데 정작 그 내용은 없어요. 입사관들은 '기사에 나와 있는 것보다 자세히 조사하여 호기심을 충족시킬 수 있었고, 동아리 친구들과 업체의 입장이 되어 영화 어벤저스를 이용한 효과적인 마케팅 전략에 대해 생각해볼 수 있었습니다.'를 알고 싶은 것이 아니라 우리 친구가 어벤저스를 어떤 점에서 주목을 했으며 연구 과정과 결과를 통해 어떤 깨달음을 얻었는지 그리고 그 깨달음이 우리 친구의 장래에 어떤 결과를 미쳤는지를 알고 싶어 합니다. 이 과정을 구체적으로 써주세요. 그래야 지원전공에 대한 열정과 전공적합성, 발전가능성 등을 살펴볼 수 있습니다.)

000 00행정체험 경제과에 참가하였습니다. 정부에서 창조경제를 추진하면서 지역경제 활성화에 노력하는 뉴스를 보고, 지방관청 경제과에서는 구체적으로 어떤 일을 하는지 궁금했기 때문입니다. 경제과는 지역경제 발전을 위해 여러 시책을 추진하고, 기업을 지원하고, 회계와 재산관리를 담당하는 부서였습니다. (➡ 무슨 팀과 무슨 팀 무슨 팀으로 나눠져 있었습니다.) 저는 기업팀장님께 찾아가서 기업팀에서 구체적으로 어떤 일을 하는지 질문했습니다. (➡ 여러 팀 중에서 기업팀을 찾아간 것은 어떤 이유 때문이었습니

다.) 기업팀에서는 주로 중소기업과 벤처기업의 설립을 촉진하고, 투자와 홍보를 하여 기업의 발전을 통해 지방 경쟁력을 강화한다고 하셨습니다. 기업이 단지 자본으로만 경영을 하는 것이 아니라 지방 관청이나 국가로부터 지원금을 받고 홍보를 통해 더 효율적인 경영을 할 수 있다는 것을 알게 되었습니다. (➡ 그저 알게 된 것으로 끝? 알게 되었고 그것을 통해 내가 원하는 꿈에 어떻게 활용하겠다라는 내용은 없네요? 입사관들은 알게 된 것이 중요한 게 아니라 알고 나서 무엇을 어떻게 생각하고 받아들였는지를 더 중요하게 봅니다. 이렇게 고쳐 보세요. 나도 대학을 졸업 후 무슨 분야의 벤처기업을 세울 생각인데 이번 활동을 통해 내 고향 가평에서 창업을 하기로 결심했다. 여러 가지 지원 정책이 내가 하고자 하는 일에 많은 도움이 되리라 생각했기 때문이다.)

> **3. 학교 생활 중 배려, 나눔, 협력, 갈등 관리 등을 실천한 사례를 들고 그 과정을 통해 배우고 느낀 점을 기술해주시기 바랍니다.(1,000자 이내)**

필자의 첨삭 결과를 참조하세요.

2달러의 기적, 나눔의 연결고리.

우리 학교는 6.25전쟁 당시 미군들이 2달러씩 모아 지어준 학교로, 매년 졸업식에 축하 인사와 장학금을 전해주러 미군 참전 용사들이 방문을 합니다. 제가 학업을 할 수 있게 해주신 분들에게 감사한 마음을 갖고 졸업식 통역봉사를 하게 되었습니다. 전쟁 중에 우리가 나눔을 받았다면 이제는 우리가 나눔을 전하고 싶었기 때문입니다. 같이 이동하면서 말벗도 되어드리고, 교장선생님의 말씀을 통역해드렸습니다. 부족한 영어 실력이지만 졸업식 행사동안 많은 대화를 나누었고, 주로 사용하는 어휘나 표현에 대해 배우려고 노력하였습니다. 다양한 주제에 대해 대화를 하면서 통역이 단지 말을 전하는 것이 아닌, 소통이 필요한 것이라고 느꼈습니다. (➡ 다양한 주제에 대해 대화를 하면서 통역이 단지 말을 전하는 것이 아닌, 소통이 필요한 것이라고 느끼게 된 구체적인 계기가 있을 텐데? 구체적인 사례 말이지요. 그 사례를 써 주세요) 또한, 다양한 생각과 가치관과 문화의 차이를 알게 되었으며, 글로벌 시대에 맞춰 다양한 소비자들의 생각과 가치관 및 문화의 차이를 파악하는데 도움이 되었습니다.

Bad-minton이 될 뻔한 badminton.

다양한 운동을 좋아했던 저는 2학년 때 친구들을 모아 방과후 학교스포츠클럽 배드민턴 종목에 참가하게 되었습니다. 우승은 하지 못했지만 대화를 통해 상대방의 입장에서 생각하고, 서로 협력하고 배려하여 힘든 것을 도와주는 것이 중요하다는 것을 알게 되었습니다. 연습경기를 하던 중에 친구A가 실점을 많이 하였는데, 친구B가 화를 내서 둘 사이에 다툼이 발생했습니다. 분위기가 나빠져서 우선 집에 가서 기분을 풀자고 하였습니다. 다음 날 친구A와 친구B를 찾아갔습니다. 저는 서로의 생각을 말해보자고 하였습니다. 그러면서 서로 불만이 있었던 점을 이야기하고, 그렇게 느꼈을 줄 몰랐다고 사과를 하였습니다.(➡ 그래서 그 불만은 무엇이고 우리 친구는 왜 사과를 해야 했나요? 입사관을 궁금하게 만들면 안 됩니다. 뒤에 보면 상대방의 입장에서 한 번 더 생각하는 것이 중요하다는 것을 알게 되었다는 표현이 있는데 그런 표현이 힘을 얻기 위해서는 왜 그랬는지 구체적인 스토리가 나와 주어야 합니다.) 그 후 저희 팀에서 그 둘은 서로 못하는 부분을 가르쳐주고 격려하면서 가장 연습을 열심히 하였습니다. 저와는 다툼이 있지 않았지만, 친구들이 서로 대화를 하고 태도가 변한 것을 보고, 상대방의 입장에서 한 번 더 생각하는 것이 중요하다는 것을 알게 되었습니다.

고려대학교 자기소개서 첨삭사례 3

> 1. 고등학교 재학 기간 중 학업에 기울인 노력과 학습 경험에 대해 배우고 느낀 점을 중심으로 기술해주시기 바랍니다.(1,000자 이내)

필자의 첨삭 결과를 참조하세요.

암기하지 말고 표현하라! 이것은 저의 사회과목 공부 방법입니다. 저는 외워야 하는 것이 많은 역사 과목을 싫어했고 학기 초 거의 매일 있다시피 한 퀴즈 성적이 낮아 고민이 많았습니다. 이랬던 제가 세계사에서 A를 받으리라고는 꿈에도 생각하지 못했습니다. 비결은 연대표 정리와 카툰에 있습니다.

선생님은 매일 수업한 내용, 주제를 정해 각자 아이디어로 학습 내용을 정리하는 과제를 내주셨습니다. 숙제와 퀴즈를 대비하기 위해 우선 교과서를 반복해서 읽은 다음 역사적 사건의 원인과 과정, 결과를 간단히 써넣은 연대표를 정리해 수시로 보며 전체적인 흐름을 이해하려고 노력했습니다. 세계사 공부는 항상 세계 지도를 펼쳐놓고 역사적 사실이나 사건과 관련 있는 나라와 지역을 찾아 위치, 환경, 주변국과의 관계 등을 살펴보며 원인과 결과를 파악하고자 했습니다.

동서양의 역사 연대표를 만들어 당시의 역사적 상황을 비교해보며 아주 중요하거나 흥미있는 주제는 한 장의 카툰으로 만들었습니다. (➡ 카툰으로 역사공부를 했다는 표현 중요합니다. 창의성과 적극성을 드러낼 수 있기 때문이죠. 따라서 카툰에 대한 이야기를 좀 더 자세하게 하는 것이 필요하겠습니다. 어떻게? 다음에 나오는 방식으로!

특히 기억나는 카툰은 어떤 역사적 사건인 00을 주제로 한 겁니다. 저는 00이 00을 000한 사건을 이런저런 내용의 카툰으로 구성했습니다. 이렇게 하면 지루하고 어려운 내용을 쉽게 이해할 수 있다고 생각했기 때문입니다. 이 카툰은 친구들과 선생님께 아주 인기가 많았습니다. 선생님은 어떻고 어떤 이유로 나를 가장 창의적인 방법으로 공부를 한 학생으로 추천해서 학교 앨범에 인터뷰가 실리기도 했습니다. 이런 덕분에 학기초 고전을 면치 못하던 세계사에서 A를 받을 수 있었습니다. 2년이 지난 뒤 무엇을 하려고 선생님을 찾아갔을 때 제가 제출했던 역사카툰이 교실 벽면에 여러 점 걸려있었습니다. 지금도 그 작품을 수업시간에 활용하는데 아주 흥미있고 유익하다고 했습니다. 이 일을 계기로 어렵고 싫어하는 과목일수록 자신만의 공부 방법을 찾는 것이 중요하다는 사실을 알았습니다.)

필자의 첨삭 결과를 참조하세요.

뭔가 특별하고 색다른 클럽활동을 고민하다 뮤지컬에 도전하였습니다. 오디션을 통과하여 처음 클럽활동에 참여했지만 오케스트라와 달리 동양인 친구가 별로 없고 선생님과 친구들도 별 관심을 두지 않아 소외감을 느꼈습니다. 영어가 서툴것이라는 선입견을 갖고 있어 대사도 몇 마디 없는 보잘 것 없는 구체적으로 어떤 역할이 맡겨졌습니다. 하지만 불평하지 않았습니다. 대사와 발음을 완벽하게 연습하고 백 스테이지 꾸미기, 포스터, 팜플렛 디자인 등 내가 맡은 일 외에도 자발적으로 일을 거들었습니다. 팀의 미팅과 행사가 있는 날이면 솔선해서 타이틀과 포스터를 그려 교실을 꾸몄습니다. 처음엔 제 이름도 모르던 친구들과 선생님이 점점 저를 쓸모 있는 친구라고 인정을 하기 시작하였습니다. 첫 공연을 마친 뒤 영어 발음이 덜 유창해도 주눅 들지 않고 자신 있게 연기한 것이 인상적이고 훌륭했다라며 칭찬해주었습니다. 뮤지컬 활동은 경험삼아 한 번만 해보려고 했었는데 친구들의 권유로 다음 학기 공연에도 참가해 4번의 공연을 더 했습니다. 또한 2년의 활동 결과 어떤 사람들만이 가입할 수 있는 International Thespian Society회원도 됐습니다. 처음 시작할 때는 존재감도 없고 외롭기도 했지만 적극적으로 참여하여 함께 연기하고 싶은 친구로 인정받은 결과였습니다. 하지만 10학년을 마친 후 비자문제로 000에 있는 00사립학교로 전학을 가면서 정든 이 학교와 친구들을 떠나야 했습니다. 새로 전학 온 학교 친구들은 저를 몸치라고 불렀습니다. 운동은 잘하지도 않고 별로 좋아하지도 않았기 때문입니다. 트랙팀에 가입한 것도 부족한 운동실력도 기르고 새 학교에 빨리 적응하기 위해서였습니다. 오래전부터 활동을 시작한 기존의 친구들은 이미 상당한 수준이었습니다. 키는 컸지만 운동 신경이 느렸던 저는 팀에 별로 보탬이 되지 못했습니다. 처음으로 학교를 대표하여 참가한 00대회의 경험입니다. 수많은 관중이 보는 가운데 어떤 이유로 허들에 걸려 넘어져 어떤 부상을 입었습니다. 창피함과 아픔을 참고 한참 뒤 꼴찌로 들어 왔을 때 사람들은 기립박수를 보내며 격려해주었습니다. 코치 선생님께서 우리 학교는 꼴찌를 했지만 네가 포기하지 않고 다시 일어나 달려준 것이 자랑스럽다고 격려했습니다. 하지만 나로 인해 꼴찌를 하다니 너무나 부끄러웠고 친구들 보기에도 미안했습니다. 다시는 더 이상 팀에 피해를 주지 않기 위해 훈련이 없는 방학 때는 집근처 체육공원에서 매일 밤 몇 시간 동안? 허들 연습을 했습니다. 덕분에 실력도 조금씩 늘었고 더 이상 저로 인해 꼴지를 하는 일은 없게 됐습니다. 이런 나의 모습을 본 친구들은 나로 인해 꼴찌와 우수한 성적도 거두었다고 말하면서 웃었습니다. 뮤지컬 공연과 트랙은 나 자신과의 싸움이었습니다. 남들보다 부족하고 늦은 출발이었지만 포기하지 않고 달려 당당히 결승선을 통과한 승리였습니다. 학교안의 무대 위에서 학교 밖의 그라운드에서 실패를 두려워하지 않고 끝까지 도전했단 노력의 결과로 이제 저는 더 이상 몸치가 아니라 언제 어디서든 친구들과 함께 뛰고 노래 부르며 어울릴 수 있는 자신감을 가지게 되었습니다.

> **3. 학교 생활 중 배려, 나눔, 협력, 갈등 관리 등을 실천한 사례를 들고 그 과정을 통해 배우고 느낀 점을 기술해주시기 바랍니다.(1,000자 이내)**

필자의 첨삭 결과를 참조하세요.

　　학부모님과 선생님의 추천으로 1년 동안 가장 우수한 또래 멘토로 선발되어 장학금을 받았던 경험이 있습니다. 11, 12학년때 장애인 친구의 학교 생활과 공부를 도와

주는 또래 멘토를(➡ 자청했나요? 아니면 지정됐나요? 이걸 써 주세요.) 하였습니다. 처음 활동을 시작하면서 나 자신에게 두 가지 약속을 하였습니다. 장애친구를 편견 없이 진정성으로 대하자, 도와주지 말고 그냥 어울리자는 것이었습니다. 제가 맡은 친구는 신체적 장애와 함께 자폐증이 있어 다른 사람과 소통이 거의 없는 친구였습니다. 처음이 친구를 만나고 어떻게 해야 할지 걱정이 많았습니다. 아무리 말을 걸어도 시선도 마주치지 않고 대화를 하지 않아 고민이 많았습니다. 여러 가지 방법 끝에 만화나 캐릭터 등 그림을 그려 대화를 시도하였더니 관심을 보였습니다. 우리는 학교생활이나 하루의 일상을 짧은 다이어리 책으로 만들기 시작했습니다. 내가 그림을 그리고 같이 글을 써 넣어가며 한 페이지씩 완성해갔습니다. 페이지가 완성될 때마다 친구는 점점 마음을 열고 세상과 소통하기 시작했습니다, 어떤 때는 같이 점심을 먹기도 하고 공부와 숙제도 도와주면서 친밀감을 쌓아갔습니다. 가끔 복도에서 만나면 하이파이브를 하며 무척 반가워하였고 손에는 늘 그림책을 갖고 다니며 자랑하곤 하였습니다. 그림책은 친구가 세상과 소통하는 연결고리였습니다. 늘 새로운 그림을 기대하며 나와 만나는 시간을 무척 기다리고 학교생활이 즐겁다고 하였습니다. 진정성 있게 다가가고자 노력했던 점이 인정을 받아 우수한 또래 멘토로 선발되어 장학금까지 받게 된 것입니다. 장애인이라면 왠지 다가가기가 꺼려졌는데 아무 꺼리낌 없이 반가워하는 모습을 보며 많은 반성을 하였습니다. 또래 멘토 활동을 통하여 세상의 낮은 곳을 살펴볼 줄 아는 마음을 갖게 되었으며 겸허한 반성과 성숙을 가져다주었습니다. 앞으로 세상과 사람에 대해 더 많이 알아가고 더 많이 사랑하며 살아갈 것입니다. (➡

3번 항목은 몇 가진 표현이나 어색한 문장 등을 제외하고는 아주 좋습니다. 스토리도 살아있고 말이죠. 두괄식으로 핵심 문장을 별도로 뽑아내고 어색한 표현은 일부 삭제하고 정리하는 수준으로 첨삭을 했습니다.)

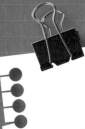

서강대학교

서강대학교 자기소개서 첨삭 사례 1

> 1. 고등학교 재학 기간 중 학업에 기울인 노력과 학습 경험에 대해, 배우고 느낀 점을 중심으로 기술해주시기 바랍니다.(1,000자)

필자의 첨삭 결과를 참조하세요.

처음 고등학교에 입학할 당시 낯선 지역에, 또 서산에서 온 학생은 저 혼자였습니다. 기숙사, 학교생활, 그리고 반장에 당선이 돼서 학생회 활동, 영어 동아리 활동 등 새로운 것들에 적응하랴 1학년 1학기는 눈코 뜰 새 없이 시간이 지나갔었습니다. 하지만 제게는 학교 심화반에 들어가고자 하는 목표와, 학교에서 상위권 학생들에게만 기회가 주어지는 뉴질랜드 단기 어학연수에 가고자 하는 꿈이 너무나 컸기에, 일과 계획표를 작성하며 틈틈이 자습시간과 자투리 시간에 공부를 하였고, 결국 1학년 2학기 때 심화반에 합격 소식과 뉴질랜드 연수 기회가 동시에 주어지는 날이 찾아 왔습니다. 이때가 제 첫 목표를 달성한 경험 이었습니다. (➡ '하지만 제게는 학교 심화반에 들어가고자 하는 목표와, 학교에서 상위권 학생들에게만 기회가 주어지는 뉴질랜드 단기 어학연수에 가고자 하는 꿈이 너무나 컸기에'라는 표현을 일고 나면 왜? 라는 의문이 듭니다. 자기소개서에 써 놓은 내용이면 그 만큼 중요하다는 의미겠지요. 근데 왜 그것이 하고 싶었는지에 대한 계기가 안 나와 있네요…… 입학사정관을 궁금하게 만드는 자기소개서는 좋은 자기소개서가 아닙니다. 이 점 보완해 주세요. 그리고 '결국 1학년 2학기 때'라는 표현이 있는데 결국이라는 단어는 빼주세요. 사족입니다.)

　지금까지도 과외 한 번 없이 혼자서 학교 수업과정을 따라가며 공부하고 있습니다. 특히, 가장 좋아하는 영어 공부에서는, 혼자 하는 것만으로는 좀 부족하다 싶어 심화반에서 진행했던 영어 심화 프로그램을 수강신청 하여 들었고, 'Modern Family'라는 미국 시트콤을 보며 영어 듣기 공부를 하고 다양한 방법으로 공부해보려고 노력했습니다. 글로벌한 여성 리더가 되고 싶다면 영어는 당연히 갖추고 있어야할 과목이라고 생각했기 때문에 더 열심히 했고 하고 있으며, 그 결과 전 학년 영어 평균 내신 1.2에 교내 모의 토익 대회 대상, 어휘 시험 대상을 수상하게 되었습니다. (➡ 앞에서 말한 심화반에 들어가고 싶어 했던 이유가 어느 정도 여기에서 나오는군요. '모던 패밀리라는 미드를 보며 영어 듣기 공부를 했다'라고 돼 있는데 모던 패밀리가 어떤 내용인지 입학사정관들은 잘 모릅니다. 앞에 간략하게 설명을 붙여주었으면 합니다. 예컨대 '만화영화 심슨처럼 코믹한 미국 가정의 일상을 담은' 모던 패밀리라는 미국 시트콤…. 궁금증이 대번에 사라지네요.)

　또한 저는 경제를 정말 좋아합니다. 학교의 정규 교과 과목은 아니었지만, 교내 경제 경시대회와 KDI 경제 경시대회를 준비할 겸 경제 공부를 했습니다. 선생님의 도움을 받아 학교 월간지 'click 경제교육'과 KDI경제한마당 기출문제들로 공부하였습니다. 하지만 내용을 완전히 이해하는데 어려움을 느껴서, 학교 방과 후 수업을 1,2차 수강해서 들었습니다. 인플레이션과 환율 정책에 대해서 심도 있게 배웠고 배운 내용들을 바탕으로 환율 보고서를 작성할 수 있었습니다. (➡ 역시나 구체적인 과목 이름을 명시한 대회를 적었어요. 그렇게도 적고 싶다면 이렇게 바꾸세요. '또한 저는 경제에 대해 관심이 많습니다. 학교에서 정규 과목으로 배운 것은 아니었지만, 각종 대회를 준비하기 위해 경제 공부를 했습니다. 선생님의 도움을 받아 학교 월간지 <click 경제교육>과 기출문제들로 공부했습니다. 하지만 내용을 완전히 이해하기 어려워 학교 방과 후 수업을 신청해서 보충했습니다. 가장 재미있게 공부했던 분야는 인플레이션과 환율 정책입니다. 결과 보고서도 배운 내용을 바탕으로 환율보고서로 작성했습니다.' KDI 경제한마당과 같은 구체적인 대회 이름을 적으면 자기소개서 작성법 위반입니다. 명심하시길!)

　공부를 선택한 이상, 정말 열정적으로 공부를 하고 싶었고, 두 마리 토끼는 잡을 수 없다는 생각을 가지고 하였습니다. 학교에서 힘든 일도 많았지만, 항상 긍정적인 생각과 목표 대학 하나만을 바라보면서 페이스를 유지하려고 노력해 왔습니다. 공부를 하면서 사고력, 즉 생각하는 힘이 가장 많이 길러졌고, 인내심, 침착함, 성실함, 자기반성, 시간의 소중함, 그리고 경청하는 자세 등을 배우게 되었습니다. 평소 꾸준히 공부하며, 문제 하나하나를 끝내려고 노력하면서 인내심 등 여러 가지를 배웠다고 생각합니다. 예전의 제 모습은 생각이 나면 바로 말하는 모습이었다면, 이제는 상대방의 말을 경청하며 제 생각을 조리 있게 전달하려고 노력하게 되었습니다. 이런 의미에서 공부는 제게 지식을 넘어선 배움의 길을 보여주었다고 생각합니다. (➡ 무슨 이야기를 하고 싶은 건지? 한마디로 정리하면 공부를 하면서 변했다는 것이 주제 아닌가요? 이렇게 고쳐 봤어요. '공부를 선택한 이상, 정말 열정적으로 하고 싶었습니다. 두 마리 토끼는 잡을 수 없다는 생각으로 공부만 했습니다. 공부를 하면서 사고력, 즉 생각하는 힘이 가장 많이 길러진 것 같습니다. 평소 꾸준히 공부하며, 문제 하나하나를 끝내려고 노력하면서 인내심도 배웠습니다. 이뿐 아니라 침착함, 성실함, 자기 반성, 시간의 소중함, 그리고 경청하는 자세 등도 배우게 됐습니다. 이런 과정을 통해서 제 성격도 변했습니다. 예전의 제 모습은 생각이 떠오르면 바로 말할 정도로 참을성이 부족했습니다. 이제는 상대방의 말을 경청하며 제 생각을 조리 있게 전달하려고 노력하게 되었습니다. 이런 의미에서 공부는 제게 지식을 넘어선 배움의 길을 보여주었다고 생각합니다.')

> **2. 고등학교 재학 기간 중 본인이 의미를 두고 노력했던 교내 활동을 배우고 느낀 점을 중심으로 3개 이내로 기술해주시기 바랍니다. 단, 교외 활동 중 학교장의 허락을 받고 참여한 활동은 포함됩니다.(1,500자 이내)**

필자의 첨삭 결과를 참조하세요.

제 꿈은 CEO로 정말 확고합니다. 이는 경제 도서들을 읽으며 초등학교 때부터 바라 왔던 꿈이기도 합니다. 그러다 보니 교내, 교외에서 경제, 경영 활동을 주로 하게 되었습니다. 학교에 경상계 진로를 희망하는 학생을 위한 동아리는 없었기 때문에 'Economist of Saint Paul'이라는 동아리를 창설하였습니다. 경제 동아리를 운영하면서 친구들에게 어려운 경제 개념을 쉽게 이해시켜주기 위해 환율 보고서 작성, 경제 과목 수업, 연세대 경영 동아리 '향연'과 학과 탐방, 10원 환수율 높이기 프로젝트, 대학 교수님 초청 강연 등 많은 활동을 주최·진행하였습니다. (➡ 없는 동아리를 만들었다. 자신의 적극성과 전공 적합성을 드러낼 수 있는 좋은 장치입니다. 하지만 나열식의 함정에 빠져 있어요. '내가 이런 것들을 했다! 그래서 나는 우수하다.'라고 결론 내는 문장입니다. 바꾸세요. 예컨대 10원 환수율 높이기 프로젝트 하나만으로도 스토리 하나 나오네요. '왜 10원 환수율 높이기 프로젝트를 기획했고, 어떻게 준비했고, 그 결과 환수율이 이렇게나 높아졌더라. 그래서 재미를 느껴 경제학 진학을 결심했다.'는 식으로 말이죠. 연세대 경영 동아리와 학과 탐방도 마찬가지. 활동 하나하나마다 그 활동의 이유 → 준비 과정 → 준비 과정의 어려운 점 → 결과 → 느낀 점 순서로 작성해줘야 합니다.)

그 속에서도 가장 기억에 남았던 것은 축제 때의 활동이었습니다. 그날은 제가 MC 남이 된 하루였습니다. 축제 전, 저희는 어려운 경제를 학생들이 친숙하게 느낄 수 있게 해주는 것을 모토로 정했습니다. 저는 여러 차례 회의를 통해 동아리에서 진행했으면 하는 프로그램들을 계획하고 발표하였습니다. 각 동아리 원들에게 역할 분담을 해주고 나서, 저는 '라코스테-진짜 가격은?'이라는 이름을 가진 원가 맞추기 골든벨을 맡았습니다. 이 게임은, 생활 속 물건의 유통과정, 부가가치가 어느 단계에서 어떻게 붙는지, 노동자들은 급여를 얼마나 받고 일하는지를 알려주고, '공정무역'과 '착한 기업'들을 사례로 제시하며 학생들이 소비를 할 때 적어도 어떤 과정을 거친 물건인지 알고 소비할 수 있도록 도와주자는 취지에서 만든 게임입니다. (➡ 이런 구체적인 설명 아주 좋아! 베리 굿!! 스토리 하나만으로 이렇게 구체적으로 적을 수 있잖아요. 게다가 전공에 대한 본인의 열정까지 보여 줄 수 있으니 정말 좋아요! 100점 만점에 100점!!)

친구와 자료를 분배해서 찾았고 PPT 자료를 만드는 데에만 2주 이상 소요될 정도로 많은 공을 들였습니다. 저는 당일 게임을 진행하는 MC를 맡으며 재미있게 설명했습니다. 20명가량 되는 사람들 앞에서 설명을 해 주는 경험을 통해 전달 능력을 배웠습니다. 그리고 사람이 많은 곳에서 리더의 통솔력 또한 중요함을 느꼈습니다. 그날의 테마방이 있기까지 많은 과정 속에서 팀워크와 리더의 자질을 배웠다고 생각합니다. (➡ 음……. 글이 산으로 가는 느낌……. 전달능력을 배웠고 리더의 통솔력의 중요함을 알았는데 노동자 착취로 마무리 되고 있어요……. '조사를 하면서 저 또한 노동자의 착취가 얼마나 많은 곳에서 이루어지고 있는지, 그래서 공정무역에 대한 중요성 등을 배우게 되었습니다.'라는 문장은 빼고 대신에 MC를 맡으며 재밌게 설명을 했다는 내용을 예로 들어 주면 좋겠네요.)

다른 문화를 접하는 것을 정말 좋아하는 저로서는 뉴질랜드에서의 3주가 아주 뜻깊은 시간이었습니다. 현지 학교를 다니며 한국과는 많이 다른 교육 과정에서 '차이'를 느낄 수 있었으며, 버디와 함께 서로의 문화에 대한 대화를 나누면서, 또 홈스테이 가족과 식사를 하고, 여행을 다니면서 현지의 문화를 느낄 수 있었습니다. 마지막에는 '강남스타일'을 준비해서 보여주기도 하며 한국 문화를 알리는 경험을 했습니다. 지금까지도 그때 사귄 친구들과 홈스테이 가족과 SNS로 연락을 주고받으며, 더 넓은 인간관계를 유지하려고 노력하고 있습니다. 이렇게 저는 외국에서 서로의 문화를 공유하는 경험을 통해 글로벌 자질을 배울 수 있었다고 생각합니다. (➡ 차이를 느꼈다는데 어떤 차이를 느꼈는지? 설명해 주세요. 전반적으로 문장의 흐름도 좋고 말하고자 하는 내용도 잘 담은 듯합니다. 아쉬운 점 한 가지는 다른 문화를 접하는 것을 좋아하는 우리 학생이 앞에서 이야기한 차이에 대한 구체적 설명이 없어서 과연 다른 문화를 접하는 것을 좋아하는지 의구심이 든다는 것. 문화가 곧 차이인데 말이죠. '이렇게 저는 외국에서 서로의 문화를 공유하는 경험을 통해 글로벌 자질을 배울 수 있었다고 생각합니다.'라는 식으로 자신이 한 일에 자기가 평가를 내리는 우를 범하지 마세요. 입학사정관들이 제일 싫어하는 표현입니다. 삭제 강추!)

그리고 저는 여행 도중 마케팅이 특히 눈에 들어왔습니다. 관광을 하면서 느낀 점이, 그들은 그들의 장점을 알았고, 방문객들이 더 효율적으로 관광할 수 있도록 그것을 최적화해 운영하고 있었고 마케팅 또한 최적화되어 있었습니다. '우리나라도 이렇게 한국의 멋을 살리면 좋을 텐데…'라는 생각이 들었고, 한국에 돌아와서 '뉴질랜드 관광의 마케팅 방식과 우리나라 관광 마케팅 방식 비교, 향후 발전 방향에 대해서 보고서 형식의 논문을 작성하고, 영어로도 작성해 교내 잡지에 기재하였습니다. 저는 보고서를 작성하며 한국 관광 산업에 사람들의 관심이 더 필요하다는 것을 느꼈습니다. (➡ 무리 없는 내용인데 문장이 두서가 없네요. 이렇게 고쳐 봤어요. '그리고 저는 여행 도중 마케팅이 눈에 들어왔습니다. 관광을 하면서 느낀 점이, 그들은 자신들의 장점을 알았고, 그것을 방문객들이 효율적으로 관광할 수 있도록 마케팅으로 최적화했다고 생각했습니다. "우리나라도 이렇게 한국의 멋을 살리면 좋을 텐데…"라는 생각이 들었고, 뉴질랜드 관광 마케팅 방식과 우리나라 관광 마케팅 방식 비교, 향후 발전 방향에 대해서 논문을 작성하고, 영어로 교내 잡지에 기재하게 된 계기가 됐습니다. 저는 보고서를 작성하며 우리나라 관광 산업에 사람들의 관심이 더 필요하다는 것을 느꼈습니다.')

'솔브릿지 국제 경영 캠프'는 학교 게시판을 통해 알게 되었습니다. 이것은 교수님과 한 팀이 되어 실전적 회사 사업 계획서를 영어로 작성하고 발표하는 2박 3일의 캠프였습니다. 사업 아이템을 무엇으로 할까라는 생각을 하던 중 우리의 생활이 너무 우리만을 위해 맞춰진 것 아닌가 라는 생각이 들어서, 소외된 사람들을 위한 인테리어를 직접 가서 설치해주는 회사로 설정했습니다. 따라서 팀명은 'GAP'(Go Away Barrier)라고 지었습니다. 저는 팀의 맏언니였고 또한 그 역할로서 해야 할 일을 잘 알고 있었습니다. 아주 좋은 팀워크로 보고서 작성, 찾아야 할 자료도 방대하였지만 우리 팀은 각자가 유연하게 그때그때 해야 할 일들을 처리했습니다. 모두 자발적으로 이루어졌기에 팀의 분위기도 좋았고 저는 힘들어하는 애들을 위해서 간식을 사주며 북돋우기도 하였습니다. 저희가 모델 삼을 만한 기업이 없어 처음부터 끝까지 다 우리가 만드느라 힘들었던 기억이 납니다. 보고서 쓰던 도중 손익분기점 계산을 위해

표를 작성해야 했는데 너무 현실적으로 생각해서 어려움을 겪었습니다. 이는 주변 어른의 도움을 받아 해결할 수 있었고 밤을 새워가면서 작성했던 2박 3일의 긴 시간 끝에 영어로 우리 회사 발표까지 마친 후, 12개의 팀 중 2등이라는 큰 상을 수상했습니다. 힘들었지만 매우 보람찼던 경험이였고, 진짜 회사를 운영하면 이렇게 진행되겠구나 하는 생각이 들었으며, 나의 꿈에 대해 더 확고해진 계기가 되었던 캠프였습니다.

➡ 구체적인 내용이 부족합니다. 필자의 첨삭 결과를 참조하세요.

'솔브릿지 국제경영캠프'는 학교 게시판을 통해 알게 되었습니다. 이것은 교수님과 한 팀이 되어 모의 회사 사업계획서를 영어로 작성하고 발표하는 2박 3일의 캠프였습니다. (➡ 무료인지 유료인지? 무료라면 무료 캠프라고 밝혀 주세요.) 사업 아이템을 무엇으로 할까 생각을 하던 중 우리의 생활이 너무 우리만을 위해 맞춰진 것 아닌가 하는 생각이 들어서, 소외된 사람들을 위해 직접 가서 인테리어를 해 주는 회사로 설정했습니다. 따라서 팀 이름은 'GAP'(Go Away Barrier)라고 지었습니다. 저는 팀의 맏언니였고 또한 그 역할로서 해야 할 일을 잘 알고 있었습니다. 아주 좋은 팀워크로 보고서 작성, 찾아야 할 자료도 방대하였지만 우리 팀은 각자가 유연하게 그때그때 해야 할 일들을 처리했습니다. 모두 자발적으로 이루어졌기에 팀의 분위기도 좋았고 저는 힘들어하는 애들을 위해서 간식을 사 주며 북돋우기도 하였습니다. 저희가 모델 삼을 만한 기업이 없어 처음부터 끝까지 우리가 만드느라 힘들었던 기억이 납니다. 보고서를 쓰는 도중 손익분기점 계산을 위해 표를 작성해야 했는데 너무 현실적으로 생각해서 어려움을 겪었습니다. (➡ 어떤 어려움을 겪었는지 구체적으로 풀어 주세요.) 이는 주변 어른의 도움을 받아 해결할 수 있었고 2박 3일의 긴 시간 끝에 밤을 새워 작성한 영어 보고서 발표까지 마친 후, 12개의 팀 중 2등이라는 큰 상을 수상했습니다. 힘들었지만 매우 보람찬 경험이었고, 실제 회사를 운영하면 이렇게 진행되겠구나 하는 생각이 들었으며, 제 꿈에 대해 더 확고해진 계기가 된 캠프였습니다.

동아리 부원을 모집하던 중 오해가 생겨 불화가 생긴 친구가 한 명 있었습니다. 한 친구가 동아리 회장을 하고 싶다고 했을 때 제가 구상해 왔던 활동과 동아리의 미래가 있었기 때문에 거절을 하였고, 그때부터 불화가 시작되었습니다. 제시하는 거의 모든 프로그램에 태클을 걸었고, 모이자고 하면 안 오기 일쑤였습니다. 하루는, 거짓말 이였지만 동아리 원들이 부장을 바꾸는 것에 전원 동의를 했다며 저한테 와서 얘기한 적도 있었습니다. 리더라는 자리에 있으면서, 이런 친구는 처음 이였고, 생각한 대로 동아리가 돌아가지 않아 많이 힘들어했습니다. 명색이 장인데 싸우기는 싫었습니다. 그래서 풀려고 항상 먼저 다가가려고 노력했고, 풀기 위해 찾아간 횟수만 4번을 달할 정도로 노력을 많이 했지만 매번 얘는 그 자리를 회피했다. 어떻게 해야 하나 싶을 때 어머니에게 도움을 구했고, 그 친구의 마음을 움직이기 위해 노력하기 시작했습니다. 동아리 회의로 만날 때에는 평소에 칼과 같은 카리스마 부장이었다면 경청해주고 의견을 존중해주며 그 친구의 입장이 되어서 한 번 더 생각하고 회의를 진행하였습니다. 예를 들면, 제 마음에 들지 않는 건의였지만 하고 싶어 하길래 수용해서 함께 추진하는 것처럼 말입니다. 먼저 배려해 주려는 마음을 먹으려고 하다 보니까 저 행동부터 나오게 되었고 저도 친구를 색안경을 쓰고 바라본 잘못을 한 것 같다는 깨달음을 얻었습니다. 서로 이렇게 마음을 열기 시작했고 마지막에는 동아리 선생님의 도움으로 완전히 풀 수 있었습니다. 지금은 정말 친한 친구가 되어 있습니다. 저는 이러한 경험으로 인내심을 가장 많이 배웠고, 적대감을 가진 상대방을 내편으로 만들 수 있다는 것을 배웠습니다. 또한 항상 문제를 혼자 해결하려고 했던 제가, 도움을 받는다는 것 또한 중요하다는 생각을 하게 되었다.

➡️ 무난합니다. 하지만 문장의 완결성이 부족해 약간 손을 봤어요.

　동아리 부원을 모집하던 중 오해 때문에 불화가 생긴 친구가 한 명 있었습니다. 그 친구는 동아리 회장을 하고 싶다고 했고 저는 제가 구상해 왔던 활동과 동아리의 미래가 있었기 때문에 거절을 했습니다. 그때부터 불화가 시작되었습니다. 그 친구는 제가 하는 활동마다 태클을 걸었고, 동아리 활동에도 불성실했습니다. 한번은 동아리 부원들이 부장을 바꾸는 것에 전원 동의를 했다는 거짓말을 한 적도 있었습니다. 이런 친구는 처음이었습니다. 저는 생각한 대로 동아리가 돌아가지 않아 많이 힘들었습니다. 그래도 동아리 회장이라 싸우기는 싫었습니다. 그래서 저는 오해를 풀기 위해 4번이나 그 친구를 찾아갔지만 매번 그 친구가 자리를 피하는 바람에 만날 수 없었습니다.

　어떻게 하나 고민하다가 어머니께 도움을 구했습니다. "그 친구의 마음을 움직이려면 너부터 달라져야 한다."라는 조언을 들었습니다. 저는 지금까지 제가 아닌 그 친구가 달라져야 한다고 생각했는데 어머니의 조언을 듣고 참 많은 생각을 하게 됐습니다. 그래서 저부터 바꾸자고 결심했습니다.

　동아리 회의에서는 평소 카리스마형 부장이었다면 동아리 부원들의 의견을 경청하고 존중해 주며 그 친구의 입장에서 한 번 더 생각하고 회의를 진행하였습니다. 예를 들면, 제 마음에 들지는 않지만 그 친구가 하고 싶어 하기에 함께 추진하는 것처럼 말입니다. 먼저 배려해 주려는 마음을 먹다 보니까 저도 친구를 색안경을 쓰고 바라본 잘못을 한 것 같다는 깨달음을 얻었습니다. 서로 이렇게 마음을 열기 시작했고 마지막에는 동아리 선생님의 도움으로 완전히 앙금을 풀었고 지금은 정말 친한 친구가 됐습니다. 저는 이때의 경험으로 인내심을 가장 많이 배웠고, 적대감을 가진 상대방을 내 편으로 만들 수 있다는 것을 알았습니다. 항상 문제를 혼자 해결하려고 했던 제가, 도움을 받는다는 것 또한 중요하다는 생각을 하게 된 계기도 됐습니다.

서강대학교 자기소개서 첨삭 사례 2

> **1. 고등학교 재학 기간 중 학업에 기울인 노력과 학습 경험에 대해, 배우고 느낀 점을 중심으로 기술해주시기 바랍니다.(1,000자)**

필자의 첨삭 결과를 참조하세요.

"수학은 끝없는 반복! 반복에 지치지 않는 자가 성취한다." 미생에 나오는 명대사 중에서 인생이라는 단어를 수학과 바꿔 본 것입니다. 제가 제일 좋아하고 잘하는 과목은 수학입니다. 고등학교 입학식 첫날부터 각자의 자리에서 열심히 공부하고 있는 친구들을 보면서 아! 다들 이렇게 공부하고 있었구나! 라고 깜짝 놀랐습니다.

나도 그 친구들처럼 열심히 공부했다고 자부했습니다. 하지만 성적이 오르는 기쁨을 맛보기는 쉽지 않았습니다.(➡ 성적이 계속해서 정체상태였다는 것인지? 아니면 갈수록 떨어졌다는 것인지? 뒷 문장을 보니 갈수록 성적이 떨어졌다는 생각이 드는데? 구체적인 상황을 적어주세요. 예컨대 처음에는 00점 이었던 수학성적이 00점 → 00점 → 00점으로 떨어졌다. 또는 계속 00점에서 진전이 없었다! 이런 식으로 말이죠. 본인의 상황이 구체적이어야 뒤에서 나오는 해결과정에서 본인의 노력이 객관적으로 평가받을 수 있습니다.) 처음에는 그저 실수한 것이라고 생각했습니다. 하지만 점점 모르는 문제들이 많아졌고 자신 있던 문제도 풀이과정에서 틀리게 되었습니다. 결국 실수가 아닌 실력이 모자라는 것임을 인정해야 했습니다. 고민하다. 처음부터 다시 시작하기로 마음먹었습니다. 기본서를 구입한 후 교과서와 함께 두 번이고 세 번이고 반복하며 공부했습니다. 처음에는 다 아는 것이라고 생각 했던 것들이 횟수가 거듭될수록 아니었다는 사실에 놀랐습니다.(➡ 1번 문항에서 핵심문장은 처음에는~시작했습니다라고 할 수 있습니다. 우리 친구가 제일 잘하고 좋아하는 수학과목의 성적이 정체된 이유가 결국 실력이 부족하기 때문이라는 것인데, 그 이유는 사실은 기본기를 완벽하게 닦지 못했기 때문이지요. 그렇기 때문에 이 문장은 아주 중요한 역할을 합니다. 그래서 말인데 가능하다면 구체적인 예를 하나 들어주었으면 합니다. 예컨대 방부등식은 100% 자신 있는 단원이라 생각했는데 소단원 10개 중 내가 완벽히 이해한 것은 7개에 지나지 않았다. 알고보니 방부등식에서 실수로 많이 틀렸다고 생각했던 문제는 00, 00, 00 소단원이었고 00개념을 완벽하게 이해하지 못했기 때문이다.라는 식으로 말이죠.) 하루도 빼놓지 않고 늘 3시간 이상을 수학공부에 투자했습니다. 시간을 채우는 것에 만족하지 않고 매일 정해진 범위까지 반복했습니다. 하지만 이렇게 노력했는데도 성적은 단기간에 상승하지 않았습니다. 어쩌면 당연한 결과였습니다. 나보다 잘하는 친구들도 다 같이 열심히 하고 있기 때문이지요. 좌절하기보다 더욱 더 노력하기로 마음먹었습니다. 지루하고 지루한 반복의 시간들을 다시 교과서를 익히고 유형을 익히며 모르는 문제들을 꼼꼼히 푸는데 보냈습니다. 그 결과 처음에는 00점 또는 0등급이었던 수학 성적이 아주 조금씩이라도 계단처럼 서서히 성적이 오르기 시작해 몇 학년 몇 학기에는 00점 또는 0등급으로 오르는 것을 보며(➡ 구체적인 성취를 써 주어야 합니다. 내용은 좋은데 구체적인 성취결과가 없다보니 힘이 빠집니다. 중요합니다.) 꾸준한 노력만이 답이라는 것을 알았습니다.

> 2. **고등학교 재학 기간 중 본인이 의미를 두고 노력했던 교내 활동을 배우고 느낀 점을 중심으로 3개 이내로 기술해주시기 바랍니다. 단, 교외 활동 중 학교장의 허락을 받고 참여한 활동은 포함됩니다.(1,500자 이내)**

필자의 첨삭 결과를 참조하세요.

(1) 동아리부스 환전소에서 경영학을 맛보다!

해마다 가을에 열리는 학교 축제에는 동아리 마다 체험부스를 운영하는 코너가 있습니다. 저는 학생회 총무부장으로 환전소를 맡았습니다.(➡ 우리 친구 지원전공이 경영학이잖아요. 따라서 동아리부스 환전소에서 경영학적인 체험을 했다는 사실을 어필하면 전공적합성에서 좋은 평가를 받을 수 있습니다. 하지만 이 활동이 본인이 제안한 자발적인 활동인지 아니면 누가 시켜서 한 활동인지가 모호하군요. 만약 본인이 주도적으로 제안해서 한 활동이라면 자기주도성+전공적합성+발전가능성까지 3가지 핵심요소를 제대로 평가받을 수 있습니다. 따라서 사실관계를 확실히 해주세요. 뒤에 이어지는 문맥을 보면 본인이 주도적으로 한 활동인 것 같은데? 그렇다면 "저는 학생회 총무부장으로 환전소를 맡았습니다. 실제 현금을 가지고 다니면 분실과 도난 등의 위험 요소가 있어 쿠폰을 발행하자는 제안을 했고 이런 저의 제안이 학생회를 통과해 환전소를 책임지는 역할을 맡게 된 것입니다."라고 고쳐주세요 중요한 핵심문장입니다.) 실제 현금을 가지고 다니면 분실과 도난 등의 위험 요소가 있어 쿠폰을 발행하기로 했습니다. 처음으로 운용 하게 된 큰돈에 실제 은행에서는 어떻게 하는지 외숙모가 계시는 은행에 방문하여 질문도 하고 사전에 많은 것을 배워왔습니다.(➡ 자 여기서도 마찬가지 사전에 많은 것을 배웠다고 했는데 무엇을 배웠는지? 구체적으로 써 줍시다. 가급적이면 여기서 배운 수요예측모델을 통해 1인당 5000원 250명분을 예상하게 되었고 그 예상이 맞아서 신기했고 또한 기뻤다. 그래서 경영학의 매력에 빠져들게 되었다라는 식이면 좋겠는데...) 우선 1인당 5000원x250명 정도 생각해서 여윳돈 포함 300만원어치 쿠폰을 발행했습니다 학생들은 환전소에서 들러 현금과 쿠폰을 바꾼 후 체험부스에서 쿠폰을 내고 체험하는 방식으로 축제를 즐겼습니다. 그리고 동아리 부스가 마감 후 동아리마다 받은 쿠폰을 가지고 환전소로 오면 환전소에서 수수료 15%를 기부금으로 제외한 후 돌려주었습니다.(➡ 수수료 15%는 누구의 아이디어인지? 본인의 아이디어라면 본인이 수수료를 설정한 이유와 어찌 보면 상당한 비율의 수수료 징수에 저항이 있었을 텐데 그 저항을 어떤 식으로 극복해 나갔는지 구체적으로 적어주세요. 그럼 본인의 인성과 리더십을 표출할 수 있는 좋은 문장이 됩니다.) 그렇게 기부금으로 모인 40여만원의 돈은 학교 근처 노인요양 시설에 기부했습니다. 혹시나 큰돈을 가지고 잃어버리면 어쩌나, 계산이 틀리면 어쩌나 하는 마음으로 어설프고 서툰 환전소 운영이었지만 즐겁게 할 수 있는 일이어서 좋은 경험이었습니다.

(2) 교내 체육대회 농구선수로 참가하다!

바스켓에 쏘옥 빨려 들어가는 농구공은 스트레스를 싹 다 날려줍니다. 처음 학교에 들어와 열심히 공부하는 친구들을 보며 자꾸만 부족해 보이는 제 자신에게 힘든 시간이 있었습니다. 공부하는 시간이 길어지다 보니 체력도 점점 약해지는 것 같았고 공부에 집중할 수 있는 시간도 줄었습니다. 좋아하던 농구를 다시 하기 시작한 계기가 되었습니다.(➡ 동아리 활동인지? 방과후 활동인지? 아니면 그냥 자투리 시간에 한 건지? 일주일에 몇 시간 정도 했는지 써 주세요. 그래야 뒤에 나오는 운동으로 실력도 점차 늘었다라는 내용이 힘을 얻습니다.) 혹시 키가 더 커질 수 있지 않을까하는 기대도 했습니다. 처음에는 스트레스를 풀기 위해서였지만 친구들과 땀 흘리며 몸으로 즐겁게 하는 운동으로 실력도 점차 늘어서 교내 체육대회에서 (➡ 반 대표?) 농구 선수로 참여하기도 하며 드리블과 슈팅 실력을 인정받아 경기도 자율형 공립 고등학교 농구경기에도 (➡ 학교 대표?) 참가하게 되어 어떤 결과(➡ 우승 준우승 등)를 얻게 되었습니다. 1번 문항에서도 이야기했지만 저는 꾸준함이 장점입니다. 매일 같이 꾸준히 (➡ 몇 년?) 농구를 한 결과 스트레스 뿐 아니라 체력도 좋아지면서 오후시간 학교수업에도 조는 법이 거의 없어졌고 집중해서 공부할 수 있게 되었습니다.

(3) 일어를 가르치다!

친구들과 외국어 자율동아리를 결성했습니다. 저는 일어를 맡았습니다. 교내 일본어말하기 대회에서 우수상을 받았던 경험 때문입니다. 처음에는 누구를 가르친 다는 게 부끄럽고 수줍은 많은 제 성격에 쉬운 일은 아니었습니다. 일어도 좋아하던 애니메이션을 보면서 독학으로 익혔기 때문에 친구들을 어떻게 가르칠 수 있을까 고민하기 시작했습니다. 빅뱅 같은 아이돌 그룹의 K-pop 가사를 일어로 불러보거나 아니면 반대로 일본어 노래를 한국어로 바꿔 부르는 방법, 그리고 이웃집 토토로 같은 애니메이션을 보고 가면을 쓰고 짧은 역할극을 해보는 등 여러 가지 방법을 시도해 보았습니다. 걱정과는 달리 친구들은 즐겁게 일어를 공부했습니다. 저 또한 누군가를 가르쳐보는 경험을 통해 사람을 대하는 방식을 좀 더 당당하게 적극적으로 바꿀 수 있었습니다.

> **3.** 학교 생활 중 배려, 나눔, 협력, 갈등 관리 등을 실천한 사례를 들고 그 과정을 통해 배우고 느낀 점을 기술해주시기 바랍니다.(1,000자 이내)

20XX년 여름은 전국적으로 몹시 무더웠고 우리학교에도 영향을 미쳤습니다. 학생회는 학교 냉방기 운용자율화를 실시하기로 했습니다. 행정실에서 관리하는 중앙관리가 아닌 학급에서 스스로 조절할 수 있도록 한 것입니다. 냉방기 자율화에 대한 반응은 호의적이었습니다. 지난해 30도가 넘는 무더위에도 8교시 시작 전에 냉방기가 무조건 꺼져서 각 교실에서는 효율적인 학습을 하기 어려웠기 때문입니다. 하지만 냉방기 운용자율화를 실천하기는 쉽지 않았습니다. 냉방비 낭비와 관리의 어려움이 있었기 때문입니다. 이에 규정을 세 번 이상 어길 경우 중앙관리제도로 전환하기로 하고 예비 시행기간을 두어 시범 운행을 해보기로 하였습니다. (➡ 자 3번 문항은 역시나 경영학적인 관점에서 접근하는 모습이 보입니다. 좋습니다. 하지만 소재는 좋은데 맛이 없어요. 김치에 고춧가루가 빠진 느낌, 이 스토리에서 본인의 역할이 드러나 있지 않기 때문입니다. 본인이 자율화를 제안했나요? 아니면 자율화를 제안하면서 학생회에서 하는 온도관리를 체크하기로 했나요? 이 스토리 속에서 본인의 역할이 무엇이었고 그리고 그 역할을 통해 어떤 점을 느꼈는지가 나와야 합니다. 첨삭결과 참고해서 수정하세요.)

더불어 냉방비 절약과 학습의 효율성에 대해 조사하기로 했습니다. 학생회에서는 냉방기 설정 26도를 유지하기로 하고 하루 3번 교실마다 온도관리를 체크하기로 하였습니다. 저도 학생회 일원으로 이 활동에 참가했습니다. (➡ 뒤에 이어지는 문장을 보면 본인도 온도관리 체크에 참가한 것 같은데?) 하지만 현실은 생각과 달랐습니다. 창이 남쪽으로 나있어서 하루 종일 햇볕이 드는 교실은 자율화에도 무덥다는 아우성이 있었고 어떤 경우는 이동 수업 중 냉방기를 켜두고 문을 잠그고 가버려서 체크의 어려움을 겪는 등 관리의 어려움이 생겼습니다. 세 번 이상 규정을 어긴 3학년 교실도 있었습니다. 예비시행기간 2주 동안 실제 냉방비를 크게 절약할 수는 없었습니다. 하지만 오후 수업시간에 조는 학생이 줄어드는 등 학습 환경이 좋아져 학생들의 만족도가 높아졌습니다. 그 결과 학생회는 학교와 냉방기 운용 자율화 방안을 채택하기로 합의하였습니다. 남쪽으로 창이 난 교실은 커튼을 쳐 한낮 온도를 조금이라도 낮출 수 있도록 하고, 각 교실의 온도 체크는 각 반의 환경부장들이 맡아 기록하기로 하여 저를 포함해 학생회 임원들이 빈 교실을 도는 수고를 줄이기로 하였습니다. (➡ 그리고 그 결과 실제로 냉방비가 절약되었는지? 절약되었다면 지난해 대비 얼마가 절약되었다고 해주고 없으면 말고...) (➡ 저는 개인적으로 냉방기 운영자율화가 공유지의 비극으로 이어지지 않을까 걱정이 많았습니다. 하지만 다양한 방법을 활용해 공유지의 비극으로 이어지지 않도록 노력한 결과 모두가 만족할 수 있는 결과를 얻을 수 있었습니다. 이런 경험을 통해 경영학에 대한 관심이 더 커졌고 매력을 느끼게 되었습니다.)

성균관대학교 자기소개서 첨삭 사례 1

> 1. 고등학교 재학 기간 중 학업에 기울인 노력과 학습 경험에 대해, 배우고 느낀 점을 중심으로 기술해주시기 바랍니다.(1,000자 이내)

인간은 사회적 동물이기에 문학 또한 시대의 영향을 받을 수밖에 없습니다. 따라서 한국사를 제대로 공부하기 위해 노력했습니다. 먼저 한국을 소설의 배경국가라고 생각하고 연대기를 그려 국사의 전체 이야기가 눈에 들어오게 해 마치 소설처럼 국사를 공부하였습니다. 하지만 세부적인 사항까지도 기입하긴 힘들어 따로 세부내용을 정리하여 붙였습니다. 또 일제강점기 근대화 때의 한국은 동시대에 일어난 사건이 많아 자주 헷갈려 큰 모눈종이에 가로는 항목, 세로는 시대로 정리했습니다. 사실 중요 과목이 아닌 국사를 왜 열심히 하냐는 타박도 많이 들었지만 주먹구구식으로 교과서만 외우던 친구들에게 저의 공부 방법을 공유해 좋은 결과를 얻었을 때나, 흥미로운 역사적 소재를 찾아 그를 바탕으로 한 소설을 발표하여 큰 호응을 얻었을 때 보람을 느낄 수 있었습니다. 이처럼 저만의 '연대기 그리기'는 암기가 아닌 스토리가 이해되는 한국사를 공부하도록 해 주었고 이는 국사에 대한 부정적 인식을 바꾸어주었을 뿐만 아니라 역사의 영향으로 특별한 정서를 가진 국문학에 대해 자세히 공부하고 싶어졌습니다.

시대의 영향을 받은 대표적인 문학으로 디아스포라 문학을 들 수 있습니다. 1학년 국어시간 '하얀 배'라는 작품을 배우고 이후 국어과 과제로 선택해 조사하면서 디아스포라 문학에 관심이 생겼습니다. '영원한 이방인', '빛 속으로', '나는 빠리의 택시 운전사'등의 책을 읽으면서 이 같은 세계화의 과도기 문학이 확산되면 국문학의 경계가 모호해질 것이란 생각이 들었습니다. 그래서 '화어계문학: 주변적 상상과 횡단적 구축', '화인화문문학을 위한 시론'등의 논문을 통해 이산문학의 범주와 가치를 통한 국문학의 득실에 대해 연구했습니다. 연구보고서를 지식나눔동아리에서 발표해 친구들이 자신의 관심분야와 연계해 조사해보고 싶다 했을 때, 그리고 실제로 함께 조사했을 때 큰 기쁨을 느꼈습니다. 중앙대학교에서 더 확실하게 국문학을 공부하여 이를 바탕으로 디아스포라 문학을 통한 민족소통에 대해 연구해 보고 싶습니다.

➡ 필자의 첨삭 결과를 참조하세요.

인간은 사회적 동물이기에 문학 또한 시대의 영향을 받을 수밖에 없습니다. 제가 한국사 공부에도 신경을 쓴 이유입니다. 먼저 한국을 소설의 배경 국가라고 생각하고 연대기를 그려 국사의 전체 이야기가 눈에 들어오게 해 마치 소설처럼 국사를 공부하였습니다. 하지만 세부적인 사항까지도 기입하긴 힘들어 따로 세부 내용을 정리하여 붙였습니다. 또 일제강점기 근대화 때의 한국은 동시대에 일어난 사건이 많아 자주 헷갈려 큰 모눈종이에 가로는 항목, 세로는 시대로 정리했습니다. 사실 중요 과목이 아닌 국사를 왜 열심히 하느냐는 타박도 많이 들었지만, 주먹구구식으로 교과서만 외우던 친구들에게 저의 공부 방법을 공유해 좋은 결과를 얻었을 때나, 흥미로운 역사 소재를 찾아 그를 바탕으로 한 소설을 발표하여 큰 호응을 얻었을 때 보람을 느낄 수 있었습니다. (➡ 소설을 발표했다? 발전 가능성과 전공 적합성 등을 알릴 수 있는 좋은 소재인데 너무 빈약하게 마무리되는 듯. 간단하지만 제목과 내용 정도 언급해 주세요.) 이처럼 저만의 '연대기 그리기'는 암기가 아닌 스토리가 이해되는 한국사를 공부하게 해주었고 이는 국사에 대한 부정적 인식을 바꾸어 주었을 뿐만 아니라 역사의 영향으로 특별한 정서를 가진 국문학에 대해 자세히 공부하고 싶어졌습니다.

시대의 영향을 받은 대표적인 문학으로 디아스포라 문학을 들 수 있습니다. (➡ 입학사정관들이 다 문학 전공자는 아니죠. 간단한 설명 부탁해요. '디아스포라는 ~이다.') 1학년 국어 시간 '하얀 배'라는 작품을 배우고 이후 국어과 과제로 선택해 조사하면서 디아스포라 문학에 관심이 생겼습니다. <영원한 이방인>, <빛 속으로>, <나는 빠리의 택시 운전사> 등의 책을 읽으면서 이 같은 세계화의 과도기 문학이 확산되면 국문학의 경계가 모호해질 것이란 생각이 들었습니다. 그래서 '화어계문학: 주변적 상상과 횡단적 구축', '화인화문문학을 위한 시론' 등의 논문을 통해 이산문학의 범주와 가치를 통한 국문학의 득실에 대해 연구했습니다. (➡ 논문까지 읽어 볼 정도면 대단히 적극적인데, 여기에서 표현한 국문학의 득실은 무엇인지 설명이 안 되어 있습니다. 간단하게 설명해 주세요. '내가 연구한 국문학의 득실은 무엇이다.') 연구보고서를 지식나눔 동아리에서 발표해 친구들이 자신의 관심 분야와 연계해 조사해보고 싶다고 했을 때, 그리고 실제로 함께 조사했을 때 큰 기쁨을 느꼈습니다. 중앙대학교에서 더 확실하게 국문학을 공부하여 이를 바탕으로 디아스포라 문학을 통한 민족 소통에 대해 연구해보고 싶습니다.

---

2. 고등학교 재학 기간 중 본인이 의미를 두고 노력했던 교내 활동을 배우고 느낀 점을 중심으로 3개 이내로 기술해주시기 바랍니다.(1,500자 이내)

항공과 조선이 발달한 도시 사천에서 자라난 저는 흔히 외국인노동자를 접할 수 있었습니다. 책에서와 다르게 실제로 으슥한 곳에 몰려 있는 그들은 두려움을 주었습니다. 이런 저의 편견을 없애기 위해 이노사 동아리 친구들과 다문화센터에서 한국어를 가르치기 시작했으나 예상과는 달리 어려운 수업, 문화차이에 의한 소통의 부재,

저의 무의식적인 공포로 좀처럼 친해질 수 없었습니다. 그래서 저는 정형화된 교재 대신 저만의 문법노트를 만들어 쉽게 가르쳤고, 함께 한국가요를 부르고 추석을 보내며 거리감을 좁히기 위해 노력했습니다. 편견에서 벗어나 베트남 인사를 배우는 등 먼저 다가가자 관계없는 타인 같았던 그들이 삶 안으로 들어왔고 낯선 외국인이 아니라 같은 사람이라는 것을 느꼈습니다. 그리고 국어를 가르치기 위해 전보다 깊게 공부하면서 국어의 우수성을 느꼈고, 전문적인 국어공부를 통해 올바른 한국어를 확립하고, 풍부하고 정확한 어휘와 표현 사용을 위해 노력하여 진정한 한국인으로서의 면모를 갖추고 싶어졌습니다.

중학교 때 '나댄다'는 이유로 따돌림을 당했던 저는 남들의 시선이 두려워 앞에 나서지 못하던 아이였습니다. 그렇기에 친구들의 추천으로 처음 인터뷰제의가 들어왔을 때 망설였으나 변하고 싶다는 일념으로 학교 홍보방송을 찍게 되었습니다. 그러나 허리를 다쳐 구부정해진 자세와 선천적인 작은 목소리 때문에 정확한 의사전달이 어려웠고, 무엇보다도 '남들이 욕하진 않을까'란 생각이 자꾸만 저를 괴롭혔습니다. 하지만 주변의 칭찬을 받으면서 나도 할 수 있다는 자신감과 긍정적인 마음을 갖게 되었습니다. 직접 멘트를 쓰고, 카메라 앞에서 자연스럽게 이야기하며, 능동적으로 방송을 찍는 자신을 보면서 자기주도적으로 한다는 것의 기쁨을 느꼈습니다. 또한 상의하고 촬영하는 과정에서 미래 편집장에게 필요한 협력과 의사소통의 중요성을 맛볼 수 있었습니다. 앞에 나서서 주도적으로 행동했을 때 긍정적인 반응을 받은 경험은 제가 지속적으로 자신감을 가질 수 있도록 도와주었습니다.

시작은 김훈의 '문학기행'이라는 책이었습니다. 그 책을 읽고 문학기행을 꿈꿔오던 저는 학교에서 국어경시대회에 입상한 학생들과 함께 문학기행을 간다는 소식을 듣고 열심히 공부해 좋은 결과를 얻어 문학기행을 다녀올 수 있었습니다. 그동안 시를 읽으면서 시에서 말하는 고향이나 배경이 어딘지 어떤 느낌인지 정말 궁금했고 문학작품을 읽을 때는 주인공이 바라보는 경치를 나도 함께 즐기고 싶었습니다. 정약용이

유배지 강진에서 살았던 다산초당에 올라 깊은 산 속에서 정약용의 검소함과 절개를 보고 대나무 빗소리 들리는 녹우당에서 윤선도의 어부사시사를 느낄 수 있었습니다. 김영랑이 단풍 들겠다고 한 감나무도 새암의 넋이 가라앉아 있는 듯 하다 우물도 볼 수 있었습니다. 작가의 감성이 탄생하고 길러진 곳을 직접 다녀온 경험은 전보다 책을 읽을 때 더욱 몰입해서 읽거나 시의 정서나 느낌을 더 잘 이해할 수 있게 해 주었습니다. 후에 제약이 있는 단체가 아닌 혼자서도 기행을 떠나 제 자신을 더 풍요롭게 하고 싶습니다.

➡ 필자의 첨삭 결과를 참조하세요.

항공과 조선이 발달한 도시 사천에서 자라난 저는 외국인 노동자를 흔히 접할 수 있었습니다. 책에서와 다르게 실제로 으슥한 곳에 몰려 있는 그들은 두려움을 주었습니다. 이런 저의 편견을 없애기 위해 이노사 동아리 친구들과 다문화센터에서 한국어를 가르치기 시작했습니다. 예상과는 달리 어려운 수업, 문화 차이에 의한 소통의 부재, 저의 편견으로 좀처럼 그들과 친해질 수 없었습니다. 그래서 저는 정형화된 교재 대신 저만의 문법노트를 만들어 쉽게 가르쳤고, 함께 한국 가요를 부르고 추석을 보내며 거리감을 좁히기 위해 노력했습니다. (➡ 여기도 마찬가지. '자신이 답답해 문법노트를 만들었다.'라는 내용이 중요한 문장이라 생각합니다. 안 해도 되는 일을 한 것이잖아요? 학생의 열정과 발전 가능성 등을 드러내는 좋은 문장입니다. 그런데 이 좋은 문장을 역시나 나열식으로! 문법노트를 어떤 방식으로 만들었는지에 대한 고민과 과정이 없다는 것. 예를 1~2개 써 주면 쉽고 재미있게 읽어 내려갈 수 있습니다. 예컨대 '문법노트를 만들면서 문법만화를 그려 보았다. 그림은 만국공통어니까 통할 거라고 생각했다. 뽀로로와 친구들을 등장인물로 내세워 외국인들이 가장 어려워한다는 높임말에 대한 용법을 상황에 맞게 그렸다.' 뭐 이런 식으로 말입니다.)

편견에서 벗어나 베트남 인사를 배우는 등 제가 먼저 다가가자 관계없는 타인 같왔던 그들이 제 삶 안으로 들어왔고 낯선 외국인이 아니라 같은 사람이라는 것을 느꼈습니다. (➡ 이것도 알맹이가 없네요. 베트남 인사를 배우는 것이 먼저 다가가기인가요? 다가가기 위한 가장 첫걸음이 언어 배우기 아닙니까? 1~2개의 사례를 더 넣어 주세요. 구체적으로!) 그리고 국어를 가르치기 위해 전보다 깊게 공부하면서 국어의 우수성을 느꼈고, 전문적인 국어 공부를 통해 올바른 한국어를 확립하고, 풍부하고 정확한 어휘와 표현 사용을 통해 국어의 우수성을 알리고 싶다는 생각에까지 미치게 되었습니다.

중학교 때 '나댄다'는 이유로 따돌림을 당했던 저는 남들의 시선이 두려워 앞에 나서지 못하던 아이였습니다. 그렇기에 친구들의 추천으로 처음 인터뷰 제의가 들어왔을 때 망설였으나 변하고 싶다는 일념으로 학교 홍보방송을 찍게 되었습니다. (➡ 이것도 어디서 무슨 이유로 인터뷰가 들어왔는지 써 주세요.) 그러나 허리를 다쳐 구부정해진 자세와 선천적인 작은 목소리 때문에 정확한 의사 전달이 어려웠고, 무엇보다도 '남들이 욕하진 않을까'란 생각이 자꾸만 저를 괴롭혔습니다. 하지만 주변의 칭찬을 받으면서 저도 할 수 있다는 자신감과 긍정적인 마음을 갖게 되었습니다. (➡ 뜬금없이 칭찬이라니. 이것도 쓰고 싶다면 구체적인 상황이 나와야죠.) 제가 직접 멘트를 쓰고, 카메라 앞에서 자연스럽게 이야기하며, 능동적으로 방송을 찍는 제 자신을 보면서 '나도 할 수 있구나.' 하는 자신감을 얻었습니다. 또 여럿이 상의하고 촬영하는 과정에서 미래 편집장에게 필요한 협력과 의사소통의 중요성을 맛볼 수 있었습니다. (➡ 갑자기 미래 편집장이라는 단어 등장. '미래의 <○○신문> 편집장을 꿈꾸는 나에게'라는 표현으로 바꾸세요.) 제가 앞에 나서서 주도적으로 행동했을 때 긍정적인 반응을 받은 경험은 제가 지속적으로 자신감을 가질 수 있도록 도와주었습니다.

시작은 김훈의 <문학기행>이라는 책이었습니다. (➡ 무슨 시작인지? 앞 문장과 전혀 이어지지 않습니다.) 그 책을 읽고 문학기행을 꿈꿔 오던 저는 학교에서 국어경시대회에 입상한 학생들과 함께 문학기행을 간다는 소식을 듣고 열심히 공부해 좋은 결과를 얻어 문학기행을 다녀올 수 있었습니다. (➡ 이것도 좋은 결과가 구체적으로 무엇인지?) 그동안 시를 읽으면서 시에서 말하는 고향이나 배경이 어딘지 어떤 느낌인지 정말 궁금했었고 문학 작품을 읽을 때는 주인공이 바라보는 경치를 저도 함께 즐기고 싶었습니다. 정약용이 유배지 강진에서 살았던 다산초당에 올라 깊은 산 속에서 정약용의 검소함과 절개를 보고, 대나무 빗소리 들리는 녹우당에서 윤선도의 어부사시사를 느낄 수 있었습니다. 김영랑이 단풍 들겠다고 한 감나무도 새암의 넋이 가라앉아 있는 듯한 우물도 볼 수 있었습니다. 작가의 감성이 탄생하고 길러진 곳을 직접 다녀온 경험은 제게 전보다 책을 읽을 때 더욱 몰입해서 읽거나 시의 정서나 느낌을 더 잘 이해할 수 있게 해주었습니다. 후에 제약이 있는 단체가 아닌 혼자서도 기행을 떠나 제 자신을 더 풍요롭게 하고 싶습니다.

---

3. 학교 생활 중 배려, 나눔, 협력, 갈등 관리 등을 실천한 사례를 들고, 그 과정을 통해 배우고 느낀 점을 기술해주시기 바랍니다.(1,000자 이내)

모든 사람은 제각기 자신만의 시야로 세상의 한계를 정한다는 쇼펜하우어의 말처럼 두레공부방에서 봉사를 하기 전의 저는 저만의 편견으로 세상을 정의 내리고 있었습니다. 봉사는 아래 사람에게 나누는 것이라고 '나'를 버리지 못하고 계속 고집했었고, 봉사를 받는 사람들은 불쌍한 사람들이다, 그들보다 나은 내가 베풀어야 한다고 정의 내리고 있었습니다. 그런 마음가짐을 가지고 봉사를 하니 아이들도 다가오지 않았고, 육체적으로도 심적으로도 힘든 봉사가 계속 되었습니다. 그러나 혼자였던 저에게 먼저 빵을 건네준 한 아이 덕분에 제가 얼마나 어리석었는지 깨닫게 되었습니다. 무릎을 굽혀 아이들과 눈높이를 맞추면서 나의 오만을, 편견의 왕좌에서 내려와야지만 진정한 봉사를 할 수 있음을 알게 되었고 조금만 힘들어도 무보수로 일하는 사람한테 심한 거 아니냐고 불평했던 자신을 반성했습니다.

3학년 초, 고등학교 마지막 추억을 만들자며 유니세프의 '한 학급 한 생명 살리기'에 참가하여 후원을 해오고 있던 저희 반에 사건이 터졌습니다. 그동안 후원금을 안내고 있던 아이들이 공개적인 창피를 당하면서 불만의 목소리가 생긴 것이었습니다. 저는 아이들이 돌변한 이유가 아동과 저희 사이에 유대감이 없어 실제로 한 아이를 책임지고 있다는 사실을 느낄 수 없었기 때문이라고 생각하여 아동에게 편지를 보내자고 제안하였습니다. 모두가 힘을 합쳐 손 편지를 쓰고, 선물을 준비하다 보니 대화할 기회가 많아졌고 서로의 입장을 잘 이해할 수 있었습니다. 사실 처음에는 후원하겠다는 약속을 홀라당 까먹고 이제 그만 하고 싶다는 아이들이 책임감 없어 보이기도 했고, 편지를 영어로 번역하면서 왜 나만 희생 하냐는 생각도 들었습니다. 그러나 후원아동의 답장을 받아 모두가 한 마음으로 기뻐하는 것을 보면서 진정한 나눔은 혼자 베푸는 것이 아니라 상호적으로 얻는 것이라는 걸 깨닫게 되었습니다. 저의 존재가 누군가에게 도움이 된다는 사실이 행복했고 나를 조금 희생하여 얻는 즐거움은 희생의 값어치보다 더 크다는 것을 알게 되었습니다.

➡ 필자의 첨삭 결과를 참조하세요.

모든 사람은 제각기 자신만의 시야로 세상의 한계를 정한다는 쇼펜하우어의 말처럼 두레공부방에서 봉사를 하기 전의 저는 저만의 편견으로 세상을 정의 내리고 있었습니다. 봉사는 아랫사람에게 나누는 것이라며 '나'를 버리지 못하고 계속 고집했었고, 봉사를 받는 사람들은 불쌍한 사람들이다, 그들보다 나은 내가 베풀어야 한다고 정의 내리고 있었습니다. 그런 마음가짐을 가지고 봉사를 하니 아이들도 제게 다가오지 않았고, 육체적으로도 심적으로도 힘든 봉사가 계속되었습니다. (➡ 우리 친구 자기소개서의 전반적인 문제점은 친절하지 않다는 것입니다. 읽다 보면 두레공부방이 초등학생 공부방이구나 알 수 있지만 앞에서는 전혀 언급이 없습니다. '차상위계층 초등학생들의 공부방인 두레공부방에서 봉사를 했다.'라고 적어주어야 합니다. 입학사정관들을 위해 쉽고 재미있게 풀어 주세요. 전반적으로 딱딱합니다.)

그러나 혼자였던 저에게 먼저 빵을 건네준 한 아이 덕분에 제가 얼마나 어리석었는지 깨닫게 되었습니다. (➡ 이것도 마찬가지. '빵을 받고 어떤 깨우침을 얻었고 그래서 나의 이런저런 점이 부끄럽게 생각되더라.' 하는 구체적인 상황이 나와주어야 합니다.) 아이들과 눈높이를 맞추면서 저의 오만, 편견의 왕좌에서 내려와야지만 진정한 봉사를 할 수 있음을 알게 되었고 조금만 힘들어도 무보수로 일하는 사람한테 심한 거 아니냐고 불평했던 제 자신을 반성했습니다. (➡ 이것도 뜬구름 잡기. 생각이 바뀌었으면 행동도 바뀌어야 합니다. '전에는 대충대충 했는데 그 깨우침을 얻은 이후에는 10분 전에 도착해서 아이들과 인사를 나누고 수업 준비도 몇 시간 이상 하게 되더라. 그러고 보니 내 마음이 즐겁더라. 전에는 조금만 힘들어도 무보수로 일하는 사람한테 심한 거 아니냐고 불평했지만 진정한 봉사란 무엇인지 깨닫고는 즐거운 마음으로 봉사를 마칠 수 있었다.' 뭐 이런 식으로 말이죠.)

3학년 초, 고등학교 마지막 추억을 만들자며 유니세프의 '한 학급 한 생명 살리기'에 참가하여 후원을 해오고 있던 저희 반에 사건이 터졌습니다. 그동안 후원금을 안 내고 있던 아이들이 공개적인 창피를 당하면서 불만의 목소리가 생긴 것이었습니다. 저는 아이들이 돌변한 이유가 아동과 저희 사이에 유대감이 없어 실제로 한 아이를 책임지고 있다는 사실을 느낄 수 없었기 때문이라고 생각했습니다. 그래서 아동에게 편지를 보내자고 제안하였습니다. 모두가 힘을 합쳐 손 편지를 쓰고, 선물을 준비하다 보니 함께 대화할 기회가 많아졌고 서로의 입장을 잘 이해할 수 있었습니다. 사실 처음에는 후원하겠다는 약속을 홀라당 까먹고 이제 그만하고 싶다는 아이들이 책임감 없어 보이기도 했고, 편지를 영어로 번역하면서 '왜 나만 희생하나?' 하는 생각도 들었습니다. 그러나 후원아동의 답장을 받아 모두가 한마음으로 기뻐하는 것을 보면서 진정한 나눔은 혼자 베푸는 것이 아니라 상호 얻는 것이라는 걸 깨닫게 되었습니다. 저의 존재가 누군가에게 도움이 된다는 사실이 행복했고 저를 조금 희생하여 얻는 즐거움은 희생의 값어치보다 더 크다는 것을 알게 되었습니다.

6 중앙대학교

중앙대학교 자기소개서 첨삭 사례 1

> 1. 고등학교 재학 기간 중 학업에 기울인 노력과 학습 경험에 대해, 배우고 느낀 점을 중심으로 기술해주시기 바랍니다.(1,000자 이내)

필자의 첨삭 결과를 참조하세요.

저한테 수학은 가장 자신 없고 흥미 없는 과목이었습니다. 주변 사람들 대부분이 제가 심리학에 관심이 많은 것을 알고 있던 터라 수학을 하지 않는 제게 많은 사람들이 핀잔을 주었습니다. 심리학을 전공하려면 수리적 사고력이 필요한데 수학을 공부하지 않는다는 이유였습니다. (➡ 심리학을 전공하는데 왜 수리적 사고력이 필요한가요? 입학사정관들이 전부를 알지는 못합니다. 왜 수리적 사고력이 필요한지에 대한 보충 설명이 필요합니다.)

저는 수학을 제대로 공부하지 않고 재미없다는 편견을 갖고 소홀히 하는 것은 아닌지 반성을 하고 수학을 열심히 하자고 다짐을 했습니다. 먼저 제 문제가 무엇인지에 대해 생각해봤는데, 수학 공부시간이 턱 없이 작은 것도 문제였지만, 개념도 잘 알지 못한 채 문제 풀기 급급하고 답지를 옆에 두고 공부하는 것이 잘못 되었다는 것을 알았습니다. 이런 나쁜 습관을 고치고자 답지와 분리되어있어 답지는 따로 구입해야하는 개념서를 답지를 제외한 문제집만 구입했습니다. 먼저 개념부분을 공부하면서 공식을 가지고 저 혼자 증명을 하는 등 오랜 시간을 투자해야 함에도 하나라도 완벽하게 이해하려 했습니다. 또, 문제집 하나 안에 있는 문제와 개념을 하나도 빠짐없이 완벽하게 내 것으로 만들고자 10번 정도 반복하여 공부했습니다.

➡ 문장이 너무 늘어지고 지루합니다. 이렇게 고쳐 봤어요.

저는 수학 공부를 제대로 하지도 않고 재미없다는 편견을 가진 것은 아닌지 반성을 했습니다. 수학 공부를 열심히 해 보자는 다짐도 했습니다. 먼저 제 문제가 무엇인지를 고민해 봤습니다. 우선 수학에 들이는 공부 시간이 턱없이 적은 것도 문제였지만, 개념 이해보다는 문제 풀이에 급급하고 답지를 옆에 두고 공부하는 습관이 제 수학 실력 상승을 방해한다는 것을 알았습니다. 이런 나쁜 습관을 고치기 위해 답지는 별도로 구입해야 하는 문제집만 구했습니다. 개념 부분을 공부하면서 공식을 가지고 저 혼자 증명을 하는 등 시간이 아무리 오래 걸려도 하나라도 완벽히 이해하려 노력했습니다. 또, 문제집에 있는 문제와 개념을 하나도 빠짐없이 완벽하게 제 것으로 만들고자 10번 정도를 반복해 공부했습니다.

제가 이 경험을 통해 얻은 것은 성적뿐만이 아닙니다. 너덜너덜해진 제 책을 보며 뿌듯함도 얻을 수 있었고, 제 능력에 대한 자신감을 가지는 계기가 되었으며 논리적 사고력을 키울 수 있었습니다. (➡ 심리학에서 수학이 중요한 이유가 논리적 사고력이라는 것이 이 문장에 나오네요.)

공부를 해도 안 될 것이라는 비관적인 생각에 사로잡혀 있던 저의 태도가 크게 변했습니다. 뭐든지 적극적으로 도전해보려는 도전의식이 생긴 것입니다. 저의 부진함을 노력의 부족임을 인정할 줄 알고 노력을 해 발전해 나가야 함을 알게 되었습니다. 어떤 난관에 부딪히더라도 긍정적인 태도를 지키자고 제 자신과 약속을 했습니다. 또, 앞서 말했듯이 논리적 사고력에 큰 성장이 있었는데 그는 제 글쓰기에서 두각을 드러냈습니다. 논술 문제를 풀 때도 선생님께 논리적 사고 부분에 있어서 칭찬을 많이 받았습니다. 뿐만 아니라, 어려운 문제를 오랫동안 지켜보는 습관을 가짐으로서 인내와 끈기를 키웠는데, 저는 이것들을 바탕으로 후에 내담자가 저에 대한 편안함을 갖고 말을 꺼낼 때까지 인내와 끈기를 가지고 기다리고, 차근차근 단계적으로 생각함으로서 내담자를 이해하고 치료하겠다고 생각했습니다. 저는 비로소 수학에 수리적 논리력이 필요하다는 것의 의미를 알 수 있었습니다.

➡ 이렇게 바꿔 보았어요.

공부를 해도 나는 안 될 것이라는 비관적인 생각에 사로잡혔던 저의 태도에도 변화가 생겼습니다. 뭐든지 적극적으로 시도해 보는 도전 의식이 생긴 것입니다. 저의 부족함의 이유가 노력의 부족 때문임을 인정할 줄 알게 됐고 꾸준한 노력을 해서 발전해 나가야 함도 알게 되었습니다. 어떤 난관에 부딪혀도 긍정적인 태도를 지키자고 제 자신과 약속했습니다. 또, 앞서 말했듯이 논리적 사고력에 큰 성장이 있었는데 특히 글쓰기 실력이 늘었습니다. 논술 문제를 풀 때도 선생님께서 논리적 사고 부분에 대한 칭찬을 많이 하셨습니다. (➡ 구체적인 사례가 있으면 사례로 풀어 봅시다. 사례가 없으니 신뢰성이 많이 떨어집니다.) 이뿐 아니라, 어려운 문제를 오랫동안 지켜보는 습관을 가지면서 인내와 끈기력도 커졌습니다. 저는 이것들을 바탕으로 후에 내담자가 저에 대해 편안함을 갖고 말을 꺼낼 때까지 인내와 끈기를 가지고 기다리고, 차근차근 단계적으로 생각함으로써 내담자를 이해하고 치료하겠다고 생각했습니다.

필자의 첨삭 결과를 참조하세요.

저는 평소 심리학에 대해 관심이 많은 친구들과 함께 만든 동아리로 교내 학술제에 참가했습니다. 심리학은 일반인에게 다소 낯선 분야로 다가갈 수 있다는 생각이 들어 그러한 편견을 깨고자 실생활 속의 심리학에 대해 조사하기로 하였고, 많은 주제 중 뉴로마케팅에 대해 탐구하였습니다. (➡ 뉴로마케팅은 무엇인가요? 1번 문항에서도 이야기했지만 어느 정도 간단한 설명은 필요합니다. 또한 이 주제를 왜 탐구하게 됐는지 이유가 없네요. 이 주제를 선정하게 된 이유가 없으면 이어지는 글의 근거가 아주 약해집니다. 건물을 짓는 데 기초가 부실하다는 것이죠.)

다른 사람에게 제 지식을 전달하는 일이라 소재에 대해 정확하게 파악하고 있어야 한다는 생각에 그 어느 때보다 열정적으로 활동에 임하였습니다. 인터넷, 심리학회 기사와 여러 가지 문헌 등을 통해 뉴로마케팅의 정의, 사례에 대해 조사하고 여러 군데에서 모아 복잡해진 정보를 이해하기 쉽게 요약하여 보고서를 작성했습니다.

이러한 이론적 공부뿐만 아니라 실험도 했는데, 소비자심리에 대한 브랜드 파워를 알아보기 위해 번화가에서 블라인드 테스트를 실시했습니다. 상표를 가렸을 때와 드러냈을 때 두 브랜드의 선호도를 비교하였습니다. 생각과는 다르게 나온 실험 결과에 여러 가지 변수를 고민하고 반성해 보았습니다. (➡ 소비자심리에 대한 브랜드 파워를 알아보기 위해 블라인드 테스트를 했다? 그런데 결과에 대한 구체적인 설명 없이 생각과는 다르게 나온 실험 결과라? 이렇게 문장을 쓰려면 말이죠, 생각했던 실험 결과는 무엇인지 앞에서 설명을 해주어야 합니다. 본인의 전공 적합성을 드러내는 문구인데…. 너무 힘이 빠집니다. 구체적으로 손봐 주세요. 입학사정관을 궁금하게 하는 자기소개서는 절대 좋은 자기소개서가 아닙니다.)

이 실험이 재연한 실험인 만큼 반성의 시간은 큰 의미로 다가왔습니다. 이번 결과물이 더욱 저의 색으로 나타날 수 있었기 때문입니다. 비록 결과가 뚜렷하게 나타나진 않았지만 정확한 실험을 위해서 독립 변인을 제외한 모든 변수들을 통제하는 것이 중요하다는 것을 깨달았습니다. (➡ 앞에서와 마찬가지 뜬금없이 무엇을 반성했다는 것인지? 차라리 이 문장은 날려 버리고 앞에서 이야기한 블라인드 테스트에 관한 구체적인 설명으로 대신합시다. 그리고 독립변인과 같이 가급적 어려운 용어는 쓰지 마세요. 굳이 쓰려면 풀어써 주시고. 입학사정관들은 학문적 용어를 자기소개서에 담는 것을 좋아하지 않습니다.)

많은 사람들 앞에 나선다는 것은 부끄럽기도 하지만 제겐 즐거운 일입니다. 그래서 부끄러움을 많이 타지만 그걸 즐길 수 있습니다. 리더의 자리에 늘 욕심이 있던 저는 입학 후 반장, 부반장을 선출하는 자리에서 실패했지만, 2학년 때 다시 용기를 내서 결국에는 당선될 수 있었습니다. (➡ 우리 친구 자기소개서의 공통적인 문제점은 과정이 생략되어 있다는 것. 어떻게 용기를 냈고 어떤 점이 당선으로 이어졌고 당선이 되면서 느낀 점이 있지 않을까? 예컨대 '용기 있는 자가 미인을 얻는다.'라는 문장처럼 '용기를 내니 내가 하고 싶은 일을 하게 되더라.' 뭐 이런 식으로 과정과 느낀 점을 담으세요.)

비록 반장이 아닌 부반장이었지만 친구들이 저를 믿고 반을 맡겨 준 만큼 한 해 동안 알차게 활동하기로 다짐했습니다. 저는 일 년 동안 좋은 성과를 거두기 위해서는 반장과의 화합이 중요하다고 여겨 할 일이 있을 때는 반드시 반 친구들의 의견을 절충하고 의논하는 시간을 가졌습니다. 사람들 앞에 잘 나서고 목소리 큰 제가 앞에 나서 의견을 조율, 수용하고 반장은 요약, 정리에 강해 그 부분을 맡기로 했습니다. 학교 행사, 학급 내 규칙을 정하는 일, 학생회에 건의할 사항들에 대해 토론하기 위해 학급 회의를 여러 차례 했는데, 42명이라는 적지 않은 인원 탓에 불만과 갈등은 피해 갈 수 없었습니다. 그 친구들에게 개인적으로 찾아가 설득을 해보기도 하였고 다른 두 의견을 절충한 대안을 제시해보기도 하였습니다. (➡ '학생회에 건의할 사항들에 대해 토론하기 위해 학급회의를 여러 차례 했는데, 42명이라는 적지 않은 인원 탓에 불만과 갈등은 피해 갈 수 없었습니다. 그 친구들에게 개인적으로 찾아가 설득을 해보기도 하였고 다른 두 의견을 절충한 대안을 제시해보기도 하였습니다.'라는 문장은 잘만 스토리텔링으로 풀면 뒤에 군더더기 다 날릴 수 있고 재미있는 자기소개서가 될 것 같은데요? 불만과 갈등 사례 중 가장 기억나거나 아니면 가장 해결하기 힘들었던 사례 하나를 구체적으로 풀어 주세요.)

　　친구들의 불만을 받아들이는 데 있어서 반장의 고민을 들어주기도 하였고 같이 고민을 해결해나가기도 하였습니다. 부반장이 자칫하면 모든 것을 반장에게 맡기고 1년을 흘려보낼 수도 있지만 반장도 저를 같은 부원으로 봐주었고 저도 많은 도움이 되고자 뭐든지 적극적으로 나서서 하려고 하였습니다. 열정적으로 1년 동안 제 임무에 임했고, 반 친구들도 저를 믿어 줬기에 갈등도 많았던 반이었지만 단합에 있어서는 그 어떤 반에도 뒤지지 않았다고 생각합니다. (➡ 역시나 근거 없는 주관적인 표현이 거슬리네요. '반 친구들도 저를 믿어 줬기에 갈등도 많았던 반이었지만 단합에 있어서는 그 어떤 반에도 뒤지지 않았다고 생각합니다.'라는 표현 말이죠. 근거가 없잖아요? 갈등도 많았던 반이었다고 했지만 지금 자기소개서 원문을 보면 그 갈등이 무엇인지 모르겠는데? 뜬구름 잡는 느낌입니다. 계속 강조하지만 주관적인 표현은 가급적 자제하고요. 그래도 주관석 표현을 쓰겠다면 누가 봐도 '그래 이 친구는 그런 평가를 받을 만했어.'라는 내용이 자기소개서에 담겨 있어야 합니다.)

> **3.** 학교 생활 중 배려, 나눔, 협력, 갈등 관리 등을 실천한 사례를 들고, 그 과정을 통해 배우고 느낀 점을 기술해주시기 바랍니다.(1,000자 이내)

2013년 학교 축제 때 학교에서 새롭게 '반부스'라는 행사를 추진했습니다. 핫도그를 만들기로 하였는데, 처음에는 수익금으로 반끼리 모여 밥을 먹자고 의견이 나왔지만 기부하자는 의견이 나오고부터는 쟁쟁한 논쟁이 일어났습니다. 반 이상의 친구들이 기부를 하자는 입장 이였지만 다 같이 노력해 얻는 결과이기에 다수결로 무작정 몰아가기엔 무리가 있었습니다. 반장과 함께 나머지 친구들을 설득하기로 마음먹었습니다. 저희 학교에 학비를 내지 못하는 학생들이 있는데, 그 학생들에게 도움을 준다면 더욱 뿌듯할 것임을 말했습니다. 음식은 한순간의 배부름으로 끝이 나지만, 기부를 하는 것은 평생토록 기억에 남고 경제적 이유로 학업을 포기하는 학생을 줄일 수 있을 것이라고 했습니다. 또, 학생 신분에 직접 번 돈으로 기부할 수 있는 기회가 거의 없기 때문에 좋은 경험이 될 것이라고 했습니다. 결국 모든 아이들의 찬성으로 수익금을 기부하기로 하였습니다. 모든 아이들이 같은 마음으로 해서 하는 동안에는 큰 갈등 없이, 그 어느 반보다 많은 수익금을 얻을 수 있었습니다.

➡ 이렇게 구체적으로 쓰세요! 아주 좋습니다. 어떤 일을 하게 된 계기와 과정 중 일어난 갈등 그리고 그 갈등을 해결하기 위해 자신이 구체적으로 어떤 역할을 했고 그 결과 이렇게 성장했다가 잘 담겨 있습니다. GOOD! 가급적 원문을 훼손하지 않는 범위 안에서 손 좀 봤어요.

2013년 학교 축제 때 학교에서 새롭게 '반부스'라는 행사를 추진했습니다. (➡ 무슨 행사인가요?) 핫도그를 만들기로 하였는데, 처음에는 수익금으로 밥을 사 먹자는 의견이 나왔지만 기부하자는 의견이 나오고부터는 논쟁이 일어났습니다. 절반 이상의 친구들이 기부를 하자는 입장이었지만 다 같이 노력해 얻은 결과이기에 다수결로 무작정 몰아가기엔 무리가 있었습니다. 반장과 함께 나머지 친구들을 설득하기로 마음먹었습니다. 저는 저희 학교에 학비를 내지 못하는 학생들이 있는데, 그 학생들에게 도움을 준다면 더욱 뿌듯할 것임을 말했습니다. 음식은 한순간의 배부름으로 끝이 나지만, 기부를 하는 것은 평생토록 기억에 남고 경제적 이유로 학업을 포기하는 학생을 줄일 수 있을 것이라고 했습니다. 또, 학생 신분에 직접 번 돈으로 기부할 수 있는 기회가 거의 없기 때문에 좋은 경험이 될 것이라고 했습니다. 이런 설득에 아이들도 모두 공감을 했고 수익금을 기부하기로 하였습니다. 모든 아이들이 같은 마음으로 동참해서 큰 갈등 없이, 어느 반보다 많은 수익금을 얻을 수 있었습니다.

더운 여름에도 추운 겨울에도 항상 힘든 화장실 청소를 혼자서 하시는 아주머니께 항상 감사하다고 생각해 왔습니다. 많은 학생들이 공동으로 쓰는 곳이다 보니 며칠만 지나도 수습하기 어려워 보일 정도로 더러워집니다. 화장실을 청소한 경험이 있다 보니 그 일이 얼마나 힘든 일인지도 너무 잘 알았습니다. 그래서 감사한 마음을 전하고자 작은 선물도 드리기도 하고 심심하실 것 같아 말동무도 되어드렸습니다. 또, 제가 도와드릴 수 있는 선에서 청소도 도와 드렸고 화장실을 깨끗하게 쓰는 게 제일 큰 도움이라 여겨 친구들에게 화장실을 깨끗하게 쓰자고 홍보하기도 하였습니다. 고마운 분께 편지 쓰는 학교 행사 날에는 아주머니께 편지를 드렸습니다. 저의 편지를 받고 학생들이 많이 고마워한다는 것을 알고 덜 힘들게 일했으면 하는 마음에 정성을 담아 편지를 썼습니다. 아주머니의 많은 힘이 된다는 말에 저는 말로 표현할 수 없을 만큼 기뻤고, 작은 정성이 영향이 크다는 것을 느꼈습니다. 주변사람들에게 작은 정성이라도 원 없이 주기로 마음먹었습니다. 또, 아주머니와 좋은 인연을 통해 학교 생활이 더욱 행복해졌습니다.

➡ 큰 무리는 없는데 문장을 좀 다듬고 오탈자를 고쳐 봤어요.

저는 더운 여름에도 추운 겨울에도 힘든 화장실 청소를 혼자서 하시는 아주머니께 항상 감사하다고 생각했습니다. 많은 학생들이 공동으로 쓰는 곳이다 보니 화장실은 며칠만 지나도 수습하기 어려워 보일 정도로 더러워집니다. 제가 화장실을 청소한 경험이 있다 보니 그 일이 얼마나 힘든 일인지도 정말 잘 알고 있습니다. 그래서 아주머니께 감사한 마음을 전하고자 작은 선물을 드리기도 하고 아주머니가 심심하실 것 같아 말동무도 되어 드렸습니다. 또, 제가 도와드릴 수 있는 선에서 청소도 도와드렸고 화장실을 깨끗하게 쓰는 게 제일 큰 도움이라 여겨 친구들에게 화장실을 깨끗하게 쓰자고 홍보하기도 하였습니다. (➡ 이 문장이 핵심인 듯한데 어떻게 홍보했는지? 그 과정을 구체적으로 써 보면 우리 친구의 인성과 공동체 정신을 잘 드러낼 수 있어 좋은 평가를 받을 수 있습니다.)

학교 행사 중 고마운 분께 편지 쓰기가 있었습니다. 그때 저는 아주머니께 편지를 드렸습니다. 아주머니께서 저의 편지를 받고 학생들이 많이 고마워한다는 것을 알고 덜 힘들어하셨으면 하는 마음에 정성을 담아 편지를 썼습니다. 그 편지를 읽고 아주머니께서 많은 힘이 된다고 말씀하셨고 저는 말로 표현할 수 없을 만큼 기뻤으며 작은 정성의 영향이 크다는 것도 알게 되었습니다. 그래서 저는 주변 사람들에게 작은 정성이라도 원 없이 주기로 마음먹었습니다. 또, 아주머니와의 좋은 인연을 통해 학교 생활이 더욱 행복해진 계기가 됐습니다. (➡ 심리학과를 지망하는 이유 중 하나가 본인이 심리치료를 받았기 때문이라고 들었습니다. 지금 이 글처럼 그 과정을 진솔하게 풀어 보세요. '내가 뭐했고 뭐했기 때문에 뭐라고 평가를 받았다.'라고 쓰기보다는 자신이 경험한 스토리를 진솔하게 풀어 나가는 것이 입학사정관의 마음을 움직입니다.)

중앙대학교 자기소개서 첨삭 사례 2

> 1. 고등학교 재학 기간 중 학업에 기울인 노력과 학습 경험에 대해, 배우고 느낀 점을 중심으로 기술해주시기 바랍니다.(1,000자 이내)

필자의 첨삭 결과를 참조하세요.

인간은 사회적 동물이기에 문학 또한 시대의 영향을 받을 수밖에 없습니다. 따라서 한국사를 제대로 공부하기 위해 노력했습니다. 먼저 한국을 소설의 배경국가라고 생각하고 연대기를 그려 국사의 전체 이야기가 눈에 들어오게 해 마치 소설처럼 국사를 공부하였습니다. 하지만 세부적인 사항까지도 기입하긴 힘들어 따로 세부내용을 정리하여 붙였습니다. 또 일제강점기 근대화 때의 한국은 동시대에 일어난 사건이 많아 자주 헷갈려 큰 모눈종이에 가로는 항목, 세로는 시대로 정리했습니다. 사실 중요 과목이 아닌 국사를 왜 열심히 하냐는 타박도 많이 들었었지만 주먹구구식으로 교과서만 외우던 친구들에게 저의 공부 방법을 공유해 좋은 결과를 얻었을 때나, 흥미로운 역사적 소재를 찾아 그를 바탕으로 한 소설을 발표하여 큰 호응을 얻었을 때 보람을 느낄 수 있었습니다. 이처럼 저만의 '연대기 그리기'는 암기가 아닌 스토리가 이해되는 한국사를 공부하도록 해 주었고 이는 국사에 대한 부정적 인식을 바꾸어주었을 뿐만 아니라 역사의 영향으로 특별한 정서를 가진 국문학에 대해 자세히 공부하고 싶어졌습니다.

시대의 영향을 받은 대표적인 문학으로 디아스포라 문학을 들 수 있습니다. 1학년 국어시간 '하얀 배'라는 작품을 배우고 이후 국어과 과제로 선택해 조사하면서 디아스포라 문학에 관심이 생겼습니다. '영원한 이방인', '빛 속으로', '나는 빠리의 택시 운전사'등의 책을 읽으면서 이 같은 세계화의 과도기 문학이 확산되면 국문학의 경계가 모호해질 것이란 생각이 들었습니다. 그래서 '화어계문학: 주변적 상상과 횡단적 구축', '화인화문문학을 위한 시론'등의 논문을 통해 이산문학의 범주와 가치를 통한 국문학의 득실에 대해 연구했습니다. 연구보고서를 지식나눔동아리에서 발표해 친구들이 자신의 관심분야와 연계해 조사해보고 싶다 했을 때, 그리고 실제로 함께 조사했을 때 큰 기쁨을 느꼈습니다. 중앙대학교에서 더 확실하게 국문학을 공부하여 이를 바탕으로 디아스포라 문학을 통한 민족소통에 대해 연구해 보고 싶습니다.

➡ 필자의 첨삭 결과는 다음과 같습니다.

인간은 사회적 동물이기에 문학 또한 시대의 영향을 받을 수밖에 없습니다. 한국사 공부에도 신경을 쓴 이유입니다. 먼저 한국을 소설의 배경국가라고 생각하고 연대기를 그려 국사의 전체 이야기가 눈에 들어오게 해 마치 소설처럼 국사를 공부하였습니다. 하지만 세부적인 사항까지도 기입하긴 힘들어 따로 세부내용을 정리하여 붙였습니다. 또 일제강점기 근대화 때의 한국은 동시대에 일어난 사건이 많아 자주 헷갈려 큰 모눈종이에 가로는 항목, 세로는 시대로 정리했습니다. 사실 중요과목이 아닌 국사를 왜 열심히 하냐는 타박도 많이 들었었지만 주먹구구식으로 교과서만 외우던 친구들에게 저의 공부 방법을 공유해 좋은 결과를 얻었을 때나, 흥미로운 역사적 소재를 찾아 그를 바탕으로 한 소설을 발표하여 큰 호응을 얻었을 때 보람을 느낄 수 있었습니다.(➡ 소설을 발표했다? 발전가능성과 전공적합성 등을 알릴 수 있는 좋은 소재인데 너무 빈약하게 마무리 되는 듯.. 간단하지만 제목과 내용 정도 언급해 주세요.) 이처럼 저만의 '연대기 그리기'는 암기가 아닌 스토리가 이해되는 한국사를 공부하도록 해 주었고 이는 국사에 대한 부정적 인식을 바꾸어주었을 뿐만 아니라 역사의 영향으로 특별한 정서를 가진 국문학에 대해 자세히 공부하고 싶어졌습니다.

시대의 영향을 받은 대표적인 문학으로 디아스포라 문학을 들 수 있습니다.(➡ 입학사정관들이 다 문학전공자는 아니죠. 간단한 설명 부탁해요. 디아스포라는 ~~이다.) 1학년 국어시간 '하얀 배'라는 작품을 배우고 이후 국어과 과제로 선택해 조사하면서 디아스포라 문학에 관심이 생겼습니다. '영원한 이방인', '빛 속으로', '나는 빠리의 택시 운전사' 등의 책을 읽으면서 이 같은 세계화의 과도기 문학이 확산되면 국문학의 경계가 모호해질 것이란 생각이 들었습니다. 그래서 '화어계문학: 주변적 상상과 횡단적 구축', '화인화문문학을 위한 시론' 등의 논문을 통해 이산문학의 범주와 가치를 통한 국문학의 득실에 대해 연구했습니다.(➡ 논문까지 읽어볼 정도면 대단히 적극적인데……. 여기서 표현한 국문학의 득실은 무엇인지 설명이 안 되어 있습니다. 간단하게 설명해 주세요. 내가 연구한 국문학의 득실은 무엇이다.) 연구보고서를 지식나눔동아리에서 발표해 친구들이 자신의 관심분야와 연계해 조사해보고 싶다 했을 때, 그리고 실제로 함께 조사했을 때 큰 기쁨을 느꼈습니다. 중앙대학교에서 더 확실하게 국문학을 공부하여 이를 바탕으로 디아스포라 문학을 통한 민족소통에 대해 연구해 보고 싶습니다.

> **2. 고등학교 재학 기간 중 본인이 의미를 두고 노력했던 교내 활동을 배우고 느낀 점을 중심으로 3개 이내로 기술해주시기 바랍니다. 단, 교외 활동 중 학교장의 허락을 받고 참여한 활동은 포함됩니다.(1,500자 이내)**

항공과 조선이 발달한 도시 사천에서 자라난 저는 흔히 외국인노동자를 접할 수 있었습니다. 책에서와 다르게 실제로 으슥한 곳에 몰려 있는 그들은 두려움을 주었습니다. 이런 저의 편견을 없애기 위해 이노사 동아리 친구들과 다문화센터에서 한국어를 가르치기 시작했으나 예상과는 달리 어려운 수업, 문화차이에 의한 소통의 부재, 저의 무의식적인 공포로 좀처럼 친해질 수 없었습니다. 그래서 저는 정형화된 교재 대신 저 만의 문법노트를 만들어 쉽게 가르쳤고, 함께 한국가요를 부르고 추석을 보내며 거리감을 좁히기 위해 노력했습니다. 편견에서 벗어나 베트남 인사를 배우는 등 먼저 다가가자 관계없는 타인 같았던 그들이 삶 안으로 들어왔고 낯선 외국인이 아니라 같은 사람이라는 것을 느꼈습니다. 그리고 국어를 가르치기 위해 전보다 깊게 공부하면서 국어의 우수성을 느꼈고, 전문적인 국어공부를 통해 올바른 한국어를 확립하고, 풍부하고 정확한 어휘와 표현 사용을 위해 노력하여 진정한 한국인으로서의 면모를 갖추고 싶어졌습니다.

중학교 때 '나댄다'는 이유로 따돌림을 당했던 저는 남들의 시선이 두려워 앞에 나서지 못하던 아이였습니다. 그렇기에 친구들의 추천으로 처음 인터뷰제의가 들어왔을 때 망설였으나 변하고 싶다는 일념으로 학교 홍보방송을 찍게 되었습니다. 그러나 허리를 다쳐 구부정해진 자세와 선천적인 작은 목소리 때문에 정확한 의사전달이 어려웠고, 무엇보다도 '남들이 욕하진 않을까'란 생각이 자꾸만 저를 괴롭혔습니다. 하지만 주변의 칭찬을 받으면서 나도 할 수 있다는 자신감과 긍정적인 마음을 갖게 되었습니다. 직접 멘트를 쓰고, 카메라 앞에서 자연스럽게 이야기하며, 능동적으로 방송을 찍는 자신을 보면서 자기 주도적으로 한다는 것의 기쁨을 느꼈습니다. 또한 상의하고 촬영하는 과정에서 미래 편집장에게 필요한 협력과 의사소통의 중요성을 맛볼 수 있었습니다. 앞에 나서서 주도적으로 행동했을 때 긍정적인 반응을 받은 경험은 제가 지속적으로 자신감을 가질 수 있도록 도와주었습니다.

시작은 김훈의 '문학기행'이라는 책이었습니다. 그 책을 읽고 문학기행을 꿈꿔오던 저는 학교에서 국어경시대회에 입상한 학생들과 함께 문학기행을 간다는 소식을 듣고 열심히 공부해 좋은 결과를 얻어 문학기행을 다녀올 수 있었습니다. 그동안 시를 읽으면서 시에서 말하는 고향이나 배경이 어딘지 어떤 느낌인지 정말 궁금했었고 문학작품을 읽을 때는 주인공이 바라보는 경치를 나도 함께 즐기고 싶었습니다. 정약용이 유배지 강진에서 살았던 다산초당에 올라 깊은 산 속에서 정약용의 검소함과 절개를 보고 대나무 빗소리 들리는 녹우당에서 윤선도의 어부사시사를 느낄 수 있었습니다. 김영랑이 단풍 들겠다고 한 감나무도 새암의 넋이 가라앉아 있는 듯 하다 우물도 볼 수 있었습니다. 작가의 감성이 탄생하고 길러진 곳을 직접 다녀온 경험은 전보다 책을 읽을 때 더욱 몰입해서 읽거나 시의 정서나 느낌을 더 잘 이해할 수 있게 해 주었습니다. 후에 제약이 있는 단체가 아닌 혼자서도 기행을 떠나 제 자신을 더 풍요롭게 하고 싶습니다.

➡ 필자의 첨삭 결과는 다음과 같습니다.

항공과 조선이 발달한 도시 사천에서 자라난 저는 흔히 외국인노동자를 접할 수 있었습니다. 책에서와 다르게 실제로 으슥한 곳에 몰려 있는 그들은 두려움을 주었습니다. 이런 저의 편견을 없애기 위해 이노사 동아리 친구들과 다문화센터에서 한국어를 가르치기 시작했습니다. 예상과는 달리 어려운 수업, 문화차이에 의한 소통의 부재, 저의 편견으로 좀처럼 친해질 수 없었습니다. 그래서 저는 정형화된 교재 대신 저만의 문법노트를 만들어 쉽게 가르쳤고, 함께 한국가요를 부르고 추석을 보내며 거리감을 좁히기 위해 노력했습니다.(➡ 여기서도 마찬가지 자신이 답답해 문법노트를 만들었다.는 내용이 중요한 문장이라 생각합니다. 안 해도 되는 일을 한 것이잖아요? 님에 대한 열정과 발전가능성 등을 드러내는 좋은 문장이라고 생각합니다. 그런데 이 좋은 문장을 역시나 나열식으로……. 문법노트를 어떤 방식으로 만들었는지에 대한 고민과 과정이 없다는 것. 예를 1~2개 써 주면 쉽고 재밌게 읽어 내려갈 수 있습니다. 예컨대 문법노트를 만들면서 문법만화를 그려보았다. 그림은 만국공통어이니 통할 거라고 생각했다. 뽀로로와 친구들을 등장인물로 내세워 외국인들이 가장 어려워한다는 높임말에 대한 용법을 상황에 맞게 그렸다. 뭐 이런 식으로 말입니다.)

편견에서 벗어나 베트남 인사를 배우는 등 먼저 다가가자 관계없는 타인 같았던 그들이 삶 안으로 들어왔고 낯선 외국인이 아니라 같은 사람이라는 것을 느꼈습니다.(➡ 이것도 알맹이가 없네.. 베트남 인사를 배우는 것이 먼저 다가가기 인가요? 다가가기 위한 가장 첫 걸음이 언어 배우기 아닙니까? 1~2개의 사례를 더 놓아주세요. 구체적으로) 그리고 국어를 가르치기 위해 전보다 깊게 공부하면서 국어의 우수성을 느꼈고, 전문적인 국어공부를 통해 올바른 한국어를 확립하고, 풍부하고 정확한 어휘와 표현 사용을 통해 국어의 우수성을 알리고 싶다는 생각에 까지 미치게 되었습니다.

중학교 때 '나댄다'는 이유로 따돌림을 당했던 저는 남들의 시선이 두려워 앞에 나서지 못하던 아이였습니다. 그렇기에 친구들의 추천으로 처음 인터뷰제의가 들어왔을 때 망설였으나 변하고 싶다는 일념으로 학교 홍보방송을 찍게 되었습니다.(➡ 이것도 어디서 무슨 이유로 인터뷰가 들어왔는지…….) 그러나 허리를 다쳐 구부정해진 자세와 선천적인 작은 목소리 때문에 정확한 의사전달이 어려웠고, 무엇보다도 '남들이 욕하진 않을까'란 생각이 자꾸만 저를 괴롭혔습니다. 하지만 주변의 칭찬을 받으면서 나도 할 수 있다는 자신감과 긍정적인 마음을 갖게 되었습니다.(➡ 뜬금없이 칭찬이라니……. 이 것도 쓰고 싶다면 구체적인 상황이 나와야죠) 직접 멘트를 쓰고, 카메라 앞에서 자연스럽게 이 야기하며, 능동적으로 방송을 찍는 자신을 보면서 나도 할 수 있구나 하는 자신감을 얻었습니다. 또한 상의하고 촬영하는 과정에서 미래 편집장에게 필요한 협력과 의사 소통의 중요성을 맛볼 수 있었습니다.(➡ 갑자기 미래 편집장이라는 단어 등장……. 미래의 00신 문 편집장을 꿈꾸는 나에게라는 표현으로 바꾸세요) 앞에 나서서 주도적으로 행동했을 때 긍정 적인 반응을 받은 경험은 제가 지속적으로 자신감을 가질 수 있도록 도와주었습니다.

시작은 김훈의 '문학기행'이라는 책이었습니다.(➡ 무슨 시작인지? 앞 문장과 전혀 이어지 지 않습니다.) 그 책을 읽고 문학기행을 꿈꿔오던 저는 학교에서 국어경시대회에 입상 한 학생들과 함께 문학기행을 간다는 소식을 듣고 열심히 공부해 좋은 결과를 얻어 문학기행을 다녀올 수 있었습니다.(➡ 이것도 좋은 결과가 구체적으로 무엇인지…….) 그동안 시를 읽으면서 시에서 말하는 고향이나 배경이 어딘지 어떤 느낌인지 정말 궁금했었 고 문학작품을 읽을 때는 주인공이 바라보는 경치를 나도 함께 즐기고 싶었습니다. 정약용이 유배지 강진에서 살았던 다산초당에 올라 깊은 산 속에서 정약용의 검소 함과 절개를 보고 대나무 빗소리 들리는 녹우당에서 윤선도의 어부사시사를 느낄 수 있었습니다. 김영랑이 단풍 들겠다고 한 감나무도 새암의 넋이 가라앉아 있는 듯 한 우물도 볼 수 있었습니다. 작가의 감성이 탄생하고 길러진 곳을 직접 다녀온 경험은 전보다 책을 읽을 때 더욱 몰입해서 읽거나 시의 정서나 느낌을 더 잘 이해할 수 있게 해 주었습니다. 후에 제약이 있는 단체가 아닌 혼자서도 기행을 떠나 제 자신을 더 풍 요롭게 하고 싶습니다.

3. 학교 생활 중 배려, 나눔, 협력, 갈등 관리 등을 실천한 사례를 들고, 그 과정을 통해 배우 고 느낀 점을 기술해주시기 바랍니다.(1,000자 이내)

모든 사람은 제각기 자신만의 시야로 세상의 한계를 정한다는 쇼펜하우어의 말처럼 두레공부방에서 봉사를 하기 전의 저는 저만의 편견으로 세상을 정의내리고 있었습니다. 봉사는 아래 사람에게 나누는 것이라고 '나'를 버리지 못하고 계속 고집했었고, 봉사를 받는 사람들은 불쌍한 사람들이다, 그들보다 나은 내가 베풀어야한다고 정의내리고 있었습니다. 그런 마음가짐을 가지고 봉사를 하니 아이들도 다가오지 않았고, 육체적으로도 심적으로도 힘든 봉사가 계속 되었습니다. 그러나 혼자였던 저에게 먼저 빵을 건네준 한 아이 덕분에 제가 얼마나 어리석었는지 깨닫게 되었습니다. 무릎을 굽혀 아이들과 눈높이를 맞추면서 나의 오만을, 편견의 왕좌에서 내려와야지만 진정한 봉사를 할 수 있음을 알게 되었고 조금만 힘들어도 무보수로 일하는 사람한테 심한 거 아니냐고 불평했던 자신을 반성했습니다.

3학년 초, 고등학교 마지막 추억을 만들자며 유니세프의 '한 학급 한 생명 살리기'에 참가하여 후원을 해오고 있던 저희 반에 사건이 터졌습니다. 그 동안 후원금을 안내고 있던 아이들이 공개적인 창피를 당하면서 불만의 목소리가 생긴 것이었습니다. 저는 아이들이 돌변한 이유가 아동과 저희 사이에 유대감이 없어 실제로 한 아이를 책임지고 있다는 사실을 느낄 수 없었기 때문이라고 생각하여 아동에게 편지를 보내자고 제안하였습니다. 모두가 힘을 합쳐 손 편지를 쓰고, 선물을 준비하다보니 대화할 기회가 많아졌고 서로의 입장을 잘 이해할 수 있었습니다. 사실 처음에는 후원하겠다는 약속을 홀라당 까먹고 이제 그만 하고 싶다는 아이들이 책임감 없어 보이기도 했고, 편지를 영어로 번역하면서 왜 나만 희생 하냐는 생각도 들었습니다. 그러나 후원 아동의 답장을 받아 모두가 한 마음으로 기뻐하는 것을 보면서 진정한 나눔은 혼자 베푸는 것이 아니라 상호적으로 얻는 것이라는 걸 깨닫게 되었습니다. 저의 존재가 누군가에게 도움이 된다는 사실이 행복했고 나를 조금 희생하여 얻는 즐거움은 희생의 값어치보다 더 크다는 것을 알게 되었습니다. (999자)

　　모든 사람은 제각기 자신만의 시야로 세상의 한계를 정한다는 쇼펜하우어의 말처럼 두레공부방에서 봉사를 하기 전의 저는 저만의 편견으로 세상을 정의내리고 있었습니다. 봉사는 아래 사람에게 나누는 것이라고 '나'를 버리지 못하고 계속 고집했었고, 봉사를 받는 사람들은 불쌍한 사람들이다, 그들보다 나은 내가 베풀어야한다고 정의내리고 있었습니다. 그런 마음가짐을 가지고 봉사를 하니 아이들도 다가오지 않았고, 육체적으로도 심적으로도 힘든 봉사가 계속 되었습니다.(➡ 우리 친구 자기소개서의 전반적인 문제점은 친절하지 않다는 것입니다. 읽다보면 두레공부방이 초등학생 공부방이구나를 알 수 있지만 앞에서는 전혀 언급이 없습니다. 차상위계층 초등학생들의 공부방인 두레공부방에서 봉사를 했다.라고 적어주어야 합니다. 입학사정관들을 위해 쉽고 재밌게 풀어주세요. 전반적으로 딱딱합니다.)

　　그러나 혼자였던 저에게 먼저 빵을 건네준 한 아이 덕분에 제가 얼마나 어리석었는지 깨닫게 되었습니다.(➡ 이것도 마찬가지.. 빵을 받고 어떤 깨우침을 얻었고 그래서 나의 이런저런 점이 부끄럽게 생각되더라하는 구체적인 상황이 나와 주어야 합니다.) 아이들과 눈높이를 맞추면서 나의 오만을, 편견의 왕좌에서 내려와야지만 진정한 봉사를 할 수 있음을 알게 되었고 조금만 힘들어도 무보수로 일하는 사람한테 심한 거 아니냐고 불평했던 자신을 반성했습니다.(➡ 이것도 뜬구름 잡기……. 생각이 바뀌었으면 행동도 바뀌어야 합니다. 그 전에는 대충대충 했는데 그 깨우침을 얻은 이후에는 10분전에 도착해서 아이들과 인사를 나누고 수업준비도 몇 시간 이상 하게 되더라. 그러고 보니 내 마음이 즐겁더라. 그 전에는 조금만 힘들어도 무보수로 일하는 사람한테 심한 거 아니냐고 불평했지만 진정한 봉사란 무엇인지 깨닫고는 즐거운 마음으로 봉사를 마칠 수 있었다. 뭐 이런 식으로 말이죠.)

　　3학년 초, 고등학교 마지막 추억을 만들자며 유니세프의 '한 학급 한 생명 살리기'에 참가하여 후원을 해오고 있던 저희 반에 사건이 터졌습니다. 그 동안 후원금을 안 내고 있던 아이들이 공개적인 창피를 당하면서 불만의 목소리가 생긴 것이었습니다. 저는 아이들이 돌변한 이유가 아동과 저희 사이에 유대감이 없어 실제로 한 아이를 책임지고 있다는 사실을 느낄 수 없었기 때문이라고 생각했습니다. 그래서 아동에게 편지를 보내자고 제안하였습니다. 모두가 힘을 합쳐 손 편지를 쓰고, 선물을 준비하다보니 대화할 기회가 많아졌고 서로의 입장을 잘 이해할 수 있었습니다. 사실 처음에는 후원하겠다는 약속을 홀라당 까먹고 이제 그만 하고 싶다는 아이들이 책임감 없어 보이기도 했고, 편지를 영어로 번역하면서 왜 나만 희생 하냐는 생각도 들었습니다. 그러나 후원아동의 답장을 받아 모두가 한 마음으로 기뻐하는 것을 보면서 진정한 나눔은 혼자 베푸는 것이 아니라 상호적으로 얻는 것이라는 걸 깨닫게 되었습니다. 저의 존재가 누군가에게 도움이 된다는 사실이 행복했고 나를 조금 희생하여 얻는 즐거움은 희생의 값어치보다 더 크다는 것을 알게 되었습니다.

7 경희대학교

경희대학교 자기소개서 첨삭 사례 1

> 1. 고등학교 재학 기간 중 학업에 기울인 노력과 학습 경험에 대해 배우고 느낀 점을 중심으로 기술해주시기 바랍니다.(1,000자 이내)

필자의 첨삭 결과를 참조하세요.

'Memento mori'는 저의 좌우명입니다. 고등학교 2학년 2학기 때입니다. 처음으로 수학공부를 시작했고(➡ 무슨 의미인지?? 그럼 그 전까지는 아예 수학공부를 안했다는 뜻인가? 입사관에게 부정적인 이미지를 줄 수 있기 때문에 자세한 부연설명 해 주길. 예컨대 수포자였는데 갑자기 수학공부를 시작했다. 그 이유는 뭐다! 이런 식으로 말이지.) 독서실도 다니며 공부를 열심히 했다고 생각했습니다. 하지만 성적은 오르지 않았습니다. 오르지 않은 성적으로 고민하던 중 (➡ 인터넷이라는 표현 보다는 책에서 읽었다고 표현합시다. 인터넷에서 찾아보았다는 표현은 너무 저급해요.) 'Memento mori'라는 글귀를 보고 호기심에 뜻을 찾아보게 되었습니다. '죽는 것을 기억하라' 라는 뜻으로 로마시대 당시 승전하고 돌아온 장군들의 자만심을 방지하기 위해 노예들이 외치는 말이었습니다. 그 순간 저는 망치로 머리를 맞은 것 같았습니다. '나는 오늘 열심히 했어, 이정도면 됐어' 라고 생각하며 더 노력하지 않았던 제 자신이 떠올랐기 때문입니다. 그 때부터 저는 저의 태도를 바꾸기로 결심했습니다. '이정도면 됐어'가 아닌 '부족하니 더 해야 해' 라는 생각으로 공부를 했습니다. 쉬는 시간 등 자투리 시간에도 공부를 했고 주말에도 독서실을 가며 공부시간을 (➡ 몇 시간으로 평소보다 몇 배로 늘렸습니다.) 이전보다 공부시간은 늘어났지만 생각보다 공부의 양은 적다는 것을 느꼈습니다. (➡ 무슨 이유 때문입니다.) 저는 낭비되고 있는 시간이 있다는 것을 깨닫고 초시계로 공부시간을 측정했습니다. 평일에는 7시간, 주말에는 10시간으로 잡아놓고 목표시간을 달성하려고 노력했습니다. 하지만 시험을 치루면 기대 이하의 성적이 나왔습니다. 복습이 부족하다는 것을 깨닫고 인형을 제자로 받아들였습니다. 선생님이 하셨던 설명을 인형에게 똑같이 반복해서 설명하면서 복습한 내용을 기억하는 방식으로 공부를 했습니다. 국어 같은 경우에는 줄거리와 문학용어를 백지노트에 적어가며 수업내용을 되새김질 하려고 노력했습니다. 그 결과 10개중에 6개를 맞았던 복습시험에서 만점을 받기 시작했고 3학년 과목평균도 2학년 때 몇 등급에서 몇 등급으로 1등급이 상승하게 됐습니다. 책에서 우연히 읽었던 'Memento mori'라는 글귀는 고맙게도 매일 최선을 다해 살 수 있게끔 도와주었고 최선을 다해서 받은 결과에서 오는 보람은 크다는 것을 알게 해 주었습니다.

> **2. 고등학교 재학 기간 중 본인이 의미를 두고 노력했던 교내 활동을 배우고 느낀 점을 중심으로 3개 이내로 기술해주시기 바랍니다. 단, 교외 활동 중 학교장의 허락을 받고 참여한 활동은 포함됩니다.(1,500자 이내)**

필자의 첨삭 결과를 참조하세요.

언론인이 꿈이었던 저는 동아리 공연기획반 활동을 했습니다. (➡ 이 동아리 활동을 하면 제가 꿈꾸는 언론인에 어떤 도움을 주리라 생각했기 때문입니다.) 1학년이었던 저는 친구들과 함께 지식채널e 감상을 하며 공익광고에 대한 정보를 얻고 학교행사 포스터 제작하는 활동을 했습니다. 가장 기억에 남는 활동은 팀별로 (➡ 어떤 목적을 위해) 광고를 제작했던 일입니다. 우리 팀은 '친구들을 웃기는 과자 광고'로 주제를 잡았습니다. (➡ 그 이유는 무엇 때문입니다.) 중학교 때 광고 수행평가에서 만점을 받아 자신감이 넘쳤지만 광고초안을 제작해보고 실망했습니다. 광고초안이 웃기기는커녕 지루했기 때문입니다. 한창 SNS에서 화제였던 생수 '에비앙' 광고를 보며 인기 있는 요소가 무엇인지 생각해 보았습니다. 어른들이 '에비앙'을 마시면 아기가 되는 모습을 보며 재밌기도 했지만 무엇보다 참신하다는 느낌이 강했습니다. 참신한 소재였기 때문에 대중들에게 인기를 얻은 것 같았습니다. 저희 팀은 만화 텔레토비 동산에서 '맛동산' 과자가 올라오는 초안을 기획했습니다. 그리고 팀원과 함께 이미지 제작과 음향삽입을 하여 참신함을 표현하려고 노력했습니다.(➡ 이미지 제작과 음향삽입이 어떻게 참신함과 연결이 되는 거죠? 억지 표현인데... 대세에 지장이 없으니 과감히 삭제.) 결과물을 완성하고 나서는 감상하는 친구들의 입장이 되어 결과물을 수정하기로 했습니다. (➡ 제작할 때는 몰랐는데 감상하는 위치에 서니 어떤 어떤 점이 이런 저런 이유로 문제가 되었습니다. 이 같은 문제점을 수정한 후.) 우리 팀은 친구들에게 '참신하고 웃기다'는 평을 받을 수 있었습니다. 이전에는 언론은 메시지 전달만이 중요하다고 생각했습니다. 하지만 광고제작 활동을 통해 공급자 중심이 아닌 수요자 입장을 생각하는 것이 중요하다는 것을 깨달았습니다. 방송기자가 꿈이지만 '광고PR'분야도 공부를 하고 싶은 계기가 됐습니다.

고등학교 3학년 때 영어수업에서 TA활동을 하였습니다. TA활동은 팀을 만들어 영어수업을 하는 활동입니다. 고등학교 1,2학년 당시 영어발표를 한 적이 있습니다. 항상 저는 친구들 앞에 나서면 얼굴이 붉어지고 말을 더듬는 등 발표를 망치곤 했습니다. 방송기자가 꿈이었던 저는 나중에 방송 리포팅에 지장이 있을까봐 두려웠습니다. 그러던 중 TA를 모집한다는 소식을 듣고 TA 활동의 (➡ 어떤 점이 이런 문제점을 극복하는데 도움을 줄 것 같아.) 지원했습니다. 첫 수업을 위해 꼼꼼히 준비를 하려고 노력했습니다. 하지만 막상 발표를 위해 친구들 앞에 서니 머릿속은 하얘지며 설명을 제대로 할 수가 없었고 친구들은 졸면서 수업을 듣지 않았습니다. 저는 첫 수업을 망치고 속상했지만 이를 극복하기 위해 다른 방법을 세웠습니다. 모의수업을 해보기로 한 것 입니다. 인터넷 강의를 듣고 화면 속 선생님을 보며 혼자서 중얼거리면서 따라했습니다. 그러고 나서 언니를 대상으로 모의수업을 해보았습니다. 수업을 다하고 나서 언니는 저의 수업방식에서 (➡ 어떠한 점들을 구체적으로 어떻게 고쳐야 한다는 것을 지적해 주었습니다.) 몇 번에 걸친 모의수업 덕분인지 다음 번 TA에서는 자신감 있게 수업을 마칠 수 있었습니다. 저는 TA를 통해 저의 단점인 (➡ 무엇을 어떻게) 극복할 수 있었습니다. 저의 단점으로 인해 두려웠던 일이 이제는 자신이 있는 일이 되었습니다.

> **3.** 학교 생활 중 배려, 나눔, 협력, 갈등 관리 등을 실천한 사례를 들고, 그 과정을 통해 배우고 느낀 점을 기술해주시기 바랍니다.(1,000자 이내)

필자의 첨삭 결과를 참조하세요.

저는 고등학교 2학년 때부터 지금까지 휴먼인러브 청소년 기자단에서 사회적 약자에 대한 취재활동을 했습니다. 2학년 때 세달 간의 기자 소양교육을 받고 9월부터 활동을 시작했습니다. 처음에는 기자단 활동이 학업에 지장을 줄 것 같아 2학년만 할 생각이었습니다. 하지만 한국시각장애인 연합회를 다녀오고 나서 그 생각은 바뀌었습니다. 한국시각장애인연합회에 취재를 갔는데 생각했던 것보다 시각장애인들이 겪는 현실은 안 좋았습니다. 시각장애인들이 생계유지를 위해 불법 안마소에서 일해야 한다는 사실을 듣고 마음이 아팠습니다. 사람들의 인식이 바뀌지 않아 취직 등 사회활동이 힘들고 정부의 지원이 부족해서 생계유지가 힘들다는 것입니다. 시각장애인 뿐만 아니라 힘든 현실에 놓여있는 사람들이 더 있을 것이라고 생각했고 그 분들을 작게나마 도와주고 싶었기 때문에 기자단 활동을 계속하기로 결심한 겁니다. 노숙자를 돕는 거리의 천사들과 베이비박스를 설치한 주사랑공동체교회, 집 근처에 있는 복지관 등 여러 곳을 찾아갔습니다. 인터뷰 후엔 노인 분들에게 도시락 배달을 하고 지체장애인과 산책을 하며 말동무가 되기도 했습니다. 기자단 활동을 하면서 노숙자, 탈북자, 장애인, 미혼모 등 많은 사회적 약자들을 만나보았습니다.

'그들은 모두 "우리를 외면하지 말아요, 우리도 일어설 수 있어요"를 말하는 것 같았습니다. 단순한 물질적인 지원을 바라는 것이 아니었습니다. 사회의 관심으로 그들이 자립을 할 수 있도록 도와달라는 요청을 하고 있는 것 같았습니다. 그들이 하고자 하는 말을 제가 잘 이해하고 왜곡하지는 않았는지 고민하고 또 고민하였습니다. 사회적 약자의 입장이 되어 그들의 마음을 공감하려고 노력하며 기사를 작성해 네이버 블로그와 페이스북에 올렸습니다. 저는 그럼으로써 소외된 계층과 소통하는 방법을 배울 수 있었습니다. 기자단 활동으로 작게나마 소외된 계층을 도울 수 있어 뜻깊었습니다.' → 나열식, 스토리와 읽고 나서는 남는 것이 하나도 없어요. 이 부분은 삭제합시다. 대신 제가 쓰라는 내용으로 바꿔 써 봅시다. (➜ 바꿔 쓸 내용: 특히 가장 기억에 남는 만남은 누구를 만났을 때의 일입니다. 제가 만나본 많은 사회적 약자들은 물질적 지원을 빼놓지 않고 이야기했는데 이 누구는 물질적인 지원만을 바라는 것이 아니었습니다. 물고기를 주기 보다는 물고기를 잡을 수 있도록 자립할 수 있도록 도와달라는 것입니다. 저는 고민하고 또 고민했습니다. 그 분의 말을 제가 잘 이해하고 왜곡하지는 않았는지 고민하고 또 고민했습니다. 사회적 약자의 입장에서 무엇을 어떻게 해야 한다는 내용의 기사를 작성해 네이버 블로그와 페이스북에 올렸습니다. 그럼으로써 조금이나마 소외된 계층과 소통하는 방법을 배울 수 있었습니다.)

1. 고등학교 재학 기간 중, 학업에 기울인 노력과 학습 경험에 대해, 배우고 느낀 점을 중심으로 기술하세요(1,000자 이내)

언어의 제 1의 목적은 의사소통이라고 믿는 저는 중학교 시절부터 학교 원어민을 쫓아다니며 질문을 하고 대화를 하려고 노력했습니다. 그런 노력들이 모여 고등학교 진학 후, 1학년 때 2학년 선배들을 제치고 처음으로 받은 교내상인 실용영어 대회 금상(1위)을 수상하였습니다. 이렇듯 회화에는 자신이 있는 저였지만 독해영역에서는 자신감이 많이 흔들렸습니다. 왜냐하면 저의 문제풀이 방식은 회화를 바탕으로 기른 언어적 감각이었고 배워야 할 지문의 양이 많아 질수록 저의 언어적 감각이 떨어지는 경우도 많아졌습니다. 오답을 하고 보니 내린 결론은 '논리적 사고를 요구하는 지문에서의 정확성이 떨어진다'였습니다.

이런 문제점을 해결하기 위해 저는 스스로 '또래 영어선생님'이 되어야겠다고 다짐하였습니다. 2학년 때 영어 부장으로 활동하여 교탁 앞에 나가 친구들에게 추상적인 지문들을 알기 쉽게 설명해 주었습니다. 한번은 '뇌가 어떻게 의식을 불러 일으키는가'에 관한 지문이 나왔습니다. 그 지문은 액체의 분자 여러 개가 모여 유동성을 가지는 것처럼 뇌의 각 부분이 복합적으로 작동을 하여 의식을 형성한다고 했습니다. 저는 친구들이 어떻게 하면 잘 이해할 수 있을지 고민하며 지문에 나온 심리학자인 John Searle에 관한 논문을 찾아보았습니다. 그리고 집에있는 믹스커피를 가지고 예를 들었습니다. '믹스커피 낱알들이 커피가 되지 않는 것처럼 뇌의 부분적인 작용은 의식을 불러 일으키지 못한다. 그러나 믹스커피 알갱이들이 수천, 수만개가 모이고 물을 부으면 커피가 된다. 이것은 뇌의 여러 부분이 함께 작동하여 의식을 형성하는 것과 같다'고 설명하였습니다.

그리고 방과 후 활동으로 영어 과목을 신청하여 친구들에게 지문의 논리적 흐름을 설명하고 답을 같이 찾아보는 시간을 가졌습니다. 친구들의 설명을 들으면서 제가 미처 생각하지도 못한 부분에서 근거를 찾는 친구들을 보며 영어를 잘한다고 자만했던 저를 반성하게 되었습니다. 교과서의 지문을 요약할 때 원과 화살표 같은 도형을 활용하였고 문단을 나눠 글의 흐름을 파악하였습니다. 이런 식으로 하여 글의 흐름과 객관성을 바탕으로 한 '영어의 국어식 접근'을 할 수 있게 되었습니다. 처음에는 '이렇게 해서 언제 다 끝내지?'라는 생각이 들고 포기하고 싶었지만 제 자신을 믿고 교과서 전 지문을 정리하였습니다. 이렇게 만든 저만의 요약 정리집을 이동 중이나 쉬는 시간과 같은 자투리 시간에 복습하는 것을 습관화 하였습니다. 이 방법은 저의 글을 구조화시키는 실력을 향상시켜주어 2학년 때에 교내 영어 에세이 대회에서 은상을 차지할 수 있었습니다. 회화에 대한 노력도 병행하여 실용영어 대회에서 은상을 수상하였습니다.

➜ 필자의 첨삭 결과를 참조하세요.

"000 실용영어대회 금상!" 선생님이 결과를 발표하시던 그 때의 기억이 아직도 선명합니다. 1학년 때 2학년 선배들을 제치고 처음으로 받은 교내상이라 더 기억이 남는가 봅니다. 같이 경쟁했던 선배들이 "1학년이 금상을 받다니 대단하다. 그 비결이 뭐냐?"라고 물었을 때 전 '끈질김'이라고 답했습니다. 언어의 제 1의 목적은 의사소통이라고 믿는 저는 중학교 시절부터 학교 원어민을 쫓아다니며 질문을 하고 대화를 하려고 노력했습니다.(➜ 1번 문항에서 가장 중요한 문장은 '바로 원어민을 쫓아다니며 질문을 하고 대화를 하려고 노력했습니다'입니다. 그 노력 때문에 상도 받았고 한 거죠? 근데 그 노력의 과정이 하나도 없어요. 에피소드 없을까? 예컨대 언제 어디서 원어민을 쫓아다니다가 거절당했던 일이 있었다. 알고 보니 그 원어민이 대화를 거절했었던 이유는 한국 사람들이 너무나 자기중심적인 질문만 했기 때문이더라 그는 예컨대 한국을 좋아하냐? 김치 좋아하냐? 소주 좋아하냐? K-pop 가수 누구 좋아하냐 등등 매번 비슷한 스토리의 질문을 해서 나도 그런 식의 질문을 할거라 생각한 거다. 하지만 나랑은 대화가 통할 것 같더라. 내가 했던 질문은 '한국을 여행하면서 학생들을 보면 어떤 생각이 들었냐?'라는 것이다. 그 질문을 듣고 나랑 대화를 해도 되겠다고 생각했다고 한다. 그 원어민과는 1시간 동안 대화를 나누었다. 그는 어디 출신인데 전 세계를 여행하면서 한국학생들처럼 공부만 하는 학생들은 처음 봤다고 했다. 그러다 나보고 외국에서 살다 왔냐고 물었다. 뭐 이런 내용 있지 않을까? 아마 있을 겁니다. 연결해서 써 주시고요.) 이렇듯 회화에는 자신이 있는 저였지만 독해는 상대적으로 약했습니다. 회화를 중심으로 공부했기 때문입니다. 특히 논리적 사고를 요구하는 지문에서의 정확성이 떨어졌습니다. 저는 이 문제를 해결하기 위해 영어교사가 되기로 했습니다. 2학년 때 부터 무슨 시간에 몇 분 동안 친구들에게 추상적인 지문들을 알기 쉽게 설명해 주는 활동을 한 겁니다. 쉽게 설명하기 위해서는 더 많이 공부하고 준비해야 하기 때문에 논리적 사고력을 키우는 데 도움이 될 거라 생각한 겁니다. 하지만 쉽지는 않은 과정이었습니다. '뇌가 어떻게 의식을 불러 일으키는가'에 관한 지문이 나왔을 때입니다. '액체의 분자 여러 개가 모여 유동성을 가지는 것처럼 뇌의 각 부분이 복합적으로 작동을 하여 의식을 형성한 다'는 내용입니다. 쉽게 설명할 방법을 고민하다 믹스커피를 떠올렸습니다. '믹스커피 낱알들이 커피가 되지 않는 것처럼 뇌의 부분적인 작용은 의식을 불러 일으키지 못한다. 그러나 믹스커피 알갱이들이 수천, 수만개가 모이고 물을 부으면 커피가 된다. 이것은 뇌의 여러 부분이 함께 작동하여 의식을 형성하는 것과 같다'라고 설명을 한 적도 있었습니다. 이런 식으로 어려운 지문을 쉽게 설명하기 위해 생각하고 책을 찾아보고 고민하다보니 실제로 많은 도움이 되었습니다. 이 활동을 하기 전에는 모의고사 독해점수가 00점이었지만 이 활동을 몇 개월 동안 꾸준히 하니 00점으로 올라간 겁니다.

2. 고등학교 재학 기간 중 본인이 의미를 두고 노력했던 교내 활동을 배우고 느낀 점을 중심으로 3개 이내로 기술하세요. 단, 교외 활동 중 학교장의 허락을 받고 참여한 활동은 포함됩니다.(1,500자 이내)

OOOOOOO 대회의 통역 자원봉사자로 봉사활동을 지원하였습니다. 농구 경기 중 선수들의 의사소통을 원활히 할 수 있도록 도와주었고 외국인 관람객의 불편사항을 통역해 주는 일을 했습니다. 한번은 독일 관람객 분들이 독일 팀을 응원하러 택시를 타고 오셨는데 택시기사님께서 OO군 실내체육관에 가야 하는데 OO대농구장에 내려주셨습니다. 그래서 그분들은 로비에서 대기하고 있던 저에게 도움을 요청했습니다. 저는 경기장 내의 수송팀을 연결해 주어서 그 분들이 OO군 실내 체육관에 갈 수 있도록 통역을 해주었습니다. 옆에 있던 미국인 기자와 브라질팀 코치가 "영어권 국가에서 얼마나 살다왔니?"라고 물어보았습니다. 제가 유학경험이 없고 오직 한국에서 회화를 연습했다고 다들 놀라워 했습니다. 한국을 방문한 외국인에게 저의 통역으로 인해 도움이 된다는 점이 뿌듯했습니다. 그래서 영어 회화에 자신감이 생겼고 학교에 있는 유일한 원어민 선생님인 중국인 원어민 선생님을 쫓아 다니며 말을 걸었습니다. 그분은 영어에 능통하셔서 처음에는 영어로 대화 하다가 중국인들의 아침식사라든지 중국 고등학생들의 생활에 대해 질문하면서 점점 중국문화에 대해 알게 되었습니다. 원어민 선생님과 더 친해지고 싶은 마음에 중국어 공부를 하였고 중국어 수업시간에 더 열심히 공부하게 되었습니다. 그 결과 중국어 경시대회에서 동상을 수상하였고 중국어와 영어에 능통한 인재가 되고 싶어졌습니다.

저는 3학년 때 선행상을 받았습니다. 시작은 정말 우연이었습니다. 저희 학교는 반마다 큰 칠판을 가운데에 두고 양쪽 칠판이 정사각형으로 붙어있는 칠판이 있습니다. 방학이 되자 시간표가 학기중과 다르고 매일 바뀌기 때문에 방학시간표를 칠판에 적어놓았습니다. 그렇게 며칠하다 가끔 잊어버리고 늦게 써놓은 날이면 친구들이 저보고 "OOO 오늘 시간표 뭐야?"라고 물어보았습니다. 개학을 하고 3학년이 되자 방학 때 제가 시간표를 기록한 것을 기억하고 계신 담임 선생님께서 저에게 학급 알림판 관리를 시키셨습니다. 저는 스스로 꼼꼼하지 않다고 생각하기 때문에 제가 과연 잘할 수 있을지 걱정이 되었습니다. 그런데 막상 해보니 친구들이 제가 기록한 과제와 시간표를 보고 수업준비를 하고 집에 갈 때 잊을만한 것들도 챙기게 된다는 점에서 뿌듯했습니다. 그런 즐거움을 알게 되서 매일 등교하자마자 칠판을 깨끗하게 관리하고 시간표를 적어놓고 다음주 과제나 중요한 수행평가 내용을 써놓았습니다. 담임 선생님께서 나의 이런점을 좋게 보시고 선행상을 주신 것 같습니다.

2학년을 맞아 새롭게 영어부장을 뽑을 때가 있었습니다. 평소에 영어를 좋아하는 저는 손을 들었고 영어선생님께서는 영어부장을 지원한 친구들에게 영어로 자기소개를 시켰습니다. 제가 원래 외국인이랑 말할 때 쓰는 억양과 문장을 구사했고 제가 가장 많은 표를 받아서 영어부장이 되었습니다. 그런데 학기가 시작되고 얼마 지나지 않아 저는 9박10일로 유럽여행을 떠나게 되었습니다. 매 수업시간마다 있는 단어시험 범위를 알려줘야 하고 쉬는 시간 10분을 이용해서 친구들의 숙제검사를 해야 하는게 영어부장의 일이었습니다. 저는 그것을 알지 못한 채 여행을 가게 되었고 제자리는 다른 친구가 대신했어야했습니다. 그래서 저는 불성실한 아이라고 낙인찍혔습니다.

친구들에 대한 미안함과 불성실하다는 것이 오해임을 증명하기 위해 저는 쉬는 시간을 반납했습니다. 10분을 활용하여 5층에서 교무실이 있는 3층까지 왔다갔다 하며 숙제 검사표를 가지러 가고 자는 친구를 깨우면서 책에 도장을 찍었습니다. 전 시간이 체육이 들면 옷을 빨리 갈아입고 친구들을 불러 검사를 맡게 했습니다. 덥고 땀이 나서 다른 친구들처럼 선풍기 밑에 앉아 쉬면서 아이스크림을 먹고 싶었지만 꾹 참았습니다. 교무실에 찾아갔는데 영어선생님께서 자리를 비운 날이면 저는 기다려야 했고 더욱 바쁘게 움직여야 했습니다. 매주 7시간이 든 영어시간에 쉬는 시간에 꾸준히 일을 하고 나니 저에 대한 안 좋은 인식이 바뀌었고 영어 선생님께서 "OO는 참 성실하네"라고 하셨습니다. 저의 노력을 알게 된 담임선생님께서 봉사상을 주셨습니다.

1학년 때의 소록도 봉사활동은 저에게 큰 의미가 있습니다. 소록도 봉사 전, 나병에 대해서 검색해보기는 하였지만 정확이 어떤 증상을 가지고 있는지 알지 못했습니다. 저는 바다를 건너서 간다는 말만 듣고 들떠 있었습니다. 그런데 막상 그곳에 가니 나병으로 인해 얼굴 부위와 손 마디가 녹아 고통 받는 노인분들이 계셨습니다. 처음에는 그 분들을 쳐다보기 무서웠지만 웃는 얼굴로 할머니, 할아버지들을 대하며 이야기를 들어주는 친구들을 보며 제 자신이 부끄러워 졌습니다. 그래서 저도 마음을 고쳐먹고 할머니, 할아버지들을 위해 음식을 나르고 말동무도 해드렸습니다. 그곳에서 머무르면서 환자들을 도우면서 진심으로 환자들을 위해 봉사하는 수녀님, 자원봉사자 분들을 보며 그동안 제가 이기적으로 살지 않았나 반성하게 되었습니다. 봉사활동을 통해 저의 장애인에 대해 배타적이고 이기적인 면을 깨닫고 배려하는 삶을 살자고 다짐했습니다.

➡ 필자의 첨삭 결과를 참조하세요.

000000 대회에서 통역 자원봉사자로 일하던 때가 기억이 납니다. 친구들은 아무리 영어를 잘한다 해도 외고생도 아니고 외국에서 살다온 경험도 없는데 통역 자원봉사자로 나선다고 걱정들을 해 주었습니다. 게다가 통역 자원봉사는 대학생들도 많고 경쟁도 치열한데 외고생도 아닌 일반계 고등학생을 뽑아주겠냐는 소리도 들었습니다. 저도 내심 그런 걱정이 없었던 것은 아닙니다. 하지만 시도도 해보지 않고 '안될 거야' 포기하고 싶지는 않았습니다. 통역 자원봉사자 선발은 어떤 방식을 거쳐 어떻게 뽑는 것이었습니다. 면접에서 고등학생은 저를 포함해 00명에 지나지 않았습니다. 면접이 끝나고 한 선생님께서는 '영어권 국가에서 얼마나 살다왔니?'라고 물어오셨습니다. 저는 유학경험이 없고 오직 한국에서 독학으로 회화를 연습했다고 답했습

니다. 그 말에 면접관들은 다들 놀라워 했습니다. 독학으로 어떻게 공부했길래 원어민과 별 차이가 없는 억양과 문장을 구사하느냐고 공부법을 물어보기도 했습니다. 제가 00000에서 몇 안 되는 고등학생 통역 자원봉사자로 뽑히게 된 이유가 되기도 했습니다. (➡ 상식적으로도 일반고 고등학생이 이런 큰 국제대회 통역을 맡는다는 것은 쉽지 않습니다. 따라서 제가 고친 내용을 참고로 해서 수정하도록 하세요. 만약 제가 고친 내용이 사실과 다르다해도 우리 친구가 최대한 사실과 가까운 방향으로 맞춰보세요. 독학으로 공부해서 원어민 뺨치는 영어실력을 가지게 된 것을 국제대회 자원봉사자로 선정되는 과정을 통해 풀어내는 것은 영어실력 뿐 아니라 잠재성, 발전가능성, 적극성 모두를 함축할 수 있는 내용이니 중요합니다.)

저는 농구경기장에서 선수들의 의사소통을 구체적으로 어떻게 도와주는 역할을 했습니다. 한 번은 독일 관람객 분들이 경기장 로비에서 안절부절 못하고 계시는 겁니다. 뭔가 도움이 필요하시구나 싶어 물어보니 독일 팀을 응원하러 택시를 타고 오셨는데 택시기사가 엉뚱한 경기장으로 내려 준 겁니다. 제가 있던 곳은 00대농구장이었는데 그분들은 00군 실내체육관으로 가야 했습니다. 자가용으로도 1시간 반 정도 떨어져 있는 거리였습니다. 택시비만 5만원 넘게 나올 상황이었습니다. 택시기사 실수로 이런 일이 벌어졌는데 또 다시 비싼 돈을 내고 택시를 타라고 하기가 미안했습니다. 고민하다. 경기장 내의 수송팀에게 이런 사정을 설명하고 도움을 달라고 요청했습니다. 다행히도 그분들은 수송팀 차량으로 목적지까지 이동할 수 있게 되었습니다. 수송팀 버스를 타시기 전에 독일인 일행 중 한 분이 저에게 "자신들이 타고 온 택시의 불친절함과 잘못된 장소에 내린 일로 많이 불쾌했었는데 자기 일처럼 도와줘서 너무 고맙다. 독일에 오면 연락해 달라. 집으로 한 번 초대하겠다"라면서 이메일과 집주소가 적인 쪽지를 내미는 겁니다. 그러면서 "영어회화를 너무 잘한다. 외국에서 얼마나 살았냐?"하는 질문을 하는 겁니다. 예전 통역 자원봉사 면접장에서의 일이 다시금 떠올랐습니다. 제 대답은 역시나 '독학으로 공부했다'는 겁니다. 그 분도 놀라면서 '무엇을 위해 그렇게 열심히 노력하는가?'라고 물었습니다. 저는 '제 꿈은 한국의 진정한 아름다움을 전 세계에 알리는 관광전문가라고 답했습니다. 그 분들은 '한국의 친절함을 제대로 알린 주니어 관광전문가'라며 엄지를 들어주셨습니다. 이처럼 언어를 통해 한국을 알렸던 일은 지금도 가슴 뿌듯함으로 남아있습니다.

> **3. 학교 생활 중 배려, 나눔, 협력, 갈등 관리 등을 실천한 사례를 들고, 그 과정을 통해 배우고 느낀 점을 기술하세요(1,000자 이내)**

2학년 때 가입한 합창부는 '오합지졸'이었습니다. 축제까지는 2주밖에 안남았는데 동아리시간은 잡담과 딴 짓으로 엉망이었습니다. 담당선생님인 음악선생님께서는 축제 감독으로 일하시느라 우리에게 신경을 쓰지 못하셨습니다. 이렇게 해서는 안되겠다 싶어 앞에 나가 동아리부원들을 설득했습니다. '우리가 오프닝 무대인데 좋은 모습을 보여줘야 음악선생님께서 우리들을 보고 대견해하지 않으실까? 얼마 남지 않았는데 열심히 해보자'라는 식으로 다독였습니다. 그러자 많은 2학년 친구들이 저를 도와서 같이 좋은 무대를 만들어 보자고 말했고 1학년 아이들도 고개를 끄덕였습니다.

그날 동아리 시간에 2학년 부원들의 주도로 어떻게 지도를 할지 상의하였습니다. 저는 자진해서 안무를 짜겠다고 했고 나머지 아이들은 노래연습을 지도하기로 했습니다. 어떻게 하면 안무를 쉽게 가르칠까 하는 끝에 아이디어를 떠올렸습니다. 저는 일단 노래가사를 프린트 했습니다. 그 밑에 가르칠 안무를 '오른쪽으로 두 걸음 손뼉 짝짝'과 같이 간략하게 설명을 적고 동작을 나타내는 그림도 그렸습니다. 이 종이를 동아리 부원의 수만큼 프린트해서 나눠주고 점심시간 한 시간 중에서 삼십분을 쪼개 다함께 모이는 시간을 가졌습니다. 이 시간에는 하루에 번갈아 가면서 노래연습과 안무연습을 했습니다. 모임 2,3일 째에는 30명중 반 밖에 모이지 않았습니다. 그렇지만 '점심시간에 합창부가 맹연습을 한다'라는 소문이 퍼지자 모임 일주일이 지나자 빠지는 사람은 한 두명으로 줄었습니다. 다들 오전 수업으로 피곤하고 반에서 쉬고 싶었겠지만 그래도 점심시간 모임에 오는 것을 보니 고마웠습니다. 저는 보답으로 30분 동안 교복 등판이 축축해질 정도로 동작을 크게 하면서 가르쳤습니다. 그렇게 2주간 점심시간과 동아리시간에 맹연습을 한 결과 저희는 준비된 모습으로 축제에서 공연을 할 수 있었습니다. 음악 선생님께서는 신경도 못써줬는데 언제 그렇게 준비를 했냐며 놀라워 하셨습니다. 합창부 활동으로 쉽지 않아 보이는 일이더라도 적극적인 자세로 친구들의 참여를 이끌어 낼 수 있다면 안 될 것도 없다는 것을 깨달았습니다.

➡ 필자의 첨삭 결과를 참조하세요.

2학년 때 가입한 합창부의 별명은 '오합지졸'이었습니다. 축제까지는 2주밖에 안 남았는데 동아리시간은 잡담과 딴 짓으로 엉망이었기 때문입니다. 음악선생님께서는 축제 감독으로 바쁘셔서 합창부에 신경을 쓰지 못했습니다. 합창부가 오프닝 무대를 담당하는데 이렇게 하다가는 이도 저도 안 되겠다 싶은 생각이 들었습니다. '우리 얼마 남지 않았는데 열심히 해보자'라고 설득을 했습니다. 처음에는 이렇게 말하기가 두려웠습니다. 이렇게 말하면 '너나 잘해'라는 대답이 돌아올 까 생각했기 때문입니다. 하지만 예상과 달리 다들 같이 좋은 무대를 만들어 보자고 고개를 끄덕였습니다. 다들 합창부가 오프닝 무대를 맡고 있기 때문에 합창부 역할의 중요성을 알고 있었지만 합창반 분위기가 잡담과 딴 짓으로 엉망이었기 때문에 분위기에 휩쓸려 이런 이야기를 나서서 하지 못했던 겁니다. 이 때의 일로 용기를 낸다는 것이 얼마나 중요한 일인지 알았습니다.

그날 동아리 시간에 2학년 부원들의 주도로 어떻게 지도를 할지 상의하였습니다. 저는 자진해서 안무를 짜겠다고 했고 다른 아이들은 노래연습을 지도하기로 했습니다. 어떻게 하면 안무를 쉽게 가르칠까 고민하다 아이디어를 떠올렸습니다. 노래가사를 프린트 한 다음 그 밑에 가르칠 안무를 '오른쪽으로 두 걸음 손뼉 짝짝'과 같이 간략하게 설명을 적고 동작을 나타내는 그림도 그렸습니다. 이 종이를 프린트해서 나눠주고 점심시간 한 시간 중에서 삼십분을 쪼개 다함께 연습하는 시간을 가졌습니다. 이 시간에는 하루에 번갈아 가면서 노래연습과 안무연습을 했습니다. 모임 2~3일 째에는 30명중 반 밖에 모이지 않았습니다. 그렇지만 '점심시간에 합창부가 맹연습을 한다'라는 소문이 퍼지자 빠지는 사람은 한 두명으로 줄었습니다. 다들 오전 수업으로 피곤하고 반에서 쉬고 싶었겠지만 그래도 점심시간 모임에 와주니 고마웠습니다. 30분 동안 교복 등판이 축축해질 정도로 동작을 크게 하면서 그렇게 2주간 점심시간과 동아리시간에 맹연습을 한 결과 저희는 오프닝 무대의 시작을 뜨겁게 알릴 수 있었습니다. 음악선생님은 신경도 못써줬는데 언제 그렇게 준비를 했냐며 대견해 하셨습니다. 합창부 활동으로 쉽지 않아 보이는 일이더라도 적극적인 자세로 친구들의 참여를 이끌어 낼 수 있다면 안 될 것도 없다는 것을 깨달았습니다.

경희대학교 자기소개서 첨삭 사례 3

> 1. 고등학교 재학 기간 중, 학업에 기울인 노력과 학습 경험에 대해, 배우고 느낀 점을 중심으로 기술하세요(1,000자 이내)

누구나 다 영어공부를 할 때 어휘공부를 합니다. 저 역시 어휘실력을 더 키우기 위해 영어경시대회에 참여하여 상을 수상했습니다. 그런 어휘를 바탕으로 자신감이 생겨 고등학교에서 영어소설을 비롯한 영문읽기에 관심이 많아서 영어 책을 읽고 영어 독후감을 써서 영어 말하기대회에 나갔지만 수상하지는 못했습니다. 그 과정에서 어휘 바탕으로 하는 영어공부에 한계를 느끼게 되었습니다.
고등학교 독서토론동아리에서 연을 쫓는 아이(DVD)를 보고 토론을 했습니다. 영어를 공부하는 방법에 대해 고민을 하던 저는 DVD에 그치지 않고 영어 책을 읽는 것이 방법이라고 생각 했습니다. 따라서 원서 'The kite runner'를 읽을 수 있었습니다. 영화(DVD)에서는 느낄 수 없었던 아미르의 후회와, 시간의 흐름에 따라 리더가 자주 바뀌는 과정에서 고통 받는 주인공들을 보며 리더의 중요성도 깨달았습니다. 원서에서 완벽히 이해하지 못한 부분을 위해 '연을 쫓는 아이'로 보충 했습니다.또한 지금껏 막연하게만 알았던 탈레반 정권,아프가니스탄의 전쟁배경을 알게 되었습니다. CNN 뉴스에서 'Taliban:Mullah omar not dead, still in charge'제목으로 탈레반에 대해 더 이해했습니다 .그러던 중 학교에서 동 아시아사를 배웠습니다. 처음엔 동아시아사의 공부법을 모르다가 단어인 동아시아사와 드라마를 결합한 이른바 "동라마"로, 동아시아사의 한 역사 흐름을 드라마나 영화의 한 장면으로 시각화하고 마치 내가 그 역사의 한 인물인 것처럼 희노애락을 느끼면서 공부를 했습니다. 그 결과 동아시아사 1등급을 받았습니다. 동아시아사의 많은 내용 중 열강과의 조약과 관련된 내용에 관심이 있었는데, 특히 일본의 메이지유신 때에 '정한론'을 바탕으로 맺어진 강화도 조약에 대해 공부해보고 싶었습니다. 일단 강화도 조약을 이해하기위해서 먼저 알아야 할 것은 메이지유신이라고 생각했습니다. '고종과 메이지의 시대'를 읽고, 메이지유신에 대해 알아보다가 최근 메이지유신 때 근대산업시설을 유네스코에 등재한다는 내용으로 소논문을 발표했고, 우리나라의 부족한 외교력을 깨달았습니다.

➡ 필자의 첨삭 결과를 참조하세요.

영어공부는 어휘공부가 전부라고 생각한 적이 있었습니다. 어떤 식으로 어떻게 어휘공부를 했었고 그 결과 어휘라면 누구 못지 않은 자신감이 있었습니다. 어휘실력을 키우기 위해 교내 영어경시대회 참가해서 상을 받기도 했습니다. 하지만 그 자신감은 그저 교만에 지나지 않았습니다. 영어말하기대회에 출전했을 때의 일입니다. 영어 독후감을 써서 발표하는 방식이었는데 상을 받지는 못했습니다. 어휘하면 누구보다 자신 있었는데 상을 못 받다니 충격이었습니다. 무엇이 문제일까 고민을 하니 어휘 위주로만 공부하는 방식이 문제라는 것을 알게 됐습니다. 독서토론동아리에 들어간 것도 이런 고민의 결과입니다. 지금까지는 어휘라는 나무만 보았지 나무가 모여 있는 산을 보지 못했기 때문이라는 반성이 들었습니다. 어느 날 독서토론동아리에서 연을 쫓는 아이 영화를 본 후 토론을 하게 됐습니다. 연을 쫓는 아이는 무슨 내용의 영화였는데, 이 영화로 새로운 영어 공부 방법을 떠올릴 수 있었습니다. 영화와 원작을 비교해 보는 방법이었습니다. 어휘 뿐 아니라 리스닝, 리딩, 문법 등 영어의 모든 영역을 통합적으로 공부할 수 있는 방법이었기 때문입니다. 원서를 얼마의 기간 동안 어떤 방식으로 읽으니 영화에서는 느낄 수 없었던 특정예시를 하나 써 주세요. 이해가 되지 않는 문장은 한글 번역판을 찾아보면서 해결하려 했습니다. 이 과정에서 원서와는 다른 내용으로 잘 못 번역되어 있는 내용도 몇 개 찾게 되었습니다. 특히 000이 기억에 많이 남습니다.(➡ 기억에 있다면 써 주세요) 원서상 표현은 이러 저러 한데 번역은 이러 저러한 내용으로 되어 있는 겁니다. 저는 제가 생각한 잘못된 부분을 정리해 출판사로 보냈습니다. 걱정이 되기도 했습니다. 전문가가 번역한 내용일텐데 일개 고등학생이 주제 넘는 일은 하는 건 아닌가 하는 걱정이었습니다. 하지만 출판사에서 '관심을 가져주어서 고맙다. 학생이 보내준 내용은 검토해서 개정판 발행에 참고하겠다'라는 답변을 주었습니다. 그 일로 영어에 대한 자신감을 회복할 수 있었습니다.

---

2. 고등학교 재학 기간 중 본인이 의미를 두고 노력했던 교내 활동을 배우고 느낀 점을 중심으로 3개 이내로 기술하세요. 단, 교외 활동 중 학교장의 허락을 받고 참여한 활동은 포함됩니다.(1,500자 이내)

영어경시대회에 참가하며 실천의 중요성을 깨달았습니다. 교내 영어 대회를 나갔지만 그렇다 할 성과를 이루지 못했습니다. 영어를 좋아하기 때문에 노력하면 이룰 수 있다는 것을 증명하고 싶었습니다. 하지만 그전까지는 막연하게 '상을 받고 싶다'라는 생각으로만 참여했고 구체적인 계획을 세우고 실천하지 못했습니다.

영어경시대회 상을 받기위해선 문제의 기본이 되는 대략 800개의 단어를 외워야했습니다. 영어경시대회가 열리기까지 짧은 5일 동안 가장 효과적으로 외우는 방법을 생각해보았습니다. 문득 얼마 전에 한 친구도 영어경시대회에서 상을 타고 싶다고 말한 것이 기억났습니다. 그래서 그 친구와 매일 아침자습시간, 점심자습시간에 서로 시험을 봐주고 부족한 부분 같은 경우엔 '나는 이렇게 외웠는데 너도 이렇게 외워봐'라고(서로 외우는 방법을 공유) 조언 해주었습니다. 예를 들면 영어단어 decline 경우에 제가 '남자가 여자한테 데이트신청을 했는데 여자가 거절 했다'라는 상황을 연기하면서 단어를 외웠습니다. 이 활동을 통해 말로만 하고 실천하지 않았던 저의 태도를 바꿀 수 있는 계기가 되었습니다.

➡ 필자의 첨삭 결과를 참조하세요.

영어경시대회 참가는 저에게 실천의 중요성을 깨닫게 해준 계기가 됐습니다. 몇 번에 걸쳐 교내 영어 대회에 도전을 했었지만 이렇다 할 성과를 얻지 못했습니다. 영어를 좋아하고 또 자신 있어 했는데 이런 결과를 받다니 제 자신이 한심스러웠습니다. 왜 이런 결과를 받았을까 고민을 했습니다. 막연하게 '상을 받고 싶다'라는 생각만 가지고 참가했던 것이 원인이라 생각했습니다. 구체적인 계획을 세우고 실천하지 못했기 때문에 당연히 이런 결과를 받게 된 겁니다. 영어경시대회에 다시 한번 도전을 하게 된 이유도 여기에 있습니다. 우선 계획표를 만들었습니다. 대회 10일전, 5일전, 3일전, 대회 날 등으로 구분해 내가 무엇을 어떻게 준비를 하고 안 될 때는 어떤 대안을 찾아야 할지를 구체적으로 계획했습니다. 영어단어를 외워야 하는데 외워지지가 않는다면 상황연극으로 외우기라는 식으로 대안을 정리했습니다. 상황연극은 예컨대 영어단어 decline이라면 '남자가 여자한테 데이트신청을 했는데 여자가 거절 했다'라는 상황을 연기하면서 외우는 방식입니다. 이런 식으로 구체적으로 준비를 했더니 어떤 결과를 얻었습니다. 말로만 하고 실천하지 않았던 저의 태도를 되돌아보는 계기가 되었습니다.

저는 독서토론동아리에서 독서캠프를 계획 했습니다. 그 캠프는 윤 성근 작가님의 '인문 통섭학'의 주제로 이루어졌습니다. 이 세상은 학문들은 결코 단일적인 것이 아니라 간학문적(범학문적)이라는 것을 느끼게 되었습니다. 처음에 선생님께서 독서캠프를 계획하라고 하셨을 때 이 캠프를 통해 동아리를 널리 알릴 기회라고 생각했습니다. 저에게 처음 주어진 일인 만큼 저는 캠프를 위한 장소 꾸미기, 좌석 배열하기, 점심 배달하기 등 체계적으로 부원들에게 분담하여 캠프 관리를 하였습니다. 이 캠프는 학교 도서관에서 주관하는 작은 캠프였음에도 불구하고 개개인의 노력이 모여야지만 성공적인 프로젝트가 나온다는걸 깨달았습니다. 그 결과 독서토론캠프는 친구들의 참여도 많았고, 또한 동아리 활성화에 기여 하였습니다. 따라서 한국도서관협회 장상을 받을 수 있는 계기가 되었습니다.

➡ 필자의 첨삭 결과를 참조하세요.

독서토론동아리에서 독서캠프를 계획했을 때의 일입니다. 주제는 윤성근 작가의 '인문 통섭학'으로 정했습니다. 왜냐면 이런 저런 이유로 이렇게 생각했기 때문입니다. 캠프를 성공적으로 열기 위해 기장인 제가 중심이 되어 캠프를 위한 장소 꾸미기, 좌석 배열하기, 점심 배달하기 등의 해야 할 일들은 부원들과 의논해 분담하였습니다. 학교 도서관에서 주관하는 작은 캠프에 불과한데 이렇게 까지 준비를 해야 하는 가에 대한 불만도 있었습니다. 하지만 캠프의 크기와 장소에 상관없이 어떤 행사를 진행해서 성공적인 결과를 얻기 위해서는 개개인의 노력이 중요하다고 생각했습니다. 열심히 준비를 했지만 한편으로는 얼마나 많은 친구들이 참가할까 걱정도 했었습니다. 주제가 너무 어렵다는 지적도 있었습니다. 저는 친구들과 홍보방법을 고민했습니다. 많은 의견이 나왔지만 이렇고 저렇게 홍보를 하기로 했습니다. 처음에는 시큰둥한 반응이었지만 이런 내용을 이렇게 강조하니 조금씩 관심을 가져주었습니다. 그 결과 독서토론캠프는 00명이 참가했고 이런 저런 점 들이 이런 저런 평가를 받아 동아리가 한국도서관협회장상을 받기도 했습니다. 작은 일에도 최선을 다하는 것이 중요하다는 사실을 알게 된 계기이기도 했습니다.

시사토론동아리에서 저는 사드 찬성, 반대에 대해 토론했습니다. 사드에 대해 그냥 막연하게만 생각 했는데 이런 토론시간을 갖게 되어 자세하게 알 수 있었고 머리에만 있던 지식을 체계적으로 정리할 수 있는 시간이 였습니다. 처음에는 사드에 대해 이해하는 것이 너무 어려웠습니다. 그리고 찬성보다 반대쪽의 사람 수가 많았음에도 불구하고 반대쪽에서 토론계획이 어려 웠다는 것이 였습니다. 각자 말하는 것이 논리 정연하지 않았고 생뚱맞은 의견을 냈습니다.. 그런 모든 친구들의 말을 정리해서 간단하게 요약하여 정리해주었습니다. 그리고 저 역시도 완벽하다고 생각했지만 막상 토론장에서 나의 의견을 얘기하려다보니 말이 헛 나오고 계속해서 횡설수설 했습니다. 어떤 정보를 안다고 말하는 것은 내가 정확히 논리적으로 말을 할 수 있어야 하는 것 이었습니다. 사드는 고도미사일 체계인데 이 체계에 대해 중국과 미국과 우리나라가 관련이 있다 이 하나의 정책 때문에 각 국의 외교관계에 타격을 입을 수 있다는 것을 알았습니다.

→ 필자의 첨삭 결과를 참조하세요.

시사토론동아리에서 사드에 대해 토론을 한 적이 있습니다. 저는 반대 입장에서 토론을 준비하게 됐습니다. 사드에 대해 그냥 막연하게 알았는데, 자세히 알 수 있는 기회가 될 거라 생각했지요. 처음에는 사드에 대해 이해하는 것이 너무 어려웠습니다. 사드는 이렇고 저런 것인데 동아리에서는 찬성보다 반대하는 친구들이 훨씬 많았습니다. 우리가 쉽게 이길 수 있다고 생각했습니다. 하지만 막상 사람은 많았지만 반대쪽에서 토론을 준비하는 것은 어려웠습니다. 말하는 것이 논리정연하지 않았고 무슨 내용과 같은 생뚱맞은 의견도 나올 정도였습니다. 제가 그런 친구들의 말을 요약해 정리해 보니 핵심은 이런 저런 이유로 반대하는 것이었습니다. 승리를 확신했기에 별다른 연습을 하지 않고 토론장에 섰습니다. 하지만 막상 토론장에 서니 말이 헛 나오고 계속해서 횡설수설하는 제 자신을 발견하게 됐습니다. 결국 토론에서 패했습니다. 너무나 억울했지만 자만심에 젖어 준비를 소홀히 한 제 자신을 탓했습니다. 어떤 일이 있어도 자만하지 말자는 교훈을 준 사건이었습니다.

---

3. 학교 생활 중 배려, 나눔, 협력, 갈등 관리 등을 실천한 사례를 들고, 그 과정을 통해 배우고 느낀 점을 기술하세요(1,000자 이내)

독서토론동아리 OOO에서는 매달 책을 읽고 토론하는 행사가 열립니다. 1학년 때 까지도 저희 모두는 환상의 콤비였습니다. 어떤 토론을 하든, 행사를 진행하든 순조롭게 이루어 졌습니다. 하지만 2학년 때 부터 문 이과가 나누어지기 시작하면서 각자의 진로와 맞게 다른 동아리에 관심을 가지기 생각했고 점점 원래 동아리에 소홀해지기 시작했습니다. 처음엔 당황스러웠지만 차분히 제가 회장으로서 해야 할 일을 생각해 보았습니다. 매 주 금요일 마다 부원들을 모와서 너희진로를 위해서 다른 동아

리에 참여하는 것도 좋지만 1학년 때 하려고 맘을 먹었으니 끝까지 해보자고 계속 얘기 했습니다.반복적으로 얘기를 하다 보니 부원들의 어떻게든 빠지지 않으려는 모습으로 전원이 참석하게 되었습니다. 토론도 부회장, 학습계획, 이벤트관리자의 역할에 따라 원활하게 진행되었습니다. 여기서 또 다른 문제가 발생했습니다. 우리 동아리의 학습계획 부원 중 한명이 다른 이과 동아리의 회장을 맡게 되면서부터 였습니다. 그 친구는 갑자기 저희 동아리에 활동을 거의 참여하지 않았습니다. 그래서 부원 모두가 동아리를 운영하는 것이 힘들었습니다. 결국 같은 학년 부원들이 그 친구를 제명하자 라는 의견이 나왔습니다. 어렵게 제가 그 친구에게 가서 두 개다 활동하기 힘드니까 지금 회장하고 있는 거에 집중하는 건 어떻겠냐 한번 생각을 해봐라 라고 얘기를 했습니다. 하지만 거의 2년 동안 같이 활동했던 친구에게 그런 말을 전한 것이 미안해서 부모님, 선배님, 선생님께 물어본 후 저의 생각이 짧았음을 느끼게 되었습니다. 그 친구도 자신의 흥미에 열정을 쏟을 권리가 있고, 무책임하게 그만둘래 라고 말하지도 않았습니다.

나 혼자 한다고 해서 해결되는 것은 아니고 조력자가 필요하다는 것을 깨달았습니다. 또한 어떤 책임을 맡고 있다는 것, 직책에 맞는 해야 할 일 있다는 것은 외롭고 고단한 일이라는 알게 되었습니다.

➡ 필자의 첨삭 결과를 참조하세요.

독서토론동아리 000에서는 매달 책을 읽고 토론하는 행사가 열립니다. 1학년 때는 1학년 모두가 환상의 콤비라고 불릴 정도로 사이가 좋았습니다. 어떤 토론을 하든, 행사를 진행하든 순조롭게 이루어 졌습니다. 하지만 2학년에 올라가자 문제가 생기게 됐습니다. 문·이과로 나누어지고 각자의 진로에 맞게 다른 동아리에 관심을 가지기 생각하면서 동아리에 소홀해지기 시작한 겁니다. 동아리 회장이었던 저는 방법을 고민했습니다. 매 주 금요일 마다 부원들을 모았습니다. "다른 동아리에 참여하는 것도 좋지만 1학년 때 환상의 콤비가 졸업때까지도 이어져야 하지 않겠나?"라고 반복적으로 설득을 했습니다. 부원들도 잘 따라주었습니다. 토론도 부회장, 학습계획, 이벤트관리자의 역할에 따라 원활하게 진행되었죠. 하지만 또 다른 문제가 생길 줄은 몰랐습니다. 동아리 부원 중 한명이 다른 이과 동아리의 회장을 맡게 되면서 동아리 활동에 참가하지 않게 된 겁니다. 그 친구를 제명하자 라는 의견까지 나왔습니다. 저는 "두 개다 활동하기 힘드니까 지금 회장을 맡고 있는 동아리에 집중하는 건 어떻겠냐?"라고 얘기를 했습니다. 2년 동안 같이 활동했던 친구에게 그런 말을 하기가 쉽지는 않았습니다. 하지만 그 말은 하고 곧바로 후회를 했습니다. 생각이 짧았음을 느끼게 되었습니다. 그 친구도 자신의 흥미에 열정을 쏟을 권리가 있고, 무책임하게 그만 둘래 라고 말하지도 않았습니다. 나 혼자 한다고 해서 해결되는 것은 아니고 조력자가 필요하다는 것을 깨달았습니다. 또한 어떤 책임을 맡고 있다는 것, 직책에 맞는 해야 할 일 있다는 것은 외롭고 고단한 일이라는 알게 되었습니다.

경희대학교 자기소개서 첨삭 사례 4

> **1.** 고등학교 재학 기간 중, 학업에 기울인 노력과 학습 경험에 대해, 배우고 느낀 점을 중심으로 기술하세요(1,000자 이내)

수험생은 항상 하고 싶은 것을 참아야 하고, 하지 말아야 할 것만 많다는 생각으로 공부를 했었습니다. 그래서인지 공부 외에도 하고 싶은 일이 많은 저는 공부의 끝이 보이지 않는 것 같아 답답하기만 했습니다. 공부의 능률이 오르지 않아 고민한 끝에, 발상의 전환을 해보기로 했습니다. (➡ 두괄식으로 정리하세요. 예를 들면 이렇게 고쳐보는 것은 어떨까 합니다. 고3이 된 나는 끝이 보이지 않을 것 같은 수험생활이 답답했습니다. 공부 외에도 하고 싶은 일이 너무 많았기 때문입니다. 당연히 시간이 지날수록 공부에 대한 능률이 오르지 않더군요, 고민한 끝에 발상의 전환을 해보기로 했습니다. 어때요? 한결 간결하게 정리되면서 글의 요지가 한눈에 들어온다는 느낌이 들 겁니다. 앞 문장에 너무 군더더기가 많아요.)

공부하면서 저에게 보상을 주기로 한 것입니다. 아침에 일어나서 하루의 목표를 잡고 그날 안에 달성하면 공부를 멈추고 저에게 보상을 주었습니다. 보상은 주로 좋아하는 프로그램인 '슈퍼맨이 돌아왔다'를 한 편씩 저 자신에게 보여주는 것이었습니다. (➡ 공부하면서 나에게 보상을 주기로 했습니다. 아침에 일어나서 하루의 계획을 수립하고 그날 계획을 달성하면 제가 좋아하는 TV 프로그램인 '슈퍼맨이 돌아왔다'를 보기로 한 겁니다.)

두 달에 한 번씩은 가족들과 영화를 보러 가기도 했고 맛있는 음식을 먹으며 에너지를 충전하기도 했습니다. 한편, 공부를 할 때 늘 잘할 수 있는 국어를 먼저 해서 정작 보충이 필요한 수학을 하는 비중은 줄어들기만 했습니다. 이를 고치기 위해 공부할 내용을 시간 순으로 계획하고, 공부하기 싫은 과목 뒤에 하고 싶은 과목을 배치하니 골고루 미루지 않고 실천할 수 있었습니다. 수학공부부터 시작하다 보니 수학문제를 푸는 시간이 단축되었고, 깊은 사고가 필요한 문제는 잠자리에 들기 전, 집중이 가장 잘되는 시간에 풀었습니다. (➡ 두 달에 한 번씩은 가족들과 영화를 보러 가기도 했고 맛있는 음식을 먹으며 에너지를 충전하기도 했습니다. (나에게 포상을 준 것은 TV시청 아니었나요? 글의 흐름상 잘 가다가 삼천포로 빠지는 전형적인 사례입니다. 나에게 포상을 준 것과 가족들과 영화보고 맛있는 음식 먹으며 에너지 충전한 거랑은 상관관계가 희박하죠. 즉 사족입니다. 이 문장은 삭제를 권유합니다.)

계획하는 법을 바꾸고 보상을 주기로 한 것뿐인데 저의 생활은 많이 달라졌습니다. 예전에는 목표를 달성하여 만족하고 뿌듯한 날이 많지 않았고, 그런 점에 대해서 실망하고 좌절하여 슬럼프가 찾아오기도 했습니다. 하지만 이제는 잠들기 전 "오늘도 다 못했다"며 스스로 자책하고 혼내기보다 위로하고 격려해주며 "오늘도 잘해냈다."라고 칭찬하는 날이 많아졌습니다. 목표를 성취했을 때 상을 줌으로써 수험생활을 버틸 힘이 생겼고, 계획을 미루는 나 자신이 밉고 싫기보다 계획을 실천함으로써 스스로 보듬어 주며 아끼고 사랑할 수 있게 되었습니다. (➡ 이 문장이 왜 맨 뒤편에 있죠? 글의 흐름상 여기에 있어야 자연스러운데?)

한편, 공부를 할 때 늘 잘할 수 있는 국어를 먼저 해서 정작 보충이 필요한 수학을 하는 비중은 줄어들기만 했습니다. 이를 고치기 위해 공부할 내용을 시간 순으로 계획하고, 공부하기 싫은 과목 뒤에 하고 싶은 과목을 배치하니 골고루 미루지 않고 실천할 수 있었습니다. 수학공부부터 시작하다 보니 수학문제를 푸는 시간이 단축되었고, 깊은 사고가 필요한 문제는 잠자리에 들기 전, 집중이 가장 잘되는 시간에 풀었습니다. (➡ 시간 순으로 표기했는데 시간 순으로 고쳤어요. 맞춤법 주의하시고……. 이번 문장은 글의 인과관계를 잘 드러냈습니다. 칭찬합니다. 하나 아쉬운 점이 있다면 '깊은 사고가 필요한 문제는' 과연 무엇인지 궁금하다는 것과 결과에 대한 이야기가 없다는 것. 보통 이런 노력을 하면 성적이 올라갈 텐데……. 만약 올라갔다면 '이런 과정을 통해서 노력하다보니 수학성적이 00점에서 00점 올랐다'와 같은 결과를 첨부해주면 입학사정관의 궁금증을 해결해주고 자기 주도적 습관으로 성적이 올라가고 있다는 점을 보여줄 수 있습니다. 중요합니다. 밑줄 쫘악~)

자투리 시간에는 영어단어를 외우거나 신문기사를 보면서 효율적으로 보냈습니다. 신문기사를 보면서 더 탐구해보고 싶은 주제는 친구들과 함께 조사하여 소논문발표대회에 참가했으며, 2년 동안 은상과 0상을 받았습니다. (➡ 효율적으로 보냈다고 썼는데? 근거가 빈약해 신뢰를 주기 어렵습니다. 구체적인 예로 보여주는 것이 좋겠어요. 예컨대 '점심 먹고 졸릴 때 친구들과 00신문을 어떤 기준을 가지고 읽었다'와 같은 상황이 나와야 합니다. 소논문발표대회도 뜬금없는 내용입니다. 구체적인 대회 준비과정이 없습니다. 나름 중요하다고 생각해 작성했을 텐데. 입학사정관들은 그렇게 생각하지 않습니다. 중요한 대회인데 준비 과정이 없다???)

1. 솔리언 또래상담도우미 2년

2학년 때 부실장으로서 급우들과 자주 어울리고 대화도 많이 나누다 보니 자연스럽게 아이들의 고민이 무엇인지 알 수 있었습니다. 고민을 듣고 제가 도움을 줄 수 있는 부분은 제 일인 것처럼 확실하게 도움을 주려고 노력했고 조언을 해주다보니, 공식적인 학급의 또래상담도우미가 되었습니다. 처음에 친구들은 제가 친구가 아닌 도우미가 된 것이 부담스러운지 예전만큼 솔직한 상담을 하지 않으려는 듯 했습니다. 그래서 저는 예전과 같은 친구로서 먼저 다가가기로 했습니다. 친구들의 주된 고민거리는 학업과 진로였고, 그래서 저는 직접 여러 대학들의 입시요강을 모으고 아직 진로를 정하지 않은 친구를 위해서 함께 고민하며 꿈을 찾아갔습니다. (➡ 문장의 시작은 두괄식! 15개 단어 이내로 요점을 정리하는 것이 좋아요. 이렇게 고치면 좋을 것 같은데……. 2학년부터 여러 대학의 입시요강을 모으고 진로에 대한 자료를 찾았습니다. 학급의 또래상담도우미가 되었는데 친구들은 제가 친구가 아닌 도우미가 된 것이 부담스러운지 예전만큼 솔직한 대화를 하지 않으려고 했습니다. 저는 친구들이 마음을 터놓고 상담을 하기 위해서는 무엇이 필요한지 고민했고 그 결과 친구들과 나의 주된 고민거리인 학업과 진로에 대한 정보를 알아야 겠다고 생각했습니다…….)

이렇게 쌓인 신뢰도를 바탕으로 3학년 때도 도우미를 하며 친구들의 고민을 들어줄 수 있었습니다. 2년간 상담을 하며 깨달은 점은 고민은 나눌수록 작아지고 해결되었을 때의 기쁨은 배가된다는 것입니다. 저 또한 예전에는 작은 고민이라도 혼자 해결하려고 끙끙대다가 시간을 보낸 적이 많았지만, 다른 친구들을 상담하면서 혼자 고민하지 않고 주변의 조언을 구하며 함께 해결할 수 있었습니다. 고민이 해결 되었을 때에 친구들이 안심하고 기뻐하는 모습에 정말 기분이 좋았고 도움을 줄 수 있어서 뿌듯했습니다. (➡ 신뢰도라는 표현 아니죠. 신뢰가 바른 표현 이예요. 이번 문장은 편안하게 읽어 집니다. 글에서 진정성도 느껴집니다. 아쉬운 점은 역시나 구체적인 스토리가 없다는 것 '다른 친구들을 상담하면서 혼자 고민하지 않고 주변의 조언을 구하며 함께 해결할 수 있었습니다'라는 문장 다음에 기억에 남는 스토리를 이어주세요.)

2. 소외계층아동 학습지원 멘토링 활동 2년

제가 2년 동안 따즐 봉사단을 이끌고 지역아동센터에 봉사를 다니면서 배운 것은 '진심은 통한다'는 사실입니다. 처음 만나는 아이들이었지만 아이들과 있기를 워낙 좋아하는지라 대부분 쉽게 친해질 수 있었습니다. 하지만 유독 한 아이만 저에게 말 한마디 하지 않고 대답도 하지 않았습니다. 그래서 상담선생님께 배운 미술 심리치료를 했는데, 그 아이가 내성적이고 자신감이 없다는 사실을 알게 되었습니다. 그 이후로 저는 아이와 대화를 더 많이 나누려고 노력했고 사소한 일에도 칭찬을 하며 용기를 북돋아 주고, 아이의 생일을 챙겨주기도 하면서 제 진심을 보여줬습니다. 시간이 지날수록 저에게 마음을 여는 듯, 말 거는 횟수가 많아졌고 마지막 날에는 센터선생님께 베스트커플상을 받을 만큼 친해졌습니다. 저를 믿고 좋아해 주는 아이가 고마웠습니다. 아이들을 만나기 전에는 어떻게 하면 더 잘 가르칠 수 있을까 고민을 했지만, 막상 만나보니 그들에게 필요한 사람은 공부를 잘 가르쳐주는 선생님이 아니라 자신의 이야기를 잘 들어주고 마음을 알아주는 사람이라는 것을 깨달았습니다. 아이들은 누군가의 진심 어린 관심이 필요했고 제가 그런 관심을 줄 수 있어서 행복했습니다. 지친 수험생활에 아이들을 만나 서로 알아가고 소통했던 2년은 저에게 가뭄에 단비 같은 소중한 시간이었습니다. (➡ PERFECT!!!! 100점 만점에 90점. 사례가 구체적이어서 신뢰가 갑니다. 또한 계기 -> 과정 -> 결과 -> 느낀 점으로 이어지는 탄탄한 스토리가 입학사정관의 호감도를 높이는 효과까지 ^_^ 게다가 지원자 본인의 관심분야인 '아동학과'에 대한 전공적합성 까지 한 번에 보여주는 아주 모범적인 사례입니다.)

3. 안동mbc청소년 리포터 다문화가정운동회 취재

　지역아동센터의 한 아이로부터 산북초등학교에서 조금 특별한 체육대회를 한다는 이야기를 들었습니다. 다문화 가정이 많은 학교의 특성을 살려 온 가족이 함께하는 '한마음 체육대회'를 개최한다는 것입니다. 저는 1학년 때부터 안동mbc청소년 리포터를 하고 있었기 때문에 방송부선생님과 방송부원들과 함께 직접 취재에 나섰습니다. 처음 산북초등학교에 도착하자마자 정말 따뜻한 학교라는 느낌을 받았습니다. 친구들과 함께 뛰어노는 아이들의 모습은 즐거워 보였고, 그 모습을 보면서 중학교 때 급식실에서 다문화가정의 아이를 빤히 쳐다봤던 기억이 났습니다. 저는 단지 신기했을 뿐이지만, 그 아이에게는 얼마나 큰 상처였을지 생각하면 제 자신이 부끄러웠습니다. 한편으로, 그 당시는 다문화가정의 아이에게 다가가기가 어려웠고 함께 놀 기회도 없었지만 이제는 다문화가정이 늘어나면서 같이 체육대회도 하며 친해질 수 있다는 사실이 신기하고 기뻤습니다. 또한, 아이들에게서 편견 없이 친구가 되는 순수함을 배웠고, 그 아이들이 제가 가르치는 아이들이라는 것이 뿌듯했습니다. 앞으로는 아이들과 함께 다문화가정과 친해질 수 있는 작은 행사라도 직접 개최하고 참여해보고 싶단 마음이 들었습니다. 아이들, 가족들이 함께 만드는 행복한 모습이 계속되어 우리 사회를 따뜻하게 해줄 수 있도록 제가 앞장서서 돕고 싶습니다. (➡ 좋습니다. 아쉬운 점 한 가지는 '다문화가정의 아이를 빤히 쳐다봤던 기억이 났습니다. 저는 단지 신기했을 뿐이지만, 그 아이에게는 얼마나 큰 상처였을지 생각하면 제 자신이 부끄러웠습니다.'라는 소재를 좀 더 구체적인 에피소드로 써 준다면 어떨까? 바른 인성을 효과적으로 드러내는데 많은 도움이 될 것입니다.)

> **3. 학교 생활 중 배려, 나눔, 협력, 갈등 관리 등을 실천한 사례를 들고, 그 과정을 통해 배우고 느낀 점을 기술하세요(1,000자 이내)**

댄스경연대회

우리 학교는 매년 댄스경연대회를 개최합니다. 평소에 단합이 잘 되기로 유명한 저희 반은 1등을 목표로 순조롭게 준비했습니다. 하지만 대회 일주일 전, 전체지휘를 맡은 실장이 다리를 다치고 저희 반 내부는 의견이 맞지 않아 분열이 일어났습니다. (

➡ 좋은 소재임은 분명하나 신선한 재료에 비해 양념이 부족하다는 느낌. 어떤 분열이 일어났는지 구체적으로 풀어 주세요.)

부실장이었던 저는 이 사태를 두고 볼 수만은 없었기에, 임시지휘자가 되어 의견을 나눌 때에는 무조건 웃으며 말하는 것을 규칙으로 정했고, 덕분에 유쾌한 분위기 속에서 회의하며 서로의 생각이 종합되어 더욱 창의적인 의견이 나왔습니다. (➡ 서로의 생각이 종합되어 더욱 창의적인 의견이 나왔다는데? 뭘까? 나는 무척이나 궁금한데? 분열이 일어남 -> 창의적 의견이 나옴……. 그리고는 끝……. 읽는 사람을 궁금하게 하는 글쓰기는 잘 못된 글쓰기죠. 구체적인 사례를 들어주면 가산점 팍팍 얻을 수 있습니다.)

또한, 대회에서 가장 중요한 것은 하나가 되는 것이라고 생각했기 때문에 불가피하게 연습에 참여하지 못한 아이들에게는 따로 동영상을 찍어서 혼자 연습해 올 수 있도록 도와줬고, 병원에 입원한 실장에게 찾아가 바뀐 춤동작에 대해 설명해주는 일도 잊지 않았습니다. 다시 하나가 되어 다른 반에 불이 다 꺼지고도 한참을 더 연습했고, 심지어는 주말에도 연습에 전원이 참석해 다른 반의 부러움을 사기도 했습니다. (➡ 구체적인 과정 써주니 좋아요!!! 하지만 '다른 반의 부러움을 사기도 했습니다'와 같은 주관적인 표현은 빼 주세요. 입학사정관들이 가장 싫어하는 표현입니다. 어떻게 증명할 건가요? 면접에서 물어보면 뭐라고 대답할까요?)

저희 반은 후회 없이 마지막까지 최선을 다했고 그 결과 전교생이 인정하는 값진 금상을 받게 되었습니다. 하지만 금상보다 값진 것은 모두의 땀과 노력, 그리고 연습하는 동안 생긴 서로 간의 믿음이라고 생각합니다. 먼저 나서서 오해를 풀며 다른 친구를 배려하고 이해하는 법을 배울 수 있었습니다. 실장이 빠진 어려운 상황인데도 불구하고, 옆에서 함께 힘을 내준 친구들이 있었기에 끝까지 잘 해낼 수 있었습니다. 나보다 우리를 생각하고 한걸음 물러나 양보해 준, 부족한 저를 믿고 따라와 준 모두에게 진심으로 고맙다는 인사를 전하고 싶습니다. (➡ GOOD! 결론은 '내가 아닌 모두의 결과다!'인 거죠. 공동체정신과 희생정신, 그리고 인성까지 따뜻하게 전달됩니다.)

학교 행사 학생기획의원이야기를 추가로 더 적을 예정인데 두 가지 사례를 들어도 괜찮나요? (➡ 당근. 앞에서 지적한 내용만 다듬으면 아주 훌륭함.)

경희대학교 자기소개서 첨삭 사례 5

> **1. 고등학교 재학 기간 중, 학업에 기울인 노력과 학습 경험에 대해, 배우고 느낀 점을 중심으로 기술하세요(1,000자 이내)**

저는 영어에 관심도 많고 잘하고자 하는 욕심이 컸습니다. 그러나 고등학교에 입학한 후, 배운 것을 모두 흡수했던 이전과는 달리, 학습량을 늘려도 영어실력이 정체됨을 느꼈습니다. 일 만 시간의 법칙을 믿으며 영어에 투자하는 절대시간을 늘렸지만 오히려 지쳐만 가고 영어를 공부하는 목적을 잃은 채 무의미하게 공부했습니다. 저는 제가 언어, 특히 영어에 재능이 있다고 믿었기에 이대로 포기할 순 없다고 생각했습니다. 이에 학습방법을 바꾸고 학습수준을 높였습니다. 평소 장르를 불문하고 영상 시청을 좋아하였기에 한 소재에 대해 배경지식도 기르고 다양한 시각을 가져 시야를 넓히도록 도와주는 CNN, discovery channel, national geographic을 즐겨 보았습니다. 영상을 시청한 후에는 매일 밤마다 전화영어를 통해 제가 익힌 내용을 원어민선생님과 의견을 나누며 회화 실력향상에 주력했습니다. 심화학습의 필요성을 느껴 도전했던 시사영어능력 기르기 프로젝트는 저만의 자기주도적인 학습방법을 설립할 수 있도록 하는 밑거름이 되었습니다. 이러한 노력과 경험들은 영어권 국가로의 여행경험조차 없던 제가 외국인과 자유롭게 어느 주제로든 대화가 가능하고 나의 주장을 영어로 명료히 밝히는 것을 가능하게 해주었습니다. 실력이 쌓인 후에는 academic earth에서 무료로 제공하는 미국대학 강의들을 듣기도 하고 고난과 역경을 겪으며 성공한 일반인의 강연인 TED를 시청하기도 했습니다. 책을 읽고 노트 필기를 반복하던 정형적인 틀에서 벗어나 저에게 맞는 방법으로 멈춰있던 실력을 향상할 수 있도록 스스로 연구한 것이 매우 자랑스럽습니다. 이 방법은 영어뿐만이 아니라 중국어 자격증을 획득하려고 공부할 때 정체기를 극복하는데도 적용되었습니다. 이와 같이 정체된 외국어 실력을 발전시키기 위해서는 새로운 자극으로 인한 동기부여와 인내를 가지고 정진할 수 있도록 도와주는 분명한 학습목표 설정이 필요하다고 생각합니다. 제가 3개 국어를 구사할 수 있는 비결은 다양한 매체를 활용해 공부하는 것과 목표를 설정해 어학능력시험에 응시하는 것입니다. 빠르게 변하고 새로운 것이 홍수처럼 쏟아지는 정보화 시대에 자신에게 맞는 수준과 콘텐츠를 파악하고 이를 학업능력과 연결시키는 것은 매우 중요합니다. 또한 객관적인 수치로 평가가 가능한 권위 있는 각 언어의 시험을 준비하다보면 제한된 시간 내에 학습능률을 효율적으로 증가시키고 단어를 외우는 법, 빠르게 긴 지문의 요점을 파악하는 등 나만의 비법을 터득하여 전문성을 갖출 수 있게 됨을 깨달았습니다.

➜ 필자의 첨삭 결과를 참조하세요.

저는 영어에 관심도 많고 잘하고자 하는 욕심이 컸습니다. 그러나 고등학교에 입학한 후, 배운 것을 모두 흡수했던 이전과는 달리, 학습량을 늘려도 영어실력이 정체됨을 느꼈습니다. 일 만 시간의 법칙을 믿으며 영어에 투자하는 절대시간을 늘렸지만 오히려 지쳐만 가고 영어를 공부하는 목적을 잃은 채 무의미하게 공부했습니다. (

➡ 자 실체가 명확하지 않습니다. 영어실력이 정체됐다고 하는데 구체적이지 않아요. 구체적인 수치를 들어 주세요. 00등급에서 00등급 또는 00점에서 00점으로 라는 표현이 있어야 좀 더 내용이 구체적이고 본인의 글에 신뢰도 생깁니다.) 저는 제가 언어, 특히 영어에 재능이 있다고 믿었기에 이대로 포기할 순 없다고 생각했습니다. 이에 학습방법을 바꾸고 학습수준을 높였습니다.(➡ 자 마찬가지. 본인의 약점을 포기하지 않고 공부했다라는 것을 드러내고 있죠? 본인의 학업에 대한 열정을 보여주는 좋은 소재입니다만 구체적이지 못해서 재료는 좋지만 맛은 없어요. 이렇게 쓰고 싶으면 "내가 고민해 보니 이전 학습방법은 00와 00 때문에 효과가 없었다고 생각했다. 나는 이러한데, 이전 학습법은 저러했기 때문이다. 그래서 이렇게 저렇게 해보기로 했다."라는 방식으로 구체적으로 써주어야 합니다. 이전 학습방법이 뭔지도 모른 채 바꾸었다? 이 글을 읽는 입학사정관들을 배려해 주세요!) 평소 장르를 불문하고 영상 시청을 좋아하였기에 한 소재에 대해 배경지식도 기르고 다양한 시각을 가져 시야를 넓히도록 도와주는 CNN, discovery channel, national geographic을 즐겨 보았습니다.(➡ 이 방송국의 모든 프로그램이 시야를 넓히도록 도와주지 않아요. 그 프로그램 중에서 즐겨 보던 프로그램이 있지 않나요? 구체적으로 써 주세요. 그래야 자신이 쓴 글에 힘이 생깁니다.) 영상을 시청한 후에는 매일 밤마다 전화영어를 통해 제가 익힌 내용을 원어민선생님과 의견을 나누며 회화 실력향상에 주력했습니다. 심화학습의 필요성을 느껴 도전했던 시사영어능력 기르기 프로젝트는 저만의 자기주도적인 학습방법을 설립할 수 있도록 하는 밑거름이 되었습니다.(➡ 자 여기서도 뜬금이 없죠. 앞에서 이야기한 전화영어와 CNN 시청 등이 시사영어능력 기르기 프로젝트인거죠? 그런데 "이에 학습방법을 바꾸고 학습수준을 높였습니다."는 바로 위의 표현이 있죠. 뭔가 헷갈리지 않나요? 학습수준을 높였다 이후에 나오는 표현은 당근 학습수준을 높인 내용이여야 합니다. 근데 다 읽고 나니 시사영어프로젝트라네요……. 이런 식의 자기소개서 글쓰기는 좋은 평가 못 받아요. 수정하세요) 이러한 노력과 경험들은 영어권 국가로의 여행경험조차 없던 제가 외국인과 자유롭게 어느 주제로든 대화가 가능하고 나의 주장을 영어로 명료히 밝히는 것을 가능하게 해주었습니다.(➡ 자 이것도 상당히 주관적인 표현……. 근거가 없잖아요. 객관적인 근거가……. 근거를 써 주세요. 예컨대 예를 하나 보여주면 되겠네……. "영어통번역 봉사활동에

참가해 고궁에서 외국인대상 안내를 했다. 나와 함께한 외국인들이 외국에서 살다 왔냐는 질문을 참 많이 하더라. 아니라고 오직 나 혼자 힘으로 공부했다고 답하면 다들 놀랍다는 반응을 나타냈다".) 실력이 쌓인 후에는 academic earth에서 무료로 제공하는 미국대학 강의들을 듣기도 하고 고난과 역경을 겪으며 성공한 일반인의 강연인 TED를 시청하기도 했습니다. 책을 읽고 노트 필기를 반복하던 정형적인 틀에서 벗어나 저에게 맞는 방법으로 멈춰있던 실력을 향상할 수 있도록 스스로 연구한 것이 매우 자랑스럽습니다. 이와 같이 정체된 외국어 실력을 발전시키기 위해서는 새로운 자극으로 인한 동기부여와 인내를 가지고 정진할 수 있도록 도와주는 분명한 학습목표 설정이 필요하다고 생각합니다.

> **2. 고등학교 재학 기간 중 본인이 의미를 두고 노력했던 교내 활동을 배우고 느낀 점을 중심으로 3개 이내로 기술하세요. 단, 교외 활동 중 학교장의 허락을 받고 참여한 활동은 포함됩니다.(1,500자 이내)**

국제이해반 활동

우리학교는 일본 오사카의 이즈미가오카 고등학교와 수교를 맺고 있습니다. 지원자 중 40명의 학생을 영어성적과 면접으로 선발해 일대일로 자매학생을 맺어줍니다. 저는 1학년 겨울방학에 오사카에 방문해 제 친구인 '사에구사 코토코'를 만났습니다. 만나기 전에는 편지로 서로의 문화 정도만 교류했었는데 직접 만나니 더 깊은 이야기를 나눌 수 있었습니다. 외교관이 꿈인 코토코는 위안부 문제와 독도 영토분쟁등의 다소 민감한 주제들을 놓고 저와 토론하길 원했습니다. 코토코는 제게 한국인들이 얼마나 이 문제에 대해 자세히 알고 있고, 이를 해결하기 위해 어떤 노력들을 기울이는지 물어봤습니다. 교과서나 뉴스에서 접했던 문제들을 실제 상황에서 처음 마주하니 막연한 관심과 긍지만으론 우리의 것을 지킬 수 없다고 생각했습니다. 그리고 그

동안 왜곡된 역사의식을 가진 그녀를 설득시키려면 간학문적으로 확장된 지식과 국제정서를 정확히 파악하는 능력이 필요함을 절실히 느꼈습니다.

KOICA 주니어코디네이터 봉사활동

한국국제협력단에 우리나라의 정부 운영시스템을 배우러 오신 개발도상국의 산업연수생분들과 함께 서울시티투어를 다녔습니다. 저는 동행하며 가이드선생님과 연수생 분들의 영어통역을 맡았습니다. 또한 국제협력의 날을 맞아 세계 각 국의 음식과 전통행사를 준비하기도 했습니다. 활동 중, 이라크 중앙건설 및 노무관리처에서 오신 여성 공무원분과 유난히 친해져서 많은 대화를 나눴습니다. 평소 중동지역에서 내란과 전쟁이 자주 발생해서 봉사활동 하기 전 막연한 두려움을 느끼고 있었는데, 중동지역의 석유사업 과 이슬람 문화에 긍지를 느끼고 밝고 긍정적으로 설명하는 그녀의 모습이 매우 인상적이었습니다. 봉사를 통해 글로벌 협력이 중요한 현대사회에서 세계인을 만났을 때 열린 마음과 적극적인 태도가 얼마나 중요한지 깨달았습니다. 그리고 후에 이란여성단편소설선을 읽으며 중동사회에서 여성의 사회적 위치가 낮고 평등이 보장되어 있지 않아 사회, 경제활동의 참여가 어려워 인식을 개선하고자 노력했던 공무원분의 도전정신을 본받아야겠다고 생각했습니다.

2번의 모의유엔회의 참가

처음 참가한 모의당사국회의(MCOP)에서는 일본대표를 맡았습니다. 역대 실제 회의에서 체결된 기후변화협정 조약들을 검토하고 특히, 일본교토에서 지구의 무분별한 온실가스 배출을 규제하기 위해 제정한 '교토의정서'가 세계의 주축을 이루고 있는 G8 국가들에서 잘 지켜지고 있는지에 중점을 맞춰 회의에 임했습니다. 환경에 대한 지식과 각 나라의 입장 차이를 연구할 수 있어 좋은 기회였을 뿐만 아니라 국제사회에서 일하게 될 미래를 대비하여 회의 전문 영어표현, 실제 회의 절차 및 규칙을 익힐 수 있어 유익했습니다. 위의 경험을 토대로 모의유니세프회의에 참가하여 여성 및 노동자 인권, AIDS와 말라리아와 같은 보건위생이 취약한 이란의 대사를 맡아 국제 사회의 관심과 지속적인 협력을 요청했습니다. 비록 모의로 진행되는 회의였지만 참가자들의 열정이 매우 높고 모두 영어로 진행되는 회의이기 때문에 철저한 자료준비와 사례연구, 그리고 격식 있는 영어구사능력이 요구되고 정해진 규범을 준수해야 함을 알았습니다.

➡ 필자의 첨삭 결과를 참조하세요.

국제이해반 활동

우리학교는 일본 오사카의 이즈미가오카 고등학교와 수교(➡ 수교는 국가대 국가가 외교 관계를 맺는 표현이고요. 자매결연이 맞습니다.)를 맺고 있습니다. 지원자 중 40명의 학생을 영어성적과 면접으로 선발해 일대일로 자매학생을 맺어줍니다. 저는 1학년 겨울방학에 오사카에 방문해 제 친구인 '사에구사 코토코'를 만났습니다. 만나기 전에는 편지로 서로의 문화 정도만 교류했었는데 직접 만나니 더 깊은 이야기를 나눌 수 있었습니다. 외교관이 꿈인 코토코는 위안부 문제와 독도 영토분쟁등의 다소 민감한 주제들을 놓고 저와 토론하길 원했습니다. 코토코는 제게 한국인들이 얼마나 이 문제에 대해 자세히 알고 있고, 이를 해결하기 위해 어떤 노력들을 기울이는지 물어봤습니다. 교과서나 뉴스에서 접했던 문제들을 실제 상황에서 처음 마주하니 막연한 관심과 긍지만으론 우리의 것을 지킬 수 없다고 생각했습니다.(➡ 독도에 대해 물어봤어…… 그럼 그 다음에는 자신이 이렇게 생각했다는 표현이 나오면 안 되죠. 그 질문에 대한 본인의 대답이 나온 후 막연한 관심과 긍지만으론~생각했습니다라는 표현이 이어져야 자연스럽지요.) 그리고 그동안 왜곡된 역사의식을 가진 그녀(➡ 자 여기서도 마찬가지 일본 애들이야 독도가 지꺼라고 생각하고 있으니 당근 왜곡된 역사의식은 독도는 일본땅이므니다 겠지요. 하지만 이 문장이 어색한 이유는 앞에서 코토코가 왜

곡된 역사의식을 가졌다는 구체적인 상황진술이 없었기 때문입니다. 강조하지만 입학사정관을 위한 글쓰기가 중요합니다. 절대 궁금하게 만들지 마세요.) 학문적으로 확장된 지식과 국제정서를 정확히 파악하는 능력이 필요함을 절실히 느꼈습니다.

KOICA 주니어코디네이터 봉사활동

한국국제협력단에 우리나라의 정부 운영시스템을 배우러 오신 개발도상국의 산업연수생분들과 함께 서울시티투어를 다녔습니다. 저는 동행하며 가이드선생님과 연수생 분들의 영어통역을 맡았습니다. 또한 국제협력의 날을 맞아 세계 각 국의 음식과 전통행사를 준비하기도 했습니다. 활동 중, 이라크 중앙건설 및 노무관리처에서 오신 여성 공무원분과 유난히 친해져서 많은 대화를 나눴습니다. 평소 중동지역에서 내란과 전쟁이 자주 발생해서 봉사활동 하기 전 막연한 두려움을 느끼고 있었는데, 중동지역의 석유사업과 이슬람 문화에 긍지를 느끼고 밝고 긍정적으로 설명하는 그녀의 모습이 매우 인상적이었습니다. 봉사를 통해 글로벌 협력이 중요한 현대사회에서 세계인을 만났을 때 열린 마음과 적극적인 태도가 얼마나 중요한지 깨달았습니다.(➡ 자 여기서도 주관적인 표현……. 열린 마음과 적극적인 태도가 얼마나 중요한지 깨달았다고 하는데 글을 읽는 입장에서는 전혀 느껴지지 않아요. 본인이 말한 대로 그걸 느끼게 된 계기를 구체적으로 써 주세요.) 그리고 후에 이란여성단편소설선을 읽으며 중동사회에서 여성의 사회적 위치가 낮고 평등이 보장되어 있지 않아 사회, 경제활동의 참여가 어려워 인식을 개선하고자 노력했던 공무원분의 도전정신을 본받아야겠다고 생각했습니다.

2번의 모의유엔회의 참가

처음 참가한 모의당사국회의 MCOP에서는 일본대표를 맡았습니다.(➡ 학교장 허락 하에 참가한 대외활동 맞나요? 확인) 역대 실제 회의에서 체결된 기후변화협정 조약들을 검토하고 특히, 일본교토에서 지구의 무분별한 온실가스 배출을 규제하기 위해 제정한

'교토의정서'가 세계의 주축을 이루고 있는 G8 국가들에서 잘 지켜지고 있는지에 중점을 맞춰 회의에 임했습니다. 환경에 대한 지식과 각 나라의 입장 차이를 연구할 수 있어 좋은 기회였을 뿐만 아니라 국제사회에서 일하게 될 미래를 대비하여 회의 전문 영어표현, 실제 회의 절차 및 규칙을 익힐 수 있어 유익했습니다.(➡ 자 계계 속해서 나열식의 함정에 빠져 있어요. 제가 뭘 했고 이걸 했고 저걸 했고 유익했습니다. 입학사정관들은 우리 친구가 어떤 활동에 참가했는지 알고 싶기 보다는 그 활동을 통해 내가 어떤 성취를 얻었는지 구체적인 사례를 통해 확인하고 싶어 합니다. 학생부에 기록된 내용으로는 구체적인 계기와 과정, 그 속에서 얻은 성취결과가 구체적이지 않아요. 스토리텔링이 필요합니다. 예컨대 영어표현이라면 그것이 구체적으로 어떤 영어표현인지……., 실제 회의 절차와 규칙을 익혀서 구체적으로 어떤 도움이 됐는지 등등.) 이런 경험을 토대로 모의유니세프회의에 참가하여 여성 및 노동자 인권, AIDS와 말라리아와 같은 보건위생이 취약한 이란의 대사를 맡아 국제사회의 관심과 지속적인 협력을 요청했습니다. 비록 모의로 진행되는 회의였지만 참가자들의 열정이 매우 높고 모두 영어로 진행되는 회의이기 때문에 철저한 자료준비와 사례연구, 그리고 격식 있는 영어구사능력이 요구되고 정해진 규범을 준수해야 함을 알았습니다.(➡ 마찬가지 나열만 해서는 안 되죠……. 국제사회의 관심과 지속적인 협력을 요청한 것이 무엇인지? 그리고 본인이 왜 그렇게 요청해야 했는지 그리고 그 일을 통해 본인의 꿈인 00에 어떤 식으로 도움이 되었고 가 나와야지 격식 있는 영어구사능력이라뇨…….)

> **3. 학교 생활 중 배려, 나눔, 협력, 갈등 관리 등을 실천한 사례를 들고, 그 과정을 통해 배우고 느낀 점을 기술하세요(1,000자 이내)**

저는 고등학교 3년간 학급회장, 부회장, 그리고 전교부회장으로 활동했습니다. 특히 저는 고등학교 2학년 때 전교부회장 활동을 하며 희로애락의 감정을 자주 느꼈습니다. 학년의 리더가 되어 전교생들과 합심하여 좋은 결과를 이끌어내면 스스로가 뿌듯하고 자랑스러웠습니다. 하지만 아름다운 결말을 이끌어내기 위해서는 그 과정 속에서 많은 사람들의 땀과 희생이 필요함을 느꼈습니다. 저는 학생회운영위원회 '미스숙' 소속으로 학교의 전반적인 행사와 학생회 주관 활동을 담당하였습니다. 미스숙은 회장, 부회장을 중심으로 각 부서의 차장들인 후배들의 협력 그리고 선생님들의 자문을 받아 일을 진행합니다. 제가 선거에 출마하며 내세웠던 공약들은 학생들에게 꼭 필요하지만 아직은 이루어지지 않은 것들이었습니다. 대표적으로는 1. 무용복 물려주기 운동 2. 학생인권을 위한 탈부착 명찰표 시행 3. 스탠딩 책상 설치였습니다. 결과적으로 모두 실천했지만 그 중 1번 공약을 실행하기 위해 시행착오를 겪었던 일이 기억에 남습니다. 무용복은 1주일에 1시간 수업을 위해 비싼 가격에 구입해야 하는데 학년이 끝난 뒤 대부분의 학우들이 버리게 되어 안타까워했습니다. 이에 저는 낭비도 줄이고 재활용 차원에서 무용복과 발레슈즈를 후배들에게 물려주는 캠페인을 제도화 하고 싶었습니다. 막상 일을 진행하려니 절차가 꽤나 복잡하였습니다. 캠페인을 홍보하는 책자, 안내방송을 하기까지는 교장선생님의 승인과 많은 일손이 필요했습니다. 한마디를 홍보하기 위해서도 문서화하여 기획안을 제출하고 교장선생님의 결제 이후 담당 선생님과의 회의 및 자문이 필수 과정이었습니다. 엎친 데 덮친 격으로, 무용복을 수거한 후 재고를 파악하고 세탁하는 과정을 거치며 물심양면으로 도와주던 후배들도 점점 지쳐갔고 선배인 제게 불만을 표출하지 못하니 같은 학년끼리 트러블이 심해져 저는 너무나도 미안했습니다. 이에 저는 후배들에게 기존의 질서에 새로운 문화를 정착시키려면 더 많은 노력과 시간이 필요한 것이 사실이고 이는 결국 우리의 역할 중 하나인 후배들을 위한 나눔의 작업이니 조금만 더 힘내어달라고 간청하였습니다. 이에 모두가 하나 되어 내일처럼 도와준 후배들에게 감사하고 그 결과 2011년에 시작된 이 캠페인은 2014년 현재에도 시행되고 있습니다.

➡ 필자의 첨삭 결과를 참조하세요.

저는 고등학교 3년간 학급회장, 부회장, 그리고 전교부회장으로 활동했습니다. 특히 저는 고등학교 2학년 때 전교부회장 활동을 하며 희로애락의 감정을 자주 느꼈습니다. (➡ 계속 나열식⋯⋯. 희로애락의 감정을 왜 느꼈는지요?) 학년의 리더가 되어 전교생들과 합심하여 좋은 결과를 이끌어내면 스스로가 뿌듯하고 자랑스러웠습니다.(➡ 마찬가지 무엇을 위해 합심하야 어떤 결과를 이끌어 냈는지⋯⋯. 본인 스스로 좋은 결과라고 하지만 입학사정관들은 그것이 무엇인지 모르잖아요. 입학사정관들은 학생들이 자신을 평가하는 것을 좋게 보지 않아요. 평가는 입학사정관의 영역입니다.) 하지만 아름다운 결말을 이끌어내기 위해서는 그 과정 속에서 많은 사람들의 땀과 희생이 필요함을 느꼈습니다.(➡ 마찬가지⋯⋯. 아름다운 결말은 또 뭐고?) 저는 학생회운영위원회 '미스숙' 소속으로 학교의 전반적인 행사와 학생회 주관 활동을 담당하였습니다. 미스숙은 회장, 부회장을 중심으로 각 부서의 차장들인 후배들의 협력 그리고 선생님들의 자문을 받아 일을 진행합니다. 제가 선거에 출마하며 내세웠던 공약들은 학생들에게 꼭 필요하지만 아직은 이루어지지 않은 것들이었습니다. 대표적으로는 1. 무용복 물려주기 운동 2. 학생인권을 위한 탈부착 명찰표 시행 3. 스탠딩 책상 설치였습니다. 결과적으로 모두 실천했지만 그 중 1번 공약을 실행하기 위해 시행착오를 겪었던 일이 기억에 남습니다. 무용복은 1주일에 1시간 수업을 위해 비싼 가격에 구입해야 하는데 학년이 끝난 뒤 대부분의 학우들이 버리게 되어 안타까워 했습니다. 이에 저는 낭비도 줄이고 재활용 차원에서 무용복과 발레슈즈를 후배들에게 물려주는 캠페인을 제도화 하고 싶었습니다. 막상 일을 진행하려니 절차가 꽤나 복잡하였습니다. 캠페인을 홍보하는 책자, 안내방송을 하기까지는 교장선생님의 승인과 많은 일손이 필요했습니다. 한마디를 홍보하기 위해서도 문서화하여 기획안을 제출하고 교장선생님의 결제 이후 담당 선생님과의 회의 및 자문이 필수 과정이었습니다. 엎친 데 덮친 격으로, 무용복을 수거한 후 재고를 파악하고 세탁하는 과정을 거치며 물심양면으로 도와주던 후배들도 점점 지쳐갔고 선배인 제게 불만을 표출하지 못하니 같은 학년끼리 트러블이 심해져 저는 너무나도 미안했습니다.(

➡ 자 여기서도 그냥 트러블이라는 단어로 넘어가고 있어요. 구체적으로 어떤 어떤 문제점이 있었다. 그래서 저는 너무나도 미안했다.) 이에 저는 후배들에게 기존의 질서에 새로운 문화를 정착시키려면 더 많은 노력과 시간이 필요한 것이 사실이고 이는 결국 우리의 역할 중 하나인 후배들을 위한 나눔의 작업이니 조금만 더 힘내어달라고 간청하였습니다.(➡ 자 신뢰가 안 갑니다. 힘내달라고 간청하면 바로 트로블이 해결되나요? 아니죠. 오히려 과장된 표현이라고 느껴질 뿐. 왜냐면 간청을 한 후 그 문제가 해결 되는 과정이 생략되어 있기 때문. 이렇게 쓰고 싶으면 "간청하였습니다.라고 말을 한 후 저부터 더 모범을 보여야 하겠다. 생각해서 후배들에게 맡겨 논 재고 파악과 세탁일 에 저도 동참을 했다. 후배들과 함께 했다. 공부에도 바쁜 선배가 직접 후배들과 허드렛일을 하니 후배들도 자신들끼리 불평불만을 하지 못했다. 그러면서 자연스레 해결되더라. 이 일을 통해 간청하는 것도 중요하지만 그 말을 하고 책임지는 모습이 중요하다는 사실을……. 뭐 이런 식으로".) 이에 모두가 하나 되어 내 일처럼 도와준 후배들에게 감사하고 그 결과 2011년에 시작된 이 캠페인은 2014년 현재에도 시행되고 있습니다.

8 한국외국어대학교

한국외국어대학교 자기소개서 첨삭 사례 1

> 1. 고등학교 재학 기간 중, 학업에 기울인 노력과 학습 경험에 대해, 배우고 느낀 점을 중심으로 기술하세요(1,000자 이내)

2학년 때 수업 방식을 친구들과 직접 기획해본 적이 있습니다. 많은 학생들이 소위 말해 "국영수" 중심의 학습을 하느라 제 2외국어 수업은 등한시 하는 경향이 있었습니다. 이러한 결과 2학년이 되었을 때는 꾸준히 공부한 학생들과 일본어를 포기한 학생들 간 수준차가 더욱 심해졌고, 결국 원활하게 수업이 이루어지지 않았습니다. 이에 저는 친구들과 함께 선생님께 가서 기초반과 심화반으로 나누어 진행하는 수준별 수업을 제안 드렸습니다. 모두가 같은 지필고사를 봐야 했기에 시험 3주 전부터는 합반을 운영하는 것까지 세세하게 기획해 말씀 드렸습니다. 이에 선생님은 좋은 생각이라며 칭찬해주셨고 검토 후에 수업 방식으로 적용해 주셨습니다. 이후 저는 심화반에서 심화 독해와 문법 수업을 들으며 실력을 더욱 키워나갈 수 있었습니다. 이러한 경험을 통해 학습 환경은 배우는 주체가 스스로 만들어가는 것임을 깨달았습니다. 또한 모두의 효율을 위해 때로는 기존의 방식을 버리고 새로운 변화를 만들 필요도 있음을 배웠습니다.

본교에는 원어민 선생님과 매일 10문장 이상 회화를 하고 점수를 받는 어학 마일리지 제도가 있습니다. 회화 실력을 키울 수 있는 좋은 기회라는 생각이 들었지만, 시간을 많이 뺏기는 것은 아닐까 걱정이 되었습니다. 이에 마일리지 활동과 학업 공부를 병행할 수 있는 방법을 고안했습니다. 먼저 수능특강에서 중요 문법과 표현이 담긴 문장 10개를 정하고, 이를 변형해 그날의 회화에 모두 사용하며 공부한다는 아이디어를 냈습니다. 이렇게 스스로 많은 예문을 만드는 과정은 서술형평가, 에세이 수행평가에서도 많은 도움이 되었습니다. 이를 통해 우리 주위의 문제점들이 의외로 간단한 전략을 통해 해결될 수 있다는 점을 깨달았습니다. 또한 아무리 좋은 제도가 만들어져 있더라도 좋은 결과를 내는 것은 결국 본인의 의지와 노력여부에 달려있다는 것도 배울 수 있었습니다.

➜ 필자의 첨삭 결과를 참조하세요.

저는 2학년 때 수업 방식을 친구들과 직접 기획해 본 적이 있습니다. 많은 학생들이 소위 '국영수' 중심의 학습을 하느라 제2외국어 수업은 등한시하는 경향이 있었습니다. 이러한 결과 2학년이 되었을 때는 꾸준히 공부한 학생들과 일본어를 포기한 학생들 간 실력 차가 더욱 심해졌고, 결국 원활하게 수업이 이루어지지 않았습니다. (➜ '결국 원활하게 수업이 이루어지지 않았습니다.'라고 했는데. 두루뭉술한 표현입니다. 뒤 문장에 나오는 이야기는 결국 원활한 수업이 이루어지지 않았기 때문에 우리 친구가 직접 나선 것 아닌가요? 그런 계기를 만들어 줄 정도로 나름 큰 사건인데. 사건의 단초가 힘이 없어요. 예컨대 '수업 중 자거나 딴 과목 공부를 하는 반 친구들이 안타까웠다. 수업을 진행하는 일본어 선생님도 힘이 빠질 것 같고. 뭐 그런 이유로 고민을 해 봤더니 수준별 수업을 제안하게 됐다.' 이런 방식으로 써 주세요. 그럼 이유와 과정 그리고 결말이 하나의 인과관계를 제대로 가지게 됩니다.) 이에 저는 친구들과 함께 선생님께 가서 기초반과 심화반으로 나누어 진행하는 수준별 수업을 제안드렸습니다. 모두가 같은 지필고사를 봐야 했기에 시험 3주 전부터는 합반을 운영하는 것까지 세세하게 기획해 말씀드렸습니다.

이에 선생님은 좋은 생각이라며 칭찬해 주셨고 검토 후에 수업 방식으로 적용해 주셨습니다. (➡ 좋습니다. 수업 방식을 제안한 것에 그치지 않고 지필고사를 함께 봐야 하는 다른 친구들을 배려한 일화는 학생의 공동체 정신과 인성을 드러낼 수 있는 좋은 장치입니다.) 이후 저는 심화반에서 심화 독해와 문법 수업을 들으며 실력을 더욱 키워 나갈 수 있었습니다. 이러한 경험을 통해 학습 환경은 배우는 주체가 스스로 만들어 가는 것임을 깨달았습니다. 또 모두의 효율을 위해 때로는 기존의 방식을 버리고 새로운 변화를 만들 필요도 있음을 배웠습니다.

우리 학교에는 원어민 선생님과 매일 10문장 이상 회화를 하고 점수를 받는 어학 마일리지 제도가 있습니다. 회화 실력을 키울 수 있는 좋은 기회라는 생각이 들었지만, 시간을 많이 뺏기는 것은 아닐까 걱정이 되었습니다. 이에 마일리지 활동과 학업 공부를 병행할 수 있는 방법을 고안했습니다. 먼저 수능 특강에서 중요 문법과 표현이 담긴 문장 10개를 정하고, 이를 변형해 그날의 회화에 모두 사용하며 공부한다는 아이디어를 냈습니다. 이렇게 스스로 많은 예문을 만드는 과정은 서술형 평가, 에세이 수행평가에도 많은 도움이 되었습니다. (➡ '많은 도움이 되었습니다.'가 핵심 문장으로 보입니다. 우리 친구가 지원하려는 어문계열의 기본은 결국 문장입니다. 말을 하기 위해서는 문장이 필요한 것이죠. 우리 친구가 서술한 '많은 도움이 되었습니다.'라는 문장은 전공 적합성과 발전 가능성 그리고 전공에 대한 본인의 의지까지 담아 내는 중요한 역할을 하고 있습니다. 그렇다면 무엇을 보여줘야 하나? '이렇게 공부했다.'도 중요하지만 입학사정관들은 이렇게 공부해서 구체적으로 어떤 성취를 얻었는지도 평가합니다. 그렇다면 이런 주관적인 표현보다는 내가 평소에 이런 부분이 약해서 지필고사에서 ○○점을 받았는데, 나만의 어학 마일리지 제도를 통해 몇 개월 동안 공부했더니 평소 약점이던 이런저런 부분을 해결할 수 있었고 그것이 ○○점으로 점수 상승을 가져왔다는 구체적인 스토리가 나와야 뒤에 나오는 우리 친구의 경험담이 신뢰를 얻을 수 있는 겁니다.) 이를 통해 우리 주위의 문제점들이 의외로 간단한 전략을 통해 해결될 수 있다는 점을 깨달았습니다. 또 아무리 좋은 제도가 만들어져 있더라도 좋은 결과를 내는 것은 결국 본인의 의지와 노력 여부에 달려 있다는 것도 배울 수 있었습니다.

2년간 일본문화보고서 대회에 참가하며 실패를 보는 관점을 바꿀 수 있었습니다. 2학년 때 처음 일본의 의식주 문화에 대해 보고서를 작성해 대회에 참가했는데, 아쉽게도 입상은 하지 못했습니다. 이에 미흡했던 점을 분석하여 3학년 때 다시 도전하였습니다. 먼저 의식주 문화와 같은 소재는 너무 평범해 이목을 끌기 어려웠다는 점을 깨달았습니다. 이에 3학년 때는 "한일 교육 문화"와 같은 더욱 참신한 소재를 썼습니다. 또한 2학년 때의 보고서는 단순한 차이점 나열로 제가 설명하고자 하는 바가 구체적이지 못했습니다. 이에 3학년 때는 한일 양국에서 모두 제작된 교육드라마 '공부의 신'을 예로 들어, 한국판과 일본판의 차이점을 보여주며 더욱 구체적으로 설명했습니다. 이 결과 2학년 때 보다 훨씬 발전된 보고서를 완성시킬 수 있었습니다. 이러한 경험은 실패를 겪더라도 패인에 대한 정확한 분석과 참신한 아이디어를 바탕으로 한 발자국만 더 나아간다면 성공에 더욱 가까워 질 수 있다는 점을 배웠습니다.

➡ 필자의 첨삭 결과를 참조하세요.

저는 2년간 일본문화보고서 대회에 참가하며 실패를 보는 관점을 바꿀 수 있었습니다. (➡ 이런 두괄식 표현은 좋습니다. 당근 교내 대회겠지요? 교내 대회라고 명시해 주세요. 안 그러면 오해받을 수도 있어요.) 2학년 때 처음 일본의 의식주 문화에 대해 보고서를 작성해 대회에 참가했는데, 아쉽게도 입상은 하지 못했습니다. 이에 미흡했던 점을 분석하여 3학년 때 다시 도전하였습니다. 먼저 의식주 문화와 같은 소재는 너무 평범해 이목을 끌기 어려웠다는 점을 깨달았습니다. 이에 3학년 때는 '한일 교육문화'와 같은 더욱 참신한 소재를 썼습니다. (➡ 참신한 표현은 지극히 주관적이죠. 입학사정관들은 주관적인 표현을 신뢰하지 않습니다. 의식주와 교육 문화 모두 진부한 소재 같은데요?) 또 2학년 때의 보고서는 단순한 차이점 나열로 제가 설명하고자 하는 바가 구체적이지 못했습니다. 이에 3학년 때는 한일 양국에서 모두 제작된 교육 드라마 '공부의 신'을 예로 들어, 한국판과 일본판의 차이점을 보여주며 더욱 구체적으로 설명했습니다. 이 결과 2학년 때보다 훨씬 발전된 보고서를 완성시킬 수 있었습니다. (➡ 실패 원인을 구체적으로 분석한 후 다음 대회 준비에 반영한 부분은 정말 좋은 소재입니다. 다 좋은데 한 가지 아쉬운 점이 있어요. 훨씬 발전된 보고서를 완성시켜 어떤 결과를 얻었느냐? 구체적으로 쓰기 부담된다면 '2학년 때는 입상하지 못했지만 3학년 때는 상을 받을 수 있었다.' 뭐 이런 식으로 써 주는 것이 필요합니다.) 이러한 경험은 실패를 겪더라도 패인에 대한 정확한 분석과 참신한 아이디어를 바탕으로 한 발자국만 더 나아간다면 성공에 더욱 가까워질 수 있다는 점을 배웠습니다.

저는 2학년 때 일본어 신문부 기자로 활동하며 다른 사람들과 함께 성장하는 법을 배웠습니다. 그동안 많은 일본 문화 활동에 참가하면서, 관심은 일종의 체험을 통해 더욱 자라난다는 사실을 배웠습니다. 이에 다른 친구들에게도 간접적으로나마 이러한 계기를 만들어 주고 싶다는 생각이 들었습니다. 이를 바탕으로 200명이 넘는 전체 일본어 과 학생들이 직접 참여해 함께 만들어 가는 신문 기사라는 아이디어를 냈습니다. 모두를 대상으로 일본 문화에 대한 앙케이트 조사를 실시하고, 이 자료를 바탕으로 하는 기사를 작성했습니다. 단순히 조사 결과를 분석하는 것을 뛰어넘어 더 많은 정보를 주기 위해 노력했습니다. 예를 들어 가장 좋아하는 일본 문화로 온천이 뽑혔다면 일본에 어떻게 온천이 많게 되었는지, 가 볼만한 유명한 온천 관광지는 어디인지 등에 대해서도 적어주었습니다. 이렇게 자료를 준비하면서 저 스스로도 새로 알게 된 문화도 많았습니다. 이러한 활동을 통해 "가르쳐 주며 배운다"라는 말을 몸소 깨달을 수 있었습니다.

➡ 필자의 첨삭 결과를 참조하세요.

저는 2학년 때 일본어 신문부 기자로 활동하며 다른 사람들과 함께 성장하는 법을 배웠습니다. 그동안 많은 일본 문화 활동에 참가하면서, 관심은 일종의 체험을 통해 더욱 자라난다는 사실을 배웠습니다. 이에 다른 친구들에게도 간접적으로나마 이러한 계기를 만들어주고 싶다는 생각이 들었습니다. 이를 바탕으로 200명이 넘는 전체 일본어과 학생들이 직접 참여해 함께 만들어 가는 신문 기사라는 아이디어를 냈습니다. 모두를 대상으로 일본 문화에 대한 앙케이트 조사를 실시하고, 이 자료를 바탕으로 하는 기사를 작성했습니다. 단순히 조사 결과를 분석하는 것을 뛰어넘어 더 많은 정보를 주기 위해 노력했습니다. 예를 들어 가장 좋아하는 일본 문화로 온천이 뽑혔다면 일본에 어떻게 온천이 많게 되었는지, 가 볼 만한 유명한 온천 관광지는 어디인지 등에 대해서도 적어 주었습니다. 이렇게 자료를 준비하면서 새로 알게 된 문화도 많았습니다. 이러한 활동을 통해 '가르쳐 주며 배운다'는 말을 몸소 깨달을 수 있었습니다. (➡ GOOD! 흠잡을 데 없어요. 구체적인 사례로 이유와 과정 그리고 결과를 보여 줍니다. 100점 만점에 100점 줍니다.)

2학년 때 교내 영어 토론 컨퍼런스 대회에 참가하며 남들과는 다른 창의적인 방법으로 접근하는 것 의 중요성을 깨달았습니다. 외국어 컨퍼런스 대회는 각 팀이 자신들이 정한 주제로 팀 내 부원들끼리 의견을 영어로 발표하는 대회입니다. 그런데 참가한 팀 모두가 십중팔구 책상에 앉아 자신들의 대본을 읽는 토론회의 형식으로 진행했습니다. 이에 저는 부원들에게 발표 주제에 맞는 상황을 정해 색다르게 연극의 형식으로 발표하는 것을 제안했습니다. 최대한 현실감을 살리기 위해 직접 상황에 맞는 소품을 챙겨오기도 했고, 각 배역에 맞게 우스꽝스러운 분장을 하기도 했습니다. 이러한 결과 전체 중 2위를 할 수 있었습니다. 이는 다른 수상 팀들과는 달리 저희 팀에는 해외 거주 경험이 있는 멤버가 한 명도 없었기에 더욱 값진 결과였습니다. 이러한 경험을 통해 식상한 방식에만 매달리지 않고 색다른 방법을 시도하는 것만으로도 차별화 된 전략이 된다는 것을 깨달을 수 있었습니다.

➡ 필자의 첨삭 결과를 참조하세요.

저는 2학년 때 교내 영어토론 컨퍼런스 대회에 참가하며 남들과는 다른 창의적인 방법으로 접근하는 것의 중요성을 깨달았습니다. 외국어 컨퍼런스 대회는 각 팀이 자신들이 정한 주제로 팀원들끼리 의견을 영어로 발표하는 대회입니다. 그런데 참가한 팀 모두가 십중팔구 책상에 앉아 자신들의 대본을 읽는 토론회 형식으로 진행했습니다. 이에 저는 팀원들에게 발표 주제에 맞는 상황을 정해 색다르게 연극의 형식으로 발표하자고 제안했습니다. 현실감을 최대한 살리기 위해 직접 상황에 맞는 소품을 챙겨오기도 했고, 각 배역에 맞게 우스꽝스러운 분장을 하기도 했습니다. (➡ 흠잡을 데 없는 퍼펙트한 문장입니다. 하지만 아쉬운 점이 하나 있는데 말이죠. '어떤 주제를 가지고 연극을 했느냐?' 하는 의문점이 든다는 것. 예컨대 '이런 내용의 연극을 준비하기로 했다!'라는 간략한 설명 한 줄만 들어가도 100점 만점에 100점!) 이러한 결과 전체 중 2위를 할 수 있었습니다. 다른 수상 팀들과 달리 저희 팀에는 해외 거주 경험이 있는 팀원이 한 명도 없었기에 더욱 값진 결과였습니다. (➡ 앞에서도 이야기했죠. 주관적인 평가를 내리지 말라고. 평가는 입학사정관들이 하는 영역입니다. 따라서 이런 표현보다는 '더욱 값진 결과라고 생각하게 되었습니다.'라고 순화시켜 줍시다.) 이러한 경험을 통해 식상한 방식에만 매달리지 않고 색다른 방법을 시도하는 것만으로도 차별화된 전략이 된다는 것을 깨달을 수 있었습니다.

저는 2년간 동아리에서 동두천 장애인 야학 멘토링 활동을 했습니다. 제가 배정받은 멘티분은 하반신 마비로 거동이 불편하신 분이셨습니다. 먼저 멘토링 활동을 준비하면서, 학생 분의 입장에서 학습에 있어 가장 힘든 점이 무엇일까 생각해 보았습니다. 먼저 이동이 불편하시기에, 무엇보다도 다양한 학습 교재를 구하는 것이 어려워 지속적인 학습이 힘들 것 같았습니다. 이에 제가 1학년 때 공부했던 영어 문법노트와 친구들에게 안 쓰는 문제집을 얻어 매번 봉사 활동을 갈 때마다 제공해드렸습니다. 제 멘티 분께서는 다양한 문제를 풀어볼 수 있어 크게 도움이 된다며 제게 감사의 말을 건네주셨고, 결국 2년 후 검정고시에 합격하셨습니다. 이를 통해 진정한 배려와 나눔의 첫 걸음은 먼저 다른 사람의 입장이 되어 생각해보는 것임을 배울 수 있었습니다.

2학년 1학기 때, 제가 차장으로 있던 영어 시사 연구회의 부원들의 절반이 연구회를 나가려고 한 적이 있었습니다. 주로 사회 시사 전반에 대한 영상이나 뉴스를 보고 감상문을 작성하는 활동을 했는데, 이러한 활동이 별로 도움이 되지 못한다는 이유에서였습니다. 따라서 각자 주제를 맡아 신문 기사를 작성하기, 포스터 제작, UCC영상 만들기 등의 다양한 활동을 기획했습니다. 이러한 결과 연구회 부원들 중 한 명도 빠짐없이 끝까지 활동을 지속해나갔고, 1년 동안 총 7편의 작품을 완성시키며 연구회 전시회에 출품하기도 했습니다. 또한 이렇게 쌓은 시사 상식을 기반으로 부원들 모두가 교내 영어 에세이 대회, 영어의 밤 의견 발표대회 등에 도전했습니다. 이에 많은 부원들이 좋은 성과를 거두었고, 제게 연구회 도움을 많이 받았다며 고맙다는 말을 건네기도 했습니다. 저는 그동안 제 자신을 위해서만 방법을 만들고 문제를 해결해왔습니다. 하지만 이렇게 남을 위해 제 아이디어를 내고 도움이 되는 일 또한 매우 가치 있는 일임을 배울 수 있었습니다.

→ 필자의 첨삭 결과를 참조하세요.

저는 2년간 동아리에서 동두천 장애인 야학 멘토링 활동을 했습니다. 제가 배정받은 멘티 분은 하반신 마비로 거동이 불편하신 분이었습니다. 먼저 멘토링 활동을 준비하면서, 학생 분의 입장에서 학습에 가장 힘든 점이 무엇일까 생각해 보았습니다. 먼저 이동이 불편하시기에, 무엇보다도 다양한 학습 교재를 구하는 것이 어려워 지속적인 학습이 힘들 것 같았습니다. 이에 제가 1학년 때 공부했던 영어 문법노트와 친구들에게 안 쓰는 문제집을 얻어 매번 봉사 활동을 갈 때마다 제공해 드렸습니다. 제 멘티 분께서는 다양한 문제를 풀어 볼 수 있어 크게 도움이 된다며 제게 감사의 말을 건네 주셨고, 결국 2년 후 검정고시에 합격하셨습니다. 이를 통해 진정한 배려와 나눔의 첫걸음은 먼저 다른 사람의 입장이 되어 생각해 보는 것임을 배울 수 있었습니다. (➡

음 무난합니다만, 청담동에 있는 이탈리아 요리를 먹은 느낌? 재료는 신선하고 좋은데 맛이 없지요. 야학 멘토링은 그렇게 흔한 아이템이 아닙니다. 지금 대학에 있는 입학사정관 연령대에서는 야학 강사로 봉사하는 것이 흔한 경험이었지만. 그분들에게 '아 요즘에도 야학 봉사를 하는 학생이 있구나.' 하는 신선한 충격을 줄 수 있는 소재입니다. 하지만 시작은 창대했지만 끝은 그냥 그래요. 조언을 한다면 '제게 감사의 말을 건네 주셨고'라는 문장과 '결국 2년 후 검정고시에'라는 문장 사이에 학생이 어떻게 봉사했는지 구체적인 과정이 하나 들어갔으면 합니다. 앞에서는 잘했던데요. '단순히 조사 결과를 분석하는 것을 뛰어넘어 더 많은 정보를 주기 위해 노력했습니다. 예를 들어 가장 좋아하는 일본 문화로 온천이 뽑혔다면 일본에 어떻게 온천이 많아지게 되었는지, 가 볼 만한 유명한 온천 관광지는 어디인지 등에 대해서도 적어 주었습니다. 이렇게 자료를 준비하면서 저 스스로 새로 알게 된 문화도 많았습니다.'라는 문장 기억나죠? 이런 문장처럼 읽으면 바로 그 장면이 떠오를 수 있는 사례가 필요합니다. '많은 도움이 되었다. 그리고 2년 후에 합격했다. 구체적으로 어떤 역할을 했기 때문에 멘티가 합격할 수 있었다.'라는 과정 반드시 넣으세요! 중요합니다.)

2학년 1학기 때, 제가 차장으로 있던 '영어 시사 연구회'의 회원들 절반이 연구회를 나가려고 한 적이 있었습니다. 연구회는 주로 사회 시사 전반에 대한 영상이나 뉴스를 보고 감상문을 작성하는 활동을 했는데, 이러한 활동이 별로 도움이 되지 못한다는 이유에서였습니다. 따라서 각자 주제를 맡아 신문 기사를 작성하기, 포스터 제작하기, UCC 영상 만들기 등의 다양한 활동을 기획했습니다. (➡ 좋습니다만, 여기서도 아쉬운 점이 하나 있네요. 절반이 나가겠다고 했어요. 큰 사건이죠 그 사건의 대안이 다양한 활동을 한 것이죠? 뭔가 이상하지 않아요? 여기도 인과 관계가 부족해요. 우리 친구가 내놓은 대안이 왜 먹혔을까요? 그 이유가 없어요. 내가 이런 대안을 내놓은 구체적인 이유! 예컨대 대안 활동이 어떤 도움이 된다고 생각해 내놓았는지 말이죠. 대안이 먹혔기 때문에 애들이 남아 있는 것 아닌가요?)

이러한 결과, 연구회 회원들 중 한 명도 빠짐없이 끝까지 활동을 지속해 나갔고, 1년 동안 총 7편의 작품을 완성시키며 연구회 전시회에 출품하기도 했습니다. 또한 이렇게 쌓은 시사 상식을 기반으로 회원들 모두가 교내 영어에세이 대회, 영어의 밤 의견 발표대회 등에 도전했습니다. 이에 많은 회원들이 좋은 성과를 거두었고, 제게 연구회 도움을 많이 받았다며 고맙다는 말을 건네기도 했습니다. 저는 그동안 제 자신을 위해서만 방법을 만들고 문제를 해결해 왔습니다. 하지만 이렇게 남을 위해 제 아이디어를 내고 도움이 되는 일 또한 매우 가치 있는 일임을 배울 수 있었습니다.

9 포스텍

포스텍 자기소개서 첨삭 사례 1

> 1. 고등학교 재학 기간 중 학업에 기울인 노력과 학습 경험에 대해 배우고 느낀 점을 중심으로 기술해주시기 바랍니다.(1,000자 이내)

물리는 흥미로운 과목이었습니다. 공식을 외워 계산하는 것은 지루했지만 이전까지 몰랐던 내용을 배우는 것은 즐거웠습니다. 그러던 중 상대성 이론을 배웠습니다. 상식과는 다르게 길이와 시간이 변한다는 내용이 전혀 이해되지 않았습니다. 이 상식을 깨는 발상을 꼭 이해하고 싶었습니다. 그래서 EBS 다큐프라임 '빛의 물리학'을 시청해 상대성 이론의 내용을 직관적으로 이해하고, 책 '물리학 클래식' 1장, 3장을 읽으면서 상대성 이론이 탄생한 배경, 상대성 이론의 증거와 영향도 알게 되었습니다. 이러한 과정에서 상대성 이론을 받아들일 수 있게 되어 뿌듯했습니다. 또한 선생님께 다시 설명을 듣고 시간 팽창과 길이 수축 공식을 스스로 유도하면서 그저 외워야 할 수식이라고만 생각했던 공식이 각 물리량의 관계를 나타내는 것임을 깨달았습니다. 그러면서 자연현상을 이론과 수식으로 기술하는 물리학에 큰 매력을 느꼈습니다.

2학년 때 수업에서 배우지 못한 부분을 알고 싶었지만 교과목에 편성되지 않았습니다. 그래서 등교 시간을 한 시간 앞당겨 물리Ⅰ 인터넷 강의를 청취했습니다. 강의내용을 스스로 설명해보기도 하고 중요한 내용은 공책에 정리하며 공부했습니다. 강의를 듣다 궁금한 것이 생기면 인터넷에 검색하고 책을 읽어 해결했습니다. 그 중 하나가 빛의 성질이었습니다. 빛은 파동이라고 알고 있었는데 강의에선 광전효과를 광자로 설명해 이에 대해 검색하다 빛의 이중성과 물질파 개념을 접했습니다. 이것이 양자역학이라는 학문의 내용이라는 것을 알게 된 저는 그 내용이 궁금해 책 '양자역학과 현대과학', '퀀텀스토리'를 읽었습니다. 양자역학이 발전한 역사를 통해 불확정성 원리, 통일장 이론 등의 내용을 알게 되었고, 화학 시간에 배웠던 보어의 원자모형과 오비탈의 개념을 양자역학에서의 의미와 연결 지어 이해할 수 있었습니다. 이렇게 지적 호기심을 충족시키는 공부를 하면서 지식을 쌓는 즐거움을 깨달았고, 어떤 공부를 하더라도 즐기며 할 수 있는 원동력이 되었습니다.

➡ 필자의 첨삭 결과를 참조하세요.

물리에서 상대성 이론을 배웠을 때의 일입니다. 길이와 시간이 변한다는 내용이 전혀 이해되지 않았습니다. 상식과는 다른 내용이었기 때문입니다. 이 상식을 깨는 발상을 꼭 이해하고 싶었습니다. '물리학 클래식'이라는 책과 EBS 다큐프라임 '빛의 물리학'을 통해서 길이와 시간이 변한다는 내용을 이해할 수 있었습니다. 길이와 시간이 변하는 것은 이런저런(➡ 이유를 적어주세요) 이유 때문이었습니다. 이러한 과정을 통해 상대성 이론을 받아들이고 이해할 수 있어 뿌듯했습니다. 시간 팽창과 길이 수축 공식도 스스로 유도할 수 있게 되었습니다. 그저 외워야 할 수식이라고만 생각했는데 이 공식이 각 물리량의 관계를 나타내는 것임을 깨달았을 때의 기쁨은 이루 말할 수 없습니다. 자연현상을 이론과 수식으로 기술하는 물리학에 큰 매력을 느끼게 된 계기가 되었지요.(➡ 한 번은 2학년 때 수업에서 배우지 못한 구체적으로 어떤 부분? 어떻게 왜? 알고 싶었지만 교과목에 편성되지 않았습니다.) 그래서 등교 시간을 한 시간 앞당겨 (➡ 물리Ⅰ 인터넷 강의의 어떤 부분을 청했습니다.)강의를 듣다 빛의 성질에 대해 궁금한 것이 생겼습니다. 빛은 파동이라고 알고 있었는데 강의에선 광전효과를 광자로 설명하는 것입니다. 여기서 빛의 이중성과 물질파 개념을 알게 됐고 양자역학이라는 학문을 접하게 됐습니다. 양자역학의 내용이 궁금해 무슨 내용을 담은 '양자역학과 현대과학', 무슨 내용인 '퀀텀스토리'를 읽었습니다. 양자역학이 발전한 역사를 통해 불확정성 원리, 통일장 이론 등을 알게 되었고, 화학 시간에 배웠던 보어의 원자모형과 오비탈의 개념을 양자역학에서의 의미와 (➡ 어떻게 연결되는 지 구체적인 예로 설명해 주신 후 이해할 수 있었습니다를 연결해 주세요.) 이런 식으로 공부를 하다 보니 지식을 쌓는 즐거움을 깨달았고, 어떤 공부를 하더라도 즐기며 할 수 있는 원동력이 되었습니다.

---

2. 고등학교 재학 기간 중 본인이 의미를 두고 노력했던 교내 활동을 배우고 느낀 점을 중심으로 3개 이내로 기술해주시기 바랍니다. 단, 교외 활동 중 학교장의 허락을 받고 참여한 활동은 포함됩니다.(1,500자 이내)

1학년 동안 했던 아침 청소는 각종 궂은일에 솔선수범하는 계기가 되었습니다. 학년 초, 담임선생님께선 교실이 지저분하다고 자주 혼내셨습니다. 아침부터 혼나고 나면 기분이 안 좋았지만, 저는 주변을 항상 깨끗이 했기 때문에 신경 쓰지 않았습니다. 그러던 어느 날, 평소보다 학교에 일찍 도착해 기분이 좋았는데 반이 평소보다 더러웠습니다. 이 상태면 아침부터 선생님께서 혼내시겠다는 생각이 들어 청소를 했습니다. 깨끗해진 교실에 뿌듯함을 느꼈습니다. 그 날 담임선생님께서 교실이 깨끗해졌다며 칭찬하셨고, 친구들이 저에게 고맙다고 했습니다. 저는 그 뒤로도 아침에 교실을 쓸겠다고 다짐했습니다. 다짐을 지키는 것은 힘들었습니다. 아침에 평소보다 일찍 일어나야 했고, 줄지 않는 쓰레기에 이것이 과연 가치 있는지에 대한 의문도 들었습니다. 그렇지만 저는 제 다짐을 지키려고 노력했고, 그러자 친구들에게도 변화가 생겼습니다. 몇몇 친구들이 저를 도와 교실을 함께 쓸기 시작한 것입니다. 제가 한 것은 작은

행동 하나에 불과했지만 제가 속한 공동체에 긍정적인 변화를 가져올 수 있다는 것을 깨달았습니다.

교과서에서만 보던 실험을 실제로 하고 싶어 화학Ⅱ 기반의 다양한 실험을 할 수 있는 동아리 화학탐구부에 가입했습니다. 그 중 두 가지 활동이 가장 기억에 남습니다. 첫 번째는 사염화탄소 분자량 측정 실험으로, 실험할 때 가져야 할 자세에 대해 생각해보는 계기가 됐습니다. 실험 과정에 따라 분자량을 계산했더니 원자의 분자량보다 훨씬 적은 값이 나왔습니다. 처음에는 계산 실수인 줄 알았지만 몇 번을 다시 계산해도 분자량은 동일했습니다. 아무리 생각해 봐도 그 원인을 알 수 없어 실험 과정을 몇 번을 되짚어 보다 과정대로 하지 않은 부분을 단 한 군데 찾았습니다. 실험 시간이 촉박해 플라스크의 표면에 묻은 물기를 빨리 제거하려고 헤어드라이기로 말렸습니다. 그 과정에서 사염화탄소가 더 많이 증발되었다는 것을 발견했습니다. 이를 통해 실험할 때는 모든 과정을 인내와 끈기를 가지고 기본 매뉴얼에 충실히 수행해야 한다는 것을 깨달았습니다.

두 번째는 실험봉사활동입니다. 동아리에서 실험할 때 느꼈던 즐거움을 아이들에게도 알려주고 싶어 조장을 맡아 봉사를 계획했습니다. 하지만 실험을 선정하는 것부터 힘들었습니다. 처음에 조원들에게 각자 실험을 알아봐달라고 했지만 다들 비협조적이어서 흡열 반응을 이용한 쿨팩 만들기를 실험으로 선정하는 것부터 어려웠습니다. 하지만 저는 이 실험봉사가 조원들이 모두 참여해야 의미가 있는 것이라고 생각했습니다. 그래서 조원들의 태도를 바꾸기 위해 봉사를 함께 계획했습니다. 함께 아이들의 흥미를 끌 수 있는 방법을 상의해 시온스티커를 붙이기로 했고, 봉사활동 전날에는 조원들과 만나 직접 만들어봤습니다. 실험 과정을 확인하고 실험 시 주의 사항을 숙지하는 것은 물론, 아이들의 눈높이에 맞춘 설명 방법을 함께 고민해 일상에서 흔히 보는 손난로와 얼음과 비교해 설명하기로 했습니다. 함께 문제와 해결 방안을 찾는 과정에서 조원들의 태도는 협력적으로 바뀌었습니다. 봉사 당일, 세심하게 준비한 만큼 아이들이 실험할 때 잘 보조해줄 수 있었고, 저희의 설명을 이해하고 자신이 만든 쿨팩을 사용하며 즐거워하는 아이들의 모습을 보며 뿌듯함을 느꼈습니다. 또한 준비하는 과정에서 조원들과 상의하고 의견을 나누면서 어떤 일을 할 때 협력적인 태도가 중요하다는 것을 알게 되었습니다.

➡ 필자의 첨삭 결과를 참조하세요.

1학년 담임선생님께서는 교실이 지저분하다고 자주 혼내셨습니다. 저는 항상 주변을 깨끗이 정리했기 때문에 기분은 나빴지만 나에게 해당하는 일은 아니라고 생각했습니다. 그러던 어느 날, 평소보다 학교에 일찍 도착했는데 교실이 평소보다 더러운 것이 눈에 들어왔습니다. 아침부터 엄청나게 혼나겠구나 하는 생각이 들어 혼자서 짜증을 내며 교실을 청소했습니다. 그 날 선생님께서는 교실이 깨끗해졌다며 칭찬을 하셨습니다. 그저 같이 혼나기가 싫어서 청소를 했을 뿐인데 뿌듯한 마음이 들었습니다. 친구들도 고마워했습니다. 그 때부터 아침에 청소를 자청했습니다. 하지만 그 다짐을 지키는 것은 힘들었습니다. 평소보다 일찍 일어나야 했고, 청소를 해도 다음날 매일 똑같아지는 교실을 보면서 이것이 과연 가치 있는지에 대한 의문도 들었습니다. 제가 혼자였다면 그만 뒀을 겁니다. 매일 마다 교실을 청소하는 제가 안쓰러웠는지 몇몇 친구들이 저를 도와 함께 교실을 함께 청소하기 시작한 겁니다. 제가 한 작은 행동 하나가 제가 속한 공동체에 긍정적인 변화를 가져올 수 있다는 것을 깨달은 계기가 되었습니다.

화학탐구부에 가입을 했습니다. 교과서에서만 보던 화학Ⅱ 기반의 다양한 실험을 하고 싶어서 였습니다. 두 가지 활동이 가장 기억에 남습니다. 첫 번째는 사염화탄소 분자량 측정 실험입니다. (➡ 사염화탄소는 무엇인지 써 주세요.) 실험할 때 가져야 할 자세에 대해 생각해보는 계기가 됐습니다. 실험 과정에 따라 분자량을 계산했더니 원자의 분자량보다 훨씬 적은 값이 나왔습니다. 처음에는 계산 실수인 줄 알았지요. 몇 번을 다시 계산해도 분자량은 동일했습니다. 아무리 생각해도 원인을 알 수 없었습니다. 실험 과정을 몇 번을 되짚어 보다 그 원인을 찾았습니다. 플라스크의 표면에 묻은 물기를 빨리 제거하려고 헤어드라이기로 말렸던 것이 문제였습니다. 이 과정에서 열에 약한 사염화탄소가 많이 증발되었기 때문에 이런 결과가 생긴 겁니다. 실험을 할 때는 모든 과정을 인내와 끈기를 가지고 기본 매뉴얼에 충실히 수행해야 한다는 것을 알게 된 소중한 기회였습니다.

두 번째는 실험봉사활동입니다. 동아리에서 실험할 때 느꼈던 즐거움을 아이들에게도 알려주고 싶어 봉사활동을 계획했습니다. 하지만 쉽지 않았습니다. 조원들은 다들 비협조적이었습니다. (➡ 왜 비협조적이었는지 살짝 써 주시고.) 고민 끝에 혼자서 흡열 반응을 이용한 쿨팩 만들기를 선정했지만 조원 모두가 참가해야 의미가 있다고 생각했습니다. 조원들이 봉사활동에 적극적으로 참가할 수 있는 방법을 고민했습니다. 문제는 저 혼자 독단적으로 결정하고 조원들의 의견을 잘 듣지 않았다는 것입니다. 조원들에게 사과를 하고 함께 하자고 설득했습니다. 함께 아이들의 흥미를 끌 수 있는 방법을 상의해 (➡ 무엇을 위해 무슨 역할을 하는 시온스티커를 붙이기로 했고.) 봉사활동 전날에는 조원들과 만나 실험 과정을 확인하고 주의 사항을 숙지하는 것은 물론, 아이들의 쉽게 이해할 수 있는 방법을 고민했습니다. 함께 문제와 해결 방안을 찾는 과정에서 조원들의 태도는 협력적으로 바뀌었습니다. 이번 일을 계기로 어떤 일을 할 때 협력적인 태도가 중요하다는 것을 알게 되었습니다.

> 3. 학교 생활 중 배려, 나눔, 협력, 갈등 관리 등을 실천한 사례를 들고, 그 과정을 통해 배우고 느낀 점을 기술해주시기 바랍니다.(1,000자 이내)

1학년 때 문집을 만들면서 역지사지의 자세가 중요하다는 것을 깨달았습니다. 연초,

담임선생님께서 학급 문집 제작을 제안하셨습니다. 저는 소중한 추억을 남기는 데 일조하고 싶어 카페를 꾸미고 글을 관리하는 카페 관리자와 문집편찬위원회에 자원했습니다. 처음에는 친구들이 카페에 자주 들리고 글도 많이 남겼지만 시간이 지날수록 친구들의 관심은 줄었습니다. 관심을 모으고자 사비를 털어 글과 댓글을 작성하면 아이스크림을 주는 이벤트도 열었지만 참여율은 낮았습니다. 결국 문집을 편찬하기에는 카페 글이 너무 부족해 문집편찬위원회를 소집해 글을 어떻게 모을지 상의했습니다. 글을 쓰는 것이 부담스러울 것이라고 판단해 개인당 한 편의 글과 버킷리스트를 받기로 의견을 모으고 친구들에게 공지했습니다. 많지 않은 분량이라 글이 금방 모일 것이라고 생각했지만, 예상외로 글을 낸 친구들은 적었습니다. 심지어 내지 않으면 안 되냐고 하는 친구도 있었습니다. 다들 문집을 만들 의욕이 없는 것 같아 친구들에게 섭섭하기도 했습니다. 그래도 맡은 바 끝까지 최선을 다하자는 생각으로 마음을 다잡고 친구들을 찾아다니며 글을 내지 않는 이유를 물어봤습니다. 그러자 대부분의 친구들이 소재를 찾지 못하겠다고 답했고, 그제야 제가 지금까지 제 입장에서 문제를 판단했다는 것을 깨달았습니다. 그 뒤 위원회에서 다시 토의했고, 친구들에게 편지쓰기, 반 여행에서 느낀 점, 좋아하는 시와 책 추천 등 구체적인 글감을 함께 공지했습니다. 그러자 놀랍게도 많은 친구들이 자신의 개성이 묻어나는 글을 금방 내주었고, 그 후 위원회에서 카페 글 선별, 문집 꾸미기, 원고 편집 등 자신이 맡은 역할에 책임을 다했습니다. 그 결과 종업식 날, 모든 친구가 자신의 글이 실린 문집을 받아볼 수 있었습니다. 학급 문집을 만들면서 갈등 상황이 생겼을 때 상대방의 입장에서 상황을 이해하고 해결 방법을 찾는 것이 중요하다는 것을 새삼 깨달았습니다. 이후 갈등이 발생했을 때 역지사지의 자세를 취하려고 노력했고, 덕분에 갈등을 수월하게 해결할 수 있었습니다.

➡ 필자의 첨삭 결과를 참조하세요.

1학년 때 문집을 만들면서 역지사지의 자세가 중요하다는 것을 알았습니다. 학기 초에 담임선생님께서 학급 문집 제작을 제안하셨습니다. 소중한 추억을 남기는 데 보탬이 되고 싶어 문집편찬위원회에 자원했습니다. 처음에는 친구들이 카페에 자주 들리고 글도 많이 남겼지만 시간이 지날수록 관심은 줄었습니다. 제 용돈을 아껴서 글과 댓글을 작성하면 아이스크림을 주는 이벤트도 열었지만 참여율은 낮았습니다. 문집을 편찬하기에는 카페 글이 너무 부족했습니다. 문집편찬위원회를 소집해 상의를 했습니다. 글을 쓰는 것이 부담스러울 것이라고 판단해 개인당 한 편의 글과 버킷리스트를 받기로 의견을 모았습니다. 많지 않은 분량이라 글이 금방 모일 것이라고 생각했지만, 예상외로 글을 낸 친구들은 적었습니다. 심지어 내지 않으면 안 되냐는 친구도 있었습니다. 다들 문집을 만들 의욕이 없는 것 같아 섭섭했지만 그래도 최선을 다하자는 생각으로 친구들을 찾아다니며 이유를 물어봤습니다. 그 때 머리를 망치로 때리는 듯한 충격을 받았습니다. 의외로 그 이유는 간단했습니다. 대부분의 친구들이 소재를 찾지 못하겠다고 답했던 겁니다. 모든 문제를 제 입장에서만 생각하고 판단했다는 것을 뒤늦게 깨달았던 겁니다. 그 이후 친구들에게 편지쓰기, 반 여행에서 느낀점, 좋아하는 시와 책 추천 등 구체적인 글감을 함께 공지했습니다. 그러자 많은 친구들이 자신의 개성이 묻어나는 글을 금방 내주었고 종업식 날, 모든 친구가 자신의 글이 실린 문집을 받아볼 수 있었습니다. 학급 문집을 만들면서 갈등 상황이 생겼을 때 상대방의 입장에서 상황을 이해하고 해결 방법을 찾는 것이 중요하다는 것을 새삼 깨달았습니다. 이후 갈등이 발생했을 때 역지사지의 자세를 취하려고 노력했고, 덕분에 갈등을 수월하게 해결할 수 있었습니다. (➡ 흠 잡을 데 없이 잘 썼어요. very good!)

10 유니스트

유니스트 자기소개서 첨삭 사례 1

> 1. 고등학교 재학 기간 중 학업에 기울인 노력과 학습 경험에 대해 배우고 느낀 점을 중심으로 기술해주시기 바랍니다.(1,000자 이내)

저는 공부할 때 집중력을 향상시키기 위해 노력했습니다. 1학년 때 주말이 되어 평소 못한 공부를 하기 위해 도서관에 아침 일찍부터 개관이 끝나는 시간까지 공부했습니다. 그런데 그 날 밤 제가 하루 종일 공부한 양이 고작 문제집 소단원 2개라는 사실을 깨닫고 너무나 허탈했습니다. 자리에 앉아있기만 했지 흘려보낸 시간이 너무나 많았던 것입니다. 그래서 저는 스톱워치의 0부터 올라가며 시간을 재는 기능을 사용했습니다. 그리고 공부 시간을 매일 플래너 상단에 기록했고 그 옆에 화살표로 어제보다 더(↑) 또는 덜 했는지(↓)를 표시했습니다. 저는 (↑)를 그리기 위해 매일 전 날보다 조금이라도 더 공부 하려고 노력했습니다. 스톱워치를 사용하면서 제가 한 번에 집중 가능한 시간이 짧다는 것을 알게 되었고 이는 집중력이 부족하기 때문이라고 생각했습니다. 그래서 저는 일부러 시끄러운 쉬는 시간에 자리를 피하지 않고 집중하기 위해 노력했습니다.

저는 2학년 때 책에서 '자투리 시간을 활용한다는 것은 영단어를 한 개라도 볼 수 있다면 바로 책을 펼쳐드는 것'이라는 문구를 읽고 큰 충격을 받았습니다. 왜냐하면 저는 최소 5분 이상은 되어야 자투리 공부를 할 수 있다고 생각했기 때문입니다. 그 때부터 저는 짧은 시간에 쉽게 꺼내볼 수 있는 영단어를 외우기로 했습니다. 영단어 책은 너무 두껍고 커서 불편함이 있었기 때문에 포스트잇을 사용해서 손 안에 쏙 들어오는 카드를 만들기로 했습니다. 매일 아침 쉬는 시간에 포스트잇 두 장을 겹치게 붙인 후 2개를 만들어 단어 책에서 헷갈리거나 모르는 단어 40개를 골라 적었습니다. 매일 아침 단어를 적을 때마다 '오늘의 단어'를 고르는 소소한 재미도 있었습니다. 이 카드의 장점은 모르는 단어뿐만 아니라 비슷하게 생겨 헷갈리는 단어들을 나란히 적어 한 번에 공부할 수 있다는 점입니다. 저는 이 카드를 복도를 걸을 때나 양치할 때, 줄 서있을 때, 선생님께서 농담을 하실 때면 곧바로 꺼내들었습니다. 이렇게 외운 영어 단어로 영어 지문을 손쉽게 해석할 수 있었고 일상생활에서 시간을 낭비하지 않는 습관도 가질 수 있었습니다.

➡ 필자의 첨삭 결과를 참조하세요.

저는 공부할 때 집중력을 향상시키기 위해 노력했습니다. 1학년 때 주말이 되어 평소 못한 공부를 하기 위해 도서관에 아침 일찍부터 개관이 끝나는 시간까지 공부했습니다. 그런데 그 날 밤 제가 하루 종일 공부한 양이 고작 문제집 소단원 2개라는 사실을 깨닫고 너무나 허탈했습니다. 자리에 앉아있기만 했지 흘려보낸 시간이 너무나 많았던 것입니다. 그래서 저는 스톱워치의 0부터 올라가며 시간을 재는 기능을 사용했습니다. 그리고 공부 시간을 매일 플래너 상단에 기록했고 그 옆에 화살표로 어제보다 더(↑) 또는 덜 했는지(↓)를 표시했습니다. 저는 (↑)를 그리기 위해 매일 전 날보다 조금이라도 더 공부 하려고 노력했습니다. 스톱워치를 사용하면서 제가 한 번에 집중 가능한 시간이 짧다는 것을 알게 되었고 이는 집중력이 부족하기 때문이라고 생각했습니다. 그래서 저는 일부러 시끄러운 쉬는 시간에 자리를 피하지 않고 집중하기 위해 노력했습니다.(➡ 좋습니다. 자신의 부족함을 개선하기 위해 이런 저런 노력을 했다. 님의 학업에 대한 열정 읽을 수 있네요. 아쉬운 점이 한 가지 있는데……. 시작은 창대했지만 끝은 흐지부지……. 집중력이 부족했다. 그래서 스톱워치 공부법을 활용했다. 그리고는 끝!!!, 결과가 빠졌네요. 그 결과 몇 개월 후에는 하루 종일 2단원에 그치던 분량이 10단원으로 늘어났다. 뭐 이런 식의 노력에 대한 결과가 나와 주어야 합니다.)

저는 2학년 때 책에서 '자투리 시간을 활용한다는 것은 영단어를 한 개라도 볼 수 있다면 바로 책을 펼쳐드는 것'이라는 문구를 읽고 큰 충격을 받았습니다. 왜냐하면 저는 최소 5분 이상은 되어야 자투리 공부를 할 수 있다고 생각했기 때문입니다. 그때부터 저는 짧은 시간에 쉽게 꺼내볼 수 있는 영단어를 외우기로 했습니다. 영단어 책은 너무 두껍고 커서 불편함이 있었기 때문에 포스트잇을 사용해서 손 안에 쏙 들어오는 카드를 만들기로 했습니다. 매일 아침 쉬는 시간에 포스트잇 두 장을 겹치게 붙인 후 2개를 만들어 단어 책에서 헷갈리거나 모르는 단어 40개를 골라 적었습니다. 매일 아침 단어를 적을 때마다 '오늘의 단어'를 고르는 소소한 재미도 있었습니다. 이 카드의 장점은 모르는 단어뿐만 아니라 비슷하게 생겨 헷갈리는 단어들을 나란히 적어 한 번에 공부할 수 있다는 점입니다. 저는 이 카드를 복도를 걸을 때나 양치할 때, 줄 서있을 때, 선생님께서 농담을 하실 때면 곧바로 꺼내들었습니다. 이렇게 외운 영어 단어로 영어 지문을 손쉽게 해석할 수 있었고 일상생활에서 시간을 낭비하지 않는 습관도 가질 수 있었습니다.(➡ 좋습니다. 흠잡을 데 없어요. 읽어보면 그 장면이 연상될 정도로 입학사정관을 배려한 문장전개 GOOD! 한 가지 아쉬운 점이 있는데……. 그런 습관을 가졌으면 영어성적도 올라가지 않았을까? 앞에서와 마찬가지로 결과에 대한 내용 보충해 주세요. 그 전에는 00점 또는 단어를 몰라 1~2개 틀렸는데 그 습관을 가진 몇 개월 후부터는 점수가 00점으로 올라 자투리시간 활용이 정말 필요하구나 알게 되었다. 뭐 이런 식으로…….)

저는 1학년 때 재미있는 겨울 방학을 보내기 위해 부산시 교육청에서 주관하는 '기술창의 공학교실' 프로그램을 수강했습니다. 기술창의 공학교실에서는 학교에서는 해볼 수 없었던 오토마타, 디스크브레이크 모형, 전자회로 제작 등 다양한 실습을 해보았습니다. 특히 오토마타를 만들 때 기계작동 원리를 생각하여 그린 설계도를 눈앞에 구현해내는 작업을 하며 매우 놀라웠습니다. 그런데 제가 만든 판캠을 끼워보니 캠이 부드럽게 운동하는 대신 삐걱거리거나 자주 멈췄습니다. 저는 문제의 원인을 찾기 위해 오토마타를 꼼꼼히 살폈고 그 결과 캠이 받치고 있는 상판이 너무 무거우며 캠의 모양이 지나치게 뾰족하다는 사실을 알게 되었습니다. 그래서 상판을 잘라 무게를 줄이고 캠의 옆면을 완만하게 다듬었습니다. 그러고 나서 캠이 유연하게 운동하는 것을 보니 매우 뿌듯했습니다. 저는 이러한 문제해결과정을 통해 기계를 보완하는 작업에 자신감을 가질 수 있었습니다. 실톱이나 드릴링 머신을 사용할 때 톱밥가루가 교복에 많이 묻었는데 저는 활동에 집중하기 위해 셋째 날부터는 체육복만 입고 갔습니다. 수업을 들으러 1시간 거리를 이동할 때 버스에서 '왜 작동이 안 될까?', '디자인은 어떻게 하지?' 등을 생각하다보면 1시간이 훌쩍 지나갔습니다. 이 활동을 통해 공학을 더 친근하게 느낄 수 있었고 공학지식을 배워 고난이도의 작업을 하고 싶다는 생각을 했습니다.

저는 2학년 때 교내 과제연구 발표대회에 친구들과 '때를 미는 목욕 습관이 피부에 미치는 영향'을 주제로 참가해 조장을 맡았습니다. 저는 이번 대회가 제가 평소에 가지고 있던 궁금증을 해결할 수 있는 좋은 기회라고 생각했습니다. 그런데 각자 역할을 분담하고 연구를 진행하던 중 이론을 조사하면서 주말에 각자 조사한 것을 보내기로 했던 친구가 주말 내내 연락이 되지 않고 조사한 내용도 연구의 흐름에서 벗어난 내용이었습니다. 그래서 저는 친구에게 참고할 만한 사이트를 알려주었고 칭찬을 통해 적극적인 참여를 유도했습니다. 그리고 때를 민 후의 피부 상태를 관찰하는 실험을 할 때 저는 인터넷에서 기구가 있는 미용실을 찾은 후 직접 머리를 자르고 기구 사용을 부탁드려 실험을 진행했습니다. 그리고 저는 자발적으로 발표를 맡았는데 그 이유는 공식적으로 많은 사람들 앞에 설 수 있는 기회라고 생각했기 때문입니다. 간단한 대본을 쓰고 제스처나 시선을 고려해 친구들과 시뮬레이션도 해보았습니다. 대회당일 제 차례가 되어 강당의 무대 위에 올라가보니 2,3학년 전체가 자리를 빼곡하게 채워 위압감마저 느껴졌습니다. 그 순간 저는 이 상황이 앞으로 제가 서게 될 무대의 첫 번째라고 생각했고 좋은 시작을 하기로 마음먹었습니다. 가장 먼저 학생들에게 '여러분, 때 미시나요?'라는 물음으로 호응을 유도했고 학생들과 눈을 맞추며 또렷하게 말하려고 노력했습니다. 발표가 끝나고 무대에서 내려온 저는 친구에게 '그렇게 긴장하더니 막상 되니까 발표 잘 하더라.'라는 말을 들을 수 있었습니다. 대회 결과 저희 조는 우량상을 수상할 수 있었고 이 대회를 통해 저의 지적 호기심을 해소할 뿐만 아니라 막막하게 느껴졌던 연구를 차근차근 완성함으로써 어려운 프로젝트도 수행할 수 있다는 자신감을 가지게 되었습니다.

➡ 필자의 첨삭 결과를 참조하세요.

저는 1학년 때 재미있는 겨울 방학을 보내기 위해 부산시 교육청에서 주관하는 '기술창의 공학교실' 프로그램을 수강했습니다. 기술창의 공학교실에서는 학교에서는 해볼 수 없었던 오토마타, 디스크브레이크 모형, 전자회로 제작 등 다양한 실습을 해보았습니다. 특히 오토마타를 만들 때 기계작동 원리를 생각하여 그린 설계도를 눈앞에 구현해내는 작업을 하며 매우 놀라웠습니다. 그런데 제가 만든 판캠을 끼워보니 캠이 부드럽게 운동하는 대신 삐걱거리거나 자주 멈췄습니다. 저는 문제의 원인을 찾기 위해 오토마타를 꼼꼼히 살폈고 그 결과 캠이 받치고 있는 상판이 너무 무거우며 캠의 모양이 지나치게 뾰족하다는 사실을 알게 되었습니다. 그래서 상판을 잘라 무게를 줄이고 캠의 옆면을 완만하게 다듬었습니다. 그러고 나서 캠이 유연하게 운동하는 것을 보니 매우 뿌듯했습니다. 저는 이러한 문제해결과정을 통해 기계를 보완하는 작업에 자신감을 가질 수 있었습니다. 실톱이나 드릴링 머신을 사용할 때 톱밥가루가 교복에 많이 묻었는데 저는 활동에 집중하기 위해 셋째 날부터는 체육복만 입고 갔습니다. 수업을 들으러 1시간 거리를 이동할 때 버스에서 '왜 작동이 안 될까?', '디자인은 어떻게 하지?' 등을 생각하다보면 1시간이 훌쩍 지나갔습니다. 이 활동을 통해 공학을 더 친근하게 느낄 수 있었고 공학지식을 배워 고난이도의 작업을 하고 싶다는 생각을 했습니다.(➡ 흠 잡을데 없습니다. 비교적 어려운 내용일 텐데 입학사정관을 배려하며 최대한 쉽게 풀어 쓴 흔적이 여기저기서 보이네요. 저는 대학에서 영문학과 자동차공학을 복수전공해서 무슨 의미인지 잘 이해됨.)

저는 2학년 때 교내 과제연구 발표대회에 친구들과 '때를 미는 목욕 습관이 피부에 미치는 영향'을 주제로 참가해 조장을 맡았습니다.(➡ 왜 이런 주제를 선택했나?는 내용이 없어서 뒤에 이어지는 문장인 평소 궁금했다고 하는 것과 전혀 인과관계가 형성되지 않아요.) 저는 이번 대회가 제가 평소에 가지고 있던 궁금증을 해결할 수 있는 좋은 기회라고 생각했습니다. 그런데 역할을 분담하고 연구를 진행하던 중 주말에 각자 조사한 것을 보내기로 했던 친구가 주말 내내 연락이 되지 않고 조사한 내용도 연구의 흐름에서 벗어난 내용이었습니다. 그래서 저는 친구에게 참고할 만한 사이트를 알려주었고 칭찬을 통해 적극적인 참여를 유도했습니다.(➡ 좀…… 약한데…… 친구가 왜 그랬을까에 대한 내용이 없어서 말이죠……. 그 내용을 보충해 주세요. 예컨대 알고 보니 친구가 자신이 맡은 역할에 대해 자신이 없었는데 말을 하지 못하고 있다가 이런 사태를 만들었다던가 하는 식으로, 그래야만 뒤에 이어지는 대책이 설득력을 얻지요.) 그리고 때를 민 후의 피부 상태를 관찰하는 실험을 할 때 저는 인터넷에서 기구가 있는 미용실을 찾은 후 직접 머리를 자르고 기구 사용을 부탁드려 실험을 진행했습니다.(➡ 어떤 기구인가? 입학사정관이 궁금해 할 수 있으니 ~~을 하는 기구라는 설명 첨가해 주세요.) 그리고 저는 자발적으로 발표를 맡았는데 그 이유는 공식적으로 많은 사람들 앞에 설 수 있는 기회라고 생각했기 때문입니다. 간단한 대본을 쓰고 제스처나 시선을 고려해 친구들과 시뮬레이션도 해보았습니다. 대회당일 제 차례가 되어 무대 위에 올라가보니 2,3학년 전체가 자리를 빼곡하게 채워 위압감마저 느껴졌습니다. 그 순간 저는 이 상황이 앞으로 제가 서게 될 무대의 첫 번째라고 생각했고 좋은 시작을 하기로 마음먹었습니다. 가장 먼저 학생들에게 '여러분, 때 미시나요?'라는 물음으로 호응을 유도했고 학생들과 눈을 맞추며 또렷하게 말하려고 노력했습니다. 발표가 끝나고 무대에서 내려온 저는 친구에게 '그렇게 긴장하더니 막상 되니까 발표 잘 하더라.' 라는 말을 들을 수 있었습니다. 대회 결과 저희 조는 우량상을 수상할 수 있었고 이 대회를 통해 저의 지적 호기심을 해소할 뿐만 아니라 막막하게 느껴졌던 연구를 차근차근 완성함으로써 어려운 프로젝트도 수행할 수 있다는 자신감을 가지게 되었습니다.

---

3. 학교 생활 중 배려, 나눔, 협력, 갈등 관리 등을 실천한 사례를 들고, 그 과정을 통해 배우고 느낀 점을 기술해주시기 바랍니다.(1,000자 이내)

저는 영어에 대한 애정을 타인에게 전달해주고 싶었기 때문에 제 영어 실력으로 '재능기부' 봉사활동을 하고 싶었습니다. 그래서 저는 2학년 때 'Reading Buddy'라는 봉사활동을 선택하게 되었습니다. 이 프로그램은 영어 초입 단계인 초등학교 1,2학년 아이들에게 영어로 된 동화책을 읽어주고 책과 관련된 활동을 하는 것이었습니다. 아이들은 저를 언니라고 부르며 잘 따라주었고 제가 아이들의 선생님이라는 생각에 책임감이 들었기 때문에 주어진 시간을 유익하게 만들기 위해 노력했습니다. 저는 아

이들이 골라온 책들 중에서 어휘의 수준, 교훈성을 고려해서 읽을 책을 선정했고 책을 미리 빌려서 모르는 어휘를 공부하고 아이들과 나눌 이야기도 고민해보았습니다. 한 번은 인종 차별 내용에서 '언니랑 너희들도 다 다르게 생겼지? 마찬가지로 피부색도 다른 것이지 절대로 틀린 게 아니야.'라며 아이들에게 다름과 틀림의 차이를 알려주었습니다. 이 활동을 통해 제 생활 어휘 실력이 많이 늘었고 재능기부가 도움을 주는 사람에게도 보람과 학업의지를 불러일으킨다는 것을 체험했습니다.

저는 친구가 힘들 때 도움을 준 경험이 있습니다. 3학년 초 한 친구가 쉬는 시간에 참지 못해 책상에 토를 했고 저는 그 친구와 함께 화장실 칸에 들어가 세게 등을 두드려 주었습니다. 토사물 냄새가 심하게 났지만 친구가 부끄러워 할까봐 다 토하라고 말해주었습니다. 저는 2학년 때 다른 친구에게 같은 도움을 받은 적이 있는데 제가 정말 힘들 때 '괜찮아?'하며 등을 두드려 주던 친구에게 큰 감동을 받았기 때문에 이제는 제가 그 도움을 주어야 할 때라고 생각했습니다. 보건실에 가서 보니 친구의 교복에도 토사물이 많이 묻어있었습니다. 수업시간이 되었지만 저는 친구가 깨끗한 상태로 편하게 쉬는 것이 더 중요하다고 생각했습니다. 저는 교실에 가서 체육복을 챙겨와 친구의 교복을 벗겨주고 옷을 갈아입힌 후 쉬는 시간에 가방과 보건실확인증을 챙겨주었습니다. 보건 선생님께서는 제 이름을 물어보시며 칭찬해주셨는데 아픈 친구를 위한 행동이었지만 칭찬을 들으니 매우 뿌듯했습니다. 그리고 다음 날 친구는 제게 연거푸 고맙다고 말했습니다. 저는 이 경험을 통해 가장 초라하고 도움이 필요할 때 두 발 벗고 도와줄 수 있는 친구가 정말로 좋은 친구라는 것을 느꼈고 다른 이들에게 그런 친구가 되고 싶다는 생각이 들었습니다.

➡ 필자의 첨삭 결과를 참조하세요.

저는 영어에 대한 애정을 타인에게 전달해주고 싶었기 때문에 제 영어 실력으로

'재능기부' 봉사활동을 하고 싶었습니다. 그래서 저는 2학년 때 'Reading Buddy'라는 봉사활동을 선택하게 되었습니다. 이 프로그램은 영어 초입 단계인 초등학교 1,2학년 아이들에게 영어로 된 동화책을 읽어주고 책과 관련된 활동을 하는 것이었습니다. 아이들은 저를 언니라고 부르며 잘 따라주었고 제가 아이들의 선생님이라는 생각에 책임감이 들었기 때문에 주어진 시간을 유익하게 만들기 위해 노력했습니다. 저는 아이들이 골라온 책들 중에서 어휘의 수준, 교훈성을 고려해서 읽을 책을 선정했고 책을 미리 빌려서 모르는 어휘를 공부하고 아이들과 나눌 이야기도 고민해보았습니다. 한 번은 인종 차별 내용에서 '언니랑 너희들도 다 다르게 생겼지? 마찬가지로 피부색도 다른 것이지 절대로 틀린 게 아니야.'라며 아이들에게 다름과 틀림의 차이를 알려주었습니다.(➡ 그 다음에는??? 알려주고 끝? 다름과 틀림의 차이를 알려주다 보니 우리 친구도 인식이나 태도가 달라진 것 없을까?) 이 활동을 통해 제 생활 어휘 실력이 많이 늘었고 재능기부가 도움을 주는 사람에게도 보람과 학업의지를 불러일으킨다는 것을 체험했습니다.

저는 친구가 힘들 때 도움을 준 경험이 있습니다. 3학년 초 한 친구가 쉬는 시간에 참지 못해 책상에 토를 했고 저는 그 친구와 함께 화장실 칸에 들어가 세게 등을 두드려 주었습니다. 토사물 냄새가 심하게 났지만 친구가 부끄러워 할까봐 다 토하라고 말해주었습니다. 저는 2학년 때 다른 친구에게 같은 도움을 받은 적이 있는데 제가 정말 힘들 때 '괜찮아?'하며 등을 두드려 주던 친구에게 큰 감동을 받았기 때문에 이제는 제가 그 도움을 주어야 할 때라고 생각했습니다. 보건실에 가서 보니 친구의 교복에도 토사물이 많이 묻어있었습니다. 수업시간이 되었지만 저는 친구가 깨끗한 상태로 편하게 쉬는 것이 더 중요하다고 생각했습니다. 저는 교실에 가서 체육복을 챙겨와 친구의 교복을 벗겨주고 옷을 갈아입힌 후 쉬는 시간에 가방과 보건실확인증을 챙겨주었습니다. 보건 선생님께서는 제 이름을 물어보시며 칭찬해주셨는데 아픈 친구를 위한 행동이었지만 칭찬을 들으니 매우 뿌듯했습니다. 그리고 다음 날 친구는 제게 연거푸 고맙다고 말했습니다. 저는 이 경험을 통해 가장 초라하고 도움이 필요할 때 두 발 벗고 도와줄 수 있는 친구가 정말로 좋은 친구라는 것을 느꼈고 다른 이들에게 그런 친구가 되고 싶다는 생각이 들었습니다.(➡ 입학사정관들을 위한 문장은 바로 이런 문장입니다. 읽어나가면서 전혀 막힘없이 의문 없이 편안하게 그 장면이 연상될 수 있도록 하는 자소서가 입학사정관들이 좋아하는 자기소개서입니다. 하루에도 수십장 자기소개서를 보는데 나열식과 주관적 표현이 많기 때문에 재밌고 편안하게 읽을 수 있는 자기소개서를 만나면 좋아라 합니다.)

유니스트 자기소개서 첨삭 사례 2

> 1. 고등학교 재학 기간 중 학업에 기울인 노력과 학습 경험에 대해 배우고 느낀 점을 중심으로 기술해주시기 바랍니다.(1,000자 이내)

필자의 첨삭 결과를 참조하세요.

'내가 제대로 공부를 한걸까?' 자기 전 항상 되뇌었습니다. 그 때마다 대답은 '아니다.'였습니다. 되돌아보면 문제를 열심히 풀었던 기억 뿐, 지식과 논리는 하나도 얻지 못했기 때문입니다. 그러다 2학년 입시설명회에서 들었던 한 소절이 문제를 해결하는 열쇠가 되었습니다. 바로 '자기소개서 표절 금지'였습니다. 강사님은 '단어를 바꿔 표절을 피하려 해도 비슷한 구절이 존재한다면 표절검색기에 잡힌다.'라고 말씀해 주셨습니다. 처음에는 표절검색기의 기능자체에 놀랐지만, 물리 기출문제를 풀다가 문득 표절검색기처럼 문제의 유사성을 찾아낸다면, 좀 더 효율적으로 공부를 하게 되지 않을까 생각이 들었습니다. 하지만, 표절검색기를 구할 수 없고 작동원리 또한 알 수 없어 엑셀을 이용해 '물리 유사도 검색기'를 만들었습니다. 우선 (➡ 모의고사? EBS? 구체적으로 출처를 밝혀주세요. 그래야 신뢰를 얻을 수 있습니다.) 물리 문제를 모아 '돌림힘의 정의',

'회전축의 지정'등 교과적 개념과 '평형 위치문제'등 문제 자체의 형식적 요소로 분류해 내었습니다. 이렇게 250문항 정도를 분류해 단원마다 중복되는 요소들을 찾았더니 교과개념의 유사도는 70% 이상에 달했지만, 형식적인 요소들은 30%미만으로 차이가 많이 났습니다. 따라서 저는 자주 나오는 교과개념을 묶고, 출제 형식들은 여러 종류로 나누어 보았습니다. 이렇게 검색기를 만드는데 한 달 가량의 시간이 걸렸지만, 점차 효과를 체감하였습니다. 교과의 세부적인 내용들을 단어장 형태로 볼 뿐만 아니라 소위 말하는 '킬러문제'에 대해서도 개념과 출제방식의 조합 분석으로 전에 보지 못했던 문제들간 연계성을 파악할 수 있었기 때문입니다.(➡ 이 1번 문항에서 핵심문장은 본인이 물리 유사도 검색기를 만들어 문제들간 연계성을 파악해 효과를 본 것입니다. 그렇다면 구체적으로 어떻게 효과를 보았는지 설명이 있어야 합니다. 예컨대 물리는 항상 몇 등급이었는데 이런 방법을 통하니 몇 등급을 안정적으로 받을 수 있었다와 같은 내용 말이죠.) 이 방법을 화학 과목에도 적용시켰더니 2~3시간 정도 걸리는 과학 문제풀이시간을 1시간 정도로 줄일 수 있었습니다. 이를 통해 남는 자투리 시간을 이용하여 공부가 부족했던 영어영역뿐만 아니라 제가 흥미를 가져오던 공학에 대해 탐구하는 시간을 갖는 계기가 되었습니다. (➡ 독특한 시각으로 1번 항목을 풀어내느라 고생했어요. 훌륭합니다.)

---

2. 고등학교 재학 기간 중 본인이 의미를 두고 노력했던 교내 활동을 배우고 느낀 점을 중심으로 3개 이내로 기술해주시기 바랍니다. 단, 교외 활동 중 학교장의 허락을 받고 참여한 활동은 포함됩니다.(1,500자 이내)

필자의 첨삭 결과를 참조하세요.

1. 저는 1학년 화학 방과 후 인공 캐비어 만들기 실험에서 실험 실패이유를 찾았던 경험이 떠오릅니다. 화학 방과후 수업은 요리 만들기를 통해 요리과정에서 과학 원리

를 찾아내곤 하였습니다. 수업 중 인공 캐비어를 만들어 보았습니다. 하지만 캐비어 모양은 커녕 알갱이조차 만들어지지 않았습니다. 그 이유를 찾기 위해 인터넷을 통해 실험재료마다 알갱이 생성에 어떤 영향을 끼치는지 탐구해 보았습니다. 그러다 인공 캐비어의 주성분인 알긴산칼슘을 이용한 알갱이가 PH에 반응하는 약물전달체로도 연구된다는 것을 알았습니다. 뿐만 아니라 알긴산 같은 고분자를 이용해 빛과 효소 등에도 반응하는 여러 가지 자극반응 약물전달체가 연구 중이라는 것을 알게 되었습니다. 평소 표적세포로 약물을 전달하는 방법에 대해 고민하면서 나노로봇이 개발되지 않는다면 약물전달이 불가능 하다고 생각했던 저에게 공학뿐 아니라 화학, 생명과학처럼 거리가 있어 보이는 학문을 통해서도 목표의 접근방법을 찾을 수 있다는 것을 깨닫게 되었습니다. 실험 실패를 통해 알아가는 지식이 실험이 의도한 목표보다 더 값질 수 있다는 것을 알게 된 계기가 되었습니다. 자신이 직접 실험하거나 분석해 얻은 자료도 좋지만, 연구자들이 이뤄놓은 성과들을 먼저 이해하는 것이 학문의 첫 번째 길이라고 생각하는 기회였습니다.(➡ 내용이 중복되거나 늘어지는 것들이 있어 정리했습니다.)

2. RobArt 로봇 동아리에서 부스 주제를 선택하면서 재미를 위해 축구를 이용한 로봇 부스를 만들자고 의견을 모았습니다. 하지만 자료 수집을 담당했던 저는 '축구로봇'으로 우리 동아리의 비전을 보여주는 것이 불가능하다고 생각했습니다. (➡ 그 이유는 무엇 때문이었을까요?) 자료를 찾아보던 중 한국공학한림원의 추천 도서목록에서 '로보 사피엔스'라는 도서를 알게 되었습니다. 책에서 소개된 로봇 공학자들이 만드는 로봇과 로봇의 제작 기술 중 축구로봇에 이용할만한 것을 찾아보았습니다. 그중 로드니 브룩스의 cog라는 로봇에 호기심이 생겼는데, 이 로봇은 처리시스템을 하위단위들로 나누어 통제하는 포섭구조라는 개념을 사용해 행동처리시간을 줄였기 때문에 축구로봇의 동작에도 적용 가능해 보였기 때문입니다. 부스 게시판 주제를 '동아리의 미래'로 정하고 우리가 만든 축구로봇과 포섭구조를 이용한 로봇의 처리과정을 비교

해 게시판을 꾸몄습니다.(➡ 다 좋은데 2번 문항에서 축구로봇 제작에 본인이 어떤 주도적 역할을 했는지 구체적인 설명이 부족한 것이 아쉽습니다. 게시판을 꾸민 후 가장 중요한 핵심은 로봇을 어떻게 어떤 과정을 통해 만들었고 어떤 실수가 있었고 이를 통해 무엇을 알게 되었다가 나와 주어야 로봇 엔지니어의 꿈을 굳히는 계기가 되었다는 것이 설득력을 얻는데? 그 내용은 없이 축제날 로봇이 친근하게 만든다라는 뜬금없는 마무리를 하니 힘이 설득력이 없습니다.)

---

3. 학교 생활 중 배려, 나눔, 협력, 갈등 관리 등을 실천한 사례를 들고, 그 과정을 통해 배우고 느낀 점을 기술해주시기 바랍니다.(1,000자 이내)

필자의 첨삭 결과를 참조하세요.

매주 월요일 아침 신호등이 없어 항상 복잡한 정문에서 교통봉사대 활동을 했습니다. 아침 일찍 (➡ 몇 시 까지) 나와야 했기 항상 피곤함을 느꼈습니다. 다른 친구들도 피곤함을 느꼈기에 담당 선생님께 교통봉사 시간을 (➡ 몇 시로) 늦춰달라고 요청을 했지만 선생님은 '시간을 늦추는 것은 의미가 없다. 지금처럼 계속 교통정리 활동을 하는 대신, 비가 오는 날에는 하지 않기'로 허락해 주셨습니다. 처음 몇 주 간은 조금 더 잘 수 있다는 행복함에 비 오는 날을 기다렸습니다. 하지만 우리 대신 학교지킴이 선생님께서 학생 복장 단속, 차량관리와 함께 교통정리까지 병행하시는 것을 보면서 저의 수동적인 봉사에 죄책감을 느꼈습니다. 그래서 다시 비오는 날에도 평소대로 교통정리 활동을 하자고 제안했습니다. 1학년들은 일부 친구를 제외하고는 비오는 날에는 제시간에 오기 힘들고 선생님도 그렇게 하라 허락했는데 왜 그렇게 해야 하냐며 제안을 거절하였습니다. 저는 교외지킴이 선생님에 대한 미안한 감정에만 치우쳐 후배들에게 감정적으로 대응하였습니다. 1학년 후배들과 저의 사이는 급격히 악화되었습니다. 교통정리 시간에도 소통을 하지 않아 휘슬과 깃발이 제각각 올라가자 교통봉사대가 필요하냐는 의견까지 나올 정도였습니다. 후배들과의 불화를 해결하기 위해 후배들을 만나 먼저 저의 지나친 언행에 대해서 사과했습니다. 후배들도 미안했는지 비오는 날 교통봉사활동에 동참하기로 했습니다. 이후로 화목하게 봉사활동을 같이 할 수 있었습니다. 이번 일을 겪으면서 저의 감정적인 동요가 이성적인 판단을 흐리기 때문에 문제 해결 상황에서 평정심을 유지하는 것이 얼마나 중요한가에 대해 알 수 있었습니다.

유니스트 자기소개서 첨삭 사례 3

> **1. 고등학교 재학 기간 중 학업에 기울인 노력과 학습 경험에 대해 배우고 느낀 점을 중심으로 기술해주시기 바랍니다.(1,000자 이내)**

물리는 흥미로운 과목이었습니다. 공식을 외워 계산하는 것은 지루했지만 이전까지 몰랐던 내용을 배우는 것은 즐거웠습니다. 그러던 중 상대성 이론을 배웠습니다. 상식과는 다르게 길이와 시간이 변한다는 내용이 전혀 이해되지 않았습니다. 이 상식을 깨는 발상을 꼭 이해하고 싶었습니다. 그래서 EBS 다큐프라임 '빛의 물리학'을 시청해 상대성 이론의 내용을 직관적으로 이해하고, 책 '물리학 클래식' 1장, 3장을 읽으면서 상대성 이론이 탄생한 배경, 상대성 이론의 증거와 영향도 알게 되었습니다. 이러한 과정에서 상대성 이론을 받아들일 수 있게 되어 뿌듯했습니다. 또한 선생님께 다시 설명을 듣고 시간 팽창과 길이 수축 공식을 스스로 유도하면서 그저 외워야 할 수식이라고만 생각했던 공식이 각 물리량의 관계를 나타내는 것임을 깨달았습니다. 그러면서 자연현상을 이론과 수식으로 기술하는 물리학에 큰 매력을 느꼈습니다.

2학년 때 수업에서 배우지 못한 부분을 알고 싶었지만 교과목에 편성되지 않았습니다. 그래서 등교 시간을 한 시간 앞당겨 물리 I 인터넷 강의를 청취했습니다. 강의내용을 스스로 설명해보기도 하고 중요한 내용은 공책에 정리하며 공부했습니다. 강의를 듣다 궁금한 것이 생기면 인터넷에 검색하고 책을 읽어 해결했습니다. 그 중 하나가 빛의 성질이었습니다. 빛은 파동이라고 알고 있었는데 강의에선 광전효과를 광자로 설명해 이에 대해 검색하다 빛의 이중성과 물질파 개념을 접했습니다. 이것이 양자역학이라는 학문의 내용이라는 것을 알게 된 저는 그 내용이 궁금해 책 '양자역학과 현대과학', '퀀텀스토리'를 읽었습니다. 양자역학이 발전한 역사를 통해 불확정성 원리, 통일장 이론 등의 내용을 알게 되었고, 화학 시간에 배웠던 보어의 원자모형과 오비탈의 개념을 양자역학에서의 의미와 연결 지어 이해할 수 있었습니다. 이렇게 지적 호기심을 충족시키는 공부를 하면서 지식을 쌓는 즐거움을 깨달았고, 어떤 공부를 하더라도 즐기며 할 수 있는 원동력이 되었습니다.

➡ 필자의 첨삭 결과를 참조하세요.

물리에서 상대성 이론을 배웠을 때의 일입니다. 길이와 시간이 변한다는 내용이 전혀 이해되지 않았습니다. 상식과는 다른 내용이었기 때문입니다. 이 상식을 깨는 발상을 꼭 이해하고 싶었습니다. '물리학 클래식'이라는 책과 EBS 다큐프라임 '빛의 물리학'을 통해서 길이와 시간이 변한다는 내용을 이해할 수 있었습니다. 길이와 시간이 변하는 것은 (➡ 이런저런 이유를 적어주세요.) 이유 때문이었습니다. 이러한 과정을 통해 상대성 이론을 받아들이고 이해할 수 있어 뿌듯했습니다. 시간 팽창과 길이 수축 공식도 스스로 유도할 수 있게 되었습니다. 그저 외워야 할 수식이라고만 생각했는데 이 공식이 각 물리량의 관계를 나타내는 것임을 깨달았을 때의 기쁨은 이루 말할 수 없습니다. 자연현상을 이론과 수식으로 기술하는 물리학에 큰 매력을 느끼게 된 계기가 되었지요. (➡ 한 번은 2학년 때 수업에서 배우지 못한 구체적으로 어떤 부분? 어떻게 왜?

알고 싶었지만 교과목에 편성되지 않았습니다.) 그래서 등교 시간을 한 시간 앞당겨 (➡ 물리 | 인터넷 강의의 어떤 부분을 청했습니다.) 강의를 듣다 빛의 성질에 대해 궁금한 것이 생겼습니다. 빛은 파동이라고 알고 있었는데 강의에선 광전효과를 광자로 설명하는 것입니다. 여기서 빛의 이중성과 물질파 개념을 알게 됐고 양자역학이라는 학문을 접하게 됐습니다. 양자역학의 내용이 궁금해 무슨 내용을 담은 '양자역학과 현대과학', 무슨 내용인 '퀀텀스토리'를 읽었습니다. 양자역학이 발전한 역사를 통해 불확정성 원리, 통일장 이론 등을 알게 되었고, 화학 시간에 배웠던 보어의 원자모형과 오비탈의 개념을 양자역학에서의 의미와 (➡ 어떻게 연결되는 지 구체적인 예로 설명해 주신 후 이해할 수 있었습니다를 연결해 주세요.) 이런 식으로 공부를 하다 보니 지식을 쌓는 즐거움을 깨달았고, 어떤 공부를 하더라도 즐기며 할 수 있는 원동력이 되었습니다.

> **2. 고등학교 재학 기간 중 본인이 의미를 두고 노력했던 교내 활동을 배우고 느낀 점을 중심으로 3개 이내로 기술해주시기 바랍니다. 단, 교외 활동 중 학교장의 허락을 받고 참여한 활동은 포함됩니다.(1,500자 이내)**

1학년 동안 했던 아침 청소는 각종 궂은일에 솔선수범하는 계기가 되었습니다. 학년 초, 담임선생님께선 교실이 지저분하다고 자주 혼내셨습니다. 아침부터 혼나고 나면 기분이 안 좋았지만, 저는 주변을 항상 깨끗이 했기 때문에 신경 쓰지 않았습니다. 그러던 어느 날, 평소보다 학교에 일찍 도착해 기분이 좋았는데 반이 평소보다 더러웠습니다. 이 상태면 아침부터 선생님께서 혼내시겠다는 생각이 들어 청소를 했습니다. 깨끗해진 교실에 뿌듯함을 느꼈습니다. 그 날 담임선생님께서 교실이 깨끗해졌다며 칭찬하셨고, 친구들이 저에게 고맙다고 했습니다. 저는 그 뒤로도 아침에 교실을 쓸겠다고 다짐했습니다. 다짐을 지키는 것은 힘들었습니다. 아침에 평소보다 일찍 일어나야 했고, 줄지 않는 쓰레기에 이것이 과연 가치 있는지에 대한 의문도 들었습니다.

그렇지만 저는 제 다짐을 지키려고 노력했고, 그러자 친구들에게도 변화가 생겼습니다. 몇몇 친구들이 저를 도와 교실을 함께 쓰기 시작한 것입니다. 제가 한 것은 작은 행동 하나에 불과했지만 제가 속한 공동체에 긍정적인 변화를 가져올 수 있다는 것을 깨달았습니다.

교과서에서만 보던 실험을 실제로 하고 싶어 화학Ⅱ 기반의 다양한 실험을 할 수 있는 동아리 화학탐구부에 가입했습니다. 그 중 두 가지 활동이 가장 기억에 남습니다. 첫 번째는 사염화탄소 분자량 측정 실험으로, 실험할 때 가져야 할 자세에 대해 생각해보는 계기가 됐습니다. 실험 과정에 따라 분자량을 계산했더니 원자의 분자량보다 훨씬 적은 값이 나왔습니다. 처음에는 계산 실수인 줄 알았지만 몇 번을 다시 계산해도 분자량은 동일했습니다. 아무리 생각해 봐도 그 원인을 알 수 없어 실험 과정을 몇 번을 되짚어 보다 과정대로 하지 않은 부분을 단 한 군데 찾았습니다. 실험 시간이 촉박해 플라스크의 표면에 묻은 물기를 빨리 제거하려고 헤어드라이기로 말렸습니다. 그 과정에서 사염화탄소가 더 많이 증발되었다는 것을 발견했습니다. 이를 통해 실험할 때는 모든 과정을 안내와 끈기를 가지고 기본 매뉴얼에 충실히 수행해야 한다는 것을 깨달았습니다.

두 번째는 실험봉사활동입니다. 동아리에서 실험할 때 느꼈던 즐거움을 아이들에게도 알려주고 싶어 조장을 맡아 봉사를 계획했습니다. 하지만 실험을 선정하는 것부터 힘들었습니다. 처음에 조원들에게 각자 실험을 알아봐달라고 했지만 다들 비협조적이어서 흡열 반응을 이용한 쿨팩 만들기를 실험으로 선정하는 것부터 어려웠습니다. 하지만 저는 이 실험봉사가 조원들이 모두 참여해야 의미가 있는 것이라고 생각했습니다. 그래서 조원들의 태도를 바꾸기 위해 봉사를 함께 계획했습니다. 함께 아이들의 흥미를 끌 수 있는 방법을 상의해 시온스티커를 붙이기로 했고, 봉사활동 전날에는 조원들과 만나 직접 만들어봤습니다. 실험 과정을 확인하고 실험 시 주의 사항을 숙지하는 것은 물론, 아이들의 눈높이에 맞춘 설명 방법을 함께 고민해 일상에서 흔히 보는 손난로와 얼음과 비교해 설명하기로 했습니다. 함께 문제와 해결 방안을 찾는 과정에서 조원들의 태도는 협력적으로 바뀌었습니다. 봉사 당일, 세심하게 준비한 만큼 아이들이 실험할 때 잘 보조해줄 수 있었고, 저희의 설명을 이해하고 자신이 만든 쿨팩을 사용하며 즐거워하는 아이들의 모습을 보며 뿌듯함을 느꼈습니다. 또한 준비하는 과정에서 조원들과 상의하고 의견을 나누면서 어떤 일을 할 때 협력적인 태도가 중요하다는 것을 알게 되었습니다.

➡️ 필자의 첨삭 결과를 참조하세요.

1학년 담임선생님께서는 교실이 지저분하다고 자주 혼내셨습니다. 저는 항상 주변을 깨끗이 정리했기 때문에 기분은 나빴지만 나에게 해당하는 일은 아니라고 생각했습니다. 그러던 어느 날, 평소보다 학교에 일찍 도착했는데 교실이 평소보다 더러운 것이 눈에 들어왔습니다. 아침부터 엄청나게 혼나겠구나 하는 생각이 들어 혼자서 짜증을 내며 교실을 청소했습니다. 그 날 선생님께서는 교실이 깨끗해졌다며 칭찬을 하셨습니다. 그저 같이 혼나기가 싫어서 청소를 했을 뿐인데 뿌듯한 마음이 들었습니다. 친구들도 고마워했습니다. 그 때부터 아침에 청소를 자청했습니다. 하지만 그 다짐을 지키는 것은 힘들었습니다. 평소보다 일찍 일어나야 했고, 청소를 해도 다음날 매일 똑같아지는 교실을 보면서 이것이 과연 가치 있는지에 대한 의문도 들었습니다. 제가 혼자였다면 그만 뒀을 겁니다. 매일 마다 교실을 청소하는 제가 안쓰러웠는지 몇 몇 친구들이 저를 도와 함께 교실을 함께 청소하기 시작한 겁니다. 제가 한 작은 행동 하나가 제가 속한 공동체에 긍정적인 변화를 가져올 수 있다는 것을 깨달은 계기가 되었습니다.

화학탐구부에 가입을 했습니다. 교과서에서만 보던 화학Ⅱ 기반의 다양한 실험을 하고 싶어서 였습니다. 두 가지 활동이 가장 기억에 남습니다. 첫 번째는 사염화탄소 분자량 측정 실험입니다. (➡ 사염화탄소는 무엇인지 써 주세요.) 실험할 때 가져야 할 자세에 대해 생각해보는 계기가 됐습니다. 실험 과정에 따라 분자량을 계산했더니 원자의 분자량보다 훨씬 적은 값이 나왔습니다. 처음에는 계산 실수인 줄 알았지요. 몇 번을 다시 계산해도 분자량은 동일했습니다. 아무리 생각해도 원인을 알 수 없었습니다. 실험 과정을 몇 번을 되짚어 보다 그 원인을 찾았습니다. 플라스크의 표면에 묻은 물기를 빨리 제거하려고 헤어드라이기로 말렸던 것이 문제였습니다. 이 과정에서 열에 약한 사염화탄소가 많이 증발되었기 때문에 이런 결과가 생긴 겁니다. 실험을 할 때는 모든 과정을 인내와 끈기를 가지고 기본 매뉴얼에 충실히 수행해야 한다는 것을 알게 된 소중한 기회였습니다.

두 번째는 실험봉사활동입니다. 동아리에서 실험할 때 느꼈던 즐거움을 아이들에게도 알려주고 싶어 봉사활동을 계획했습니다. 하지만 쉽지 않았습니다. 조원들은 다들 비협조적이었습니다. (➡ 왜 비협조적이었는지 살짝 써 주시고.) 고민 끝에 혼자서 흡열 반응을 이용한 쿨팩 만들기를 선정했지만 조원 모두가 참가해야 의미가 있다고 생각했습니다. 조원들이 봉사활동에 적극적으로 참가할 수 있는 방법을 고민했습니다. 문제는 저 혼자 독단적으로 결정하고 조원들의 의견을 잘 듣지 않았다는 것입니다. 조원들에게 사과를 하고 함께 하자고 설득했습니다. 함께 아이들의 흥미를 끌 수 있는 방법을 상의해 (➡ 무엇을 위해 무슨 역할을 하는 시온스티커를 붙이기로 했고,) 봉사활동 전날에는 조원들과 만나 실험 과정을 확인하고 주의 사항을 숙지하는 것은 물론, 아이들의 쉽게 이해할 수 있는 방법을 고민했습니다. 함께 문제와 해결 방안을 찾는 과정에서 조원들의 태도는 협력적으로 바뀌었습니다. 이번 일을 계기로 어떤 일을 할 때 협력적인 태도가 중요하다는 것을 알게 되었습니다.

---

3. 학교 생활 중 배려, 나눔, 협력, 갈등 관리 등을 실천한 사례를 들고, 그 과정을 통해 배우고 느낀 점을 기술해주시기 바랍니다.(1,000자 이내)

1학년 때 문집을 만들면서 역지사지의 자세가 중요하다는 것을 깨달았습니다. 연초, 담임선생님께서 학급 문집 제작을 제안하셨습니다. 저는 소중한 추억을 남기는 데 일조하고 싶어 카페를 꾸미고 글을 관리하는 카페 관리자와 문집편찬위원회에 자원했습니다. 처음에는 친구들이 카페에 자주 들리고 글도 많이 남겼지만 시간이 지날수록 친구들의 관심은 줄었습니다. 관심을 모으고자 사비를 털어 글과 댓글을 작성하면 아이스크림을 주는 이벤트도 열었지만 참여율은 낮았습니다. 결국 문집을 편찬하기에는 카페 글이 너무 부족해 문집편찬위원회를 소집해 글을 어떻게 모을지 상의했습니다. 글을 쓰는 것이 부담스러울 것이라고 판단해 개인당 한 편의 글과 버킷리스트를 받기로 의견을 모으고 친구들에게 공지했습니다. 많지 않은 분량이라 글이 금방 모일 것이라고 생각했지만, 예상외로 글을 낸 친구들은 적었습니다. 심지어 내지 않으면 안 되냐고 하는 친구도 있었습니다. 다들 문집을 만들 의욕이 없는 것 같아 친구들에게 섭섭하기도 했습니다. 그래도 맡은 바 끝까지 최선을 다하자는 생각으로 마음을 다잡고 친구들을 찾아다니며 글을 내지 않는 이유를 물어봤습니다. 그러자 대부분의 친구들이 소재를 찾지 못하겠다고 답했고, 그제야 제가 지금까지 제 입장에서 문제를 판단했다는 것을 깨달았습니다. 그 뒤 위원회에서 다시 토의했고, 친구들에게 편지쓰기, 반 여행에서 느낀 점, 좋아하는 시와 책 추천 등 구체적인 글감을 함께 공지했습니다. 그러자 놀랍게도 많은 친구들이 자신의 개성이 묻어나는 글을 금방 내주었고, 그 후 위원회에서 카페 글 선별, 문집 꾸미기, 원고 편집 등 자신이 맡은 역할에 책임을 다했습니다. 그 결과 종업식 날, 모든 친구가 자신의 글이 실린 문집을 받아볼 수 있었습니다. 학급 문집을 만들면서 갈등 상황이 생겼을 때 상대방의 입장에서 상황을 이해하고 해결 방법을 찾는 것이 중요하다는 것을 새삼 깨달았습니다. 이후 갈등이 발생했을 때 역지사지의 자세를 취하려고 노력했고, 덕분에 갈등을 수월하게 해결할 수 있었습니다.

➡ 필자의 첨삭 결과를 참조하세요.

1학년 때 문집을 만들면서 역지사지의 자세가 중요하다는 것을 알았습니다. 학기 초에 담임선생님께서 학급 문집 제작을 제안하셨습니다. 소중한 추억을 남기는 데 보탬이 되고 싶어 문집편찬위원회에 자원했습니다. 처음에는 친구들이 카페에 자주 들리고 글도 많이 남겼지만 시간이 지날수록 관심은 줄었습니다. 제 용돈을 아껴서 글과 댓글을 작성하면 아이스크림을 주는 이벤트도 열었지만 참여율은 낮았습니다. 문집을 편찬하기에는 카페 글이 너무 부족했습니다. 문집편찬위원회를 소집해 상의를 했습니다. 글을 쓰는 것이 부담스러울 것이라고 판단해 개인당 한 편의 글과 버킷리스트를 받기로 의견을 모았습니다. 많지 않은 분량이라 글이 금방 모일 것이라고 생각했지만, 예상외로 글을 낸 친구들은 적었습니다. 심지어 내지 않으면 안 되냐는 친구도 있었습니다. 다들 문집을 만들 의욕이 없는 것 같아 섭섭했지만 그래도 최선을 다하자는 생각으로 친구들을 찾아다니며 이유를 물어봤습니다. 그 때 머리를 망치로 때리는 듯한 충격을 받았습니다. 의외로 그 이유는 간단했습니다. 대부분의 친구들이 소재를 찾지 못하겠다고 답했던 겁니다. 모든 문제를 제 입장에서만 생각하고 판단했다는 것을 뒤늦게 깨달았던 겁니다. 그 이후 친구들에게 편지쓰기, 반 여행에서 느낀 점, 좋아하는 시와 책 추천 등 구체적인 글감을 함께 공지했습니다. 그러자 많은 친구들이 자신의 개성이 묻어나는 글을 금방 내주었고 종업식 날, 모든 친구가 자신의 글이 실린 문집을 받아볼 수 있었습니다. 학급 문집을 만들면서 갈등 상황이 생겼을 때 상대방의 입장에서 상황을 이해하고 해결 방법을 찾는 것이 중요하다는 것을 새삼 깨달았습니다. 이후 갈등이 발생했을 때 역지사지의 자세를 취하려고 노력했고, 덕분에 갈등을 수월하게 해결할 수 있었습니다. (➡ 흠 잡을 데 없이 잘 썼어요. very good!)

한국교원대학교 자기소개서 첨삭 사례 1

> **1. 고등학교 재학 기간 중 학업에 기울인 노력과 학습 경험에 대해 배우고 느낀 점을 중심으로 기술해주시기 바랍니다.(1,000자 이내)**

제가 다니고 있는 00고등학교는 이전을 계획하고 있는 학교였습니다. 그러던 중, 학교 이전부지에서 문제가 생겼다는 소식과 함께 이전할 수 없다는 소식을 들었습니다. 그래서 저는 이전부지에서 어떤 문제가 있는지 궁금해 이전부지로 직접 가서, 지형들을 살펴보았습니다. 그곳에서는 석회암 지대인 저희 지역에서 흔히 볼 수 있는 적색토양이 많았습니다. 그리고 움푹 파인 돌리네 지형도 볼 수 있었고, 그래서 저는 그 밑에 석회동굴이 있을 거로 추측할 수 있었습니다. 저의 추측대로 지반 밑에서 석회동굴이 발견되어서 이전을 못 한다고 학교에서 들었습니다. 이런 경험을 통해 저는 지리에 대한 관심이 생긴 계기가 되었고, 지리를 열심히 공부하겠다는 동기부여가 되었습니다. 제가 사는 00이라는 지역적 특징상, 지리에서 자주 다루고 중요한 내용인 해안 지형과 카르스트 지형 등을 쉽게 접할 수 있었습니다. 지형 부분을 공부하다가 직접 그곳에 찾아가 탐구하기도 하고, 왜 우리 지역에 이러한 지형이 나타나게 되었는지도 교과서를 이용해 정리하기도 하였습니다. 도시에서 볼 수 있는 경관이나 산지 지형 등은 쉽게 볼 수는 없었지만, 부족한 부분은 관련 서적과 인터넷을 이용해 자료를 얻어 정리하였습니다. 이렇게 직접 탐구하면서 공부를 하다 보니, 자연스레 아는 것도 많아졌고 시험을 봐도 좋은 성적을 거둘 수 있었습니다.

지리라는 과목을 배우면서 지금껏 무심코 지나쳤던 지형 등에 관해 다시 돌아보게 되었습니다. 가까이서 볼 수 있었던 해안지형, 카르스트 지형 등에 관해 알아볼 수 있는 계기가 되었고 후손들에게 이렇게 소중한 지형들을 보여줄 수 있게끔 보존해야겠다는 생각도 들었습니다. 또한, 지리를 배우면서 실생활에서도 많이 적용할 수 있었습니다. 특히 계절별로 나타나는 기후 현상에 대해 예측하고 피해를 줄이는 방법도 생각해 볼 수 있었습니다. 우리가 살아가면서 자연현상, 지형과 더불어 인구, 도시구조 등 다양한 것들을 접하는데 지리가 있기에 이런 것들을 할 수 있다고 생각하였습니다.

➡ 필자의 첨삭 결과를 참조하세요

제 모교인 00고는 이전을 할 계획이 있었습니다. 하지만 옮겨갈 부지에 문제가 생겨 학교를 이전할 수 없다는 소식을 들었습니다. 어떤 문제 때문에 이전을 못하는지 그 이유가 궁금해 이전부지로 가서 지형을 살펴봤습니다. 그곳에서는 석회암 지대에서 흔히 볼 수 있는 적색토양이 많았고 움푹 파인 돌리네 지형도 볼 수 있었습니다. 이런 지형은 어떤 이유로 석회동굴이 있을 거라 추측할 수 있었습니다. 학교에서도 이전부지 밑에서 석회동굴이 발견되어서 이전을 하지 못한다고 했습니다. 이 때의 일로 지리에 대한 관심이 커졌습니다. 제가 사는 00은 지역적 특징상, 지리에서 자주 다루고 중요한 내용인 해안지형과 카르스트 지형 등을 쉽게 접할 수 있습니다. 지형 부분을 공부하다가 직접 그곳에 찾아가 탐구하기도 하고, 왜 우리 지역에 이러한 지형이 나타나게 되었는지도 교과서를 이용해 정리하기도 하였습니다. 부족한 부분은 관련 서적과 인터넷을 이용해 자료를 얻어 정리하였습니다. 이렇게 직접 탐구하면서 공부를 하다 보니, 자연스레 아는 것도 많아졌고 (➡ 시험을 봐도 좋은 어느 정도의 좋은 성적인지? 1 등급? 2등급? 구체적으로 적어 주세요.) 성적을 거둘 수 있었습니다.

또한, 지리를 배우면서 실생활에서도 많이 적용할 수 있었습니다. 특히 계절별로 나타나는 기후 현상에 대해 예측하고 피해를 줄이는 방법도 생각해 볼 수 있었습니다.(➡ 생각해 본 방법 중 가장 기억에 남고 구체적인 방법을 간단히 사례로 적어주세요. 예컨대 우리 지역 은 지역적 특성상 강수량이 적어 가뭄이 잦은데 이를 해결하기 위해 어떤 고민을 했다라는 식으로) 우리 가 살아가면서 자연현상, 지형과 더불어 인구, 도시구조 등 다양한 것들을 접하는데 지리가 있기에 이런 것들을 할 수 있다고 생각하였습니다.

> **2.** 고등학교 재학 기간 중 본인이 의미를 두고 노력했던 교내 활동을 배우고 느낀 점을 중심으로 3개 이내로 기술해주시기 바랍니다. 단, 교외 활동 중 학교장의 허락을 받고 참여한 활동은 포함됩니다.(1,500자 이내)

저는 2년 동안 학생자치회 체육부원으로 활동했습니다. 체육대회 때가 되면 각 학년 대진표, 경기 일정 작성 등 체육대회를 주최, 진행하였습니다. 1학년 때 임원으로 활동하면서 체육대회 후에 '원하지도 않는 종목에 참가했다.', '우승, 준우승만 상이 있다.', '학생들 통제가 되지 않는다.' 등 학생들과 선생님들의 불만을 들었습니다. 그래서 2학년 때 체육부장이 되어서 모두가 즐기는 체육대회에 불만은 최소화해야 한다고 생각하여 이 점들을 우선으로 개선하고자 하였습니다. 먼저 우승, 준우승 반만 주던 상들 말고도 응원상, 질서상 등과 같은 상들을 만들어 순위에 들지 못한 반들이 끝까지 최선을 다할 수 있도록 하였습니다. 또한, 원하지도 않는 종목에 배치되던 소수 학생들의 의견을 무시하지 않고 그들의 의견을 존중해 그들이 원하는 종목에 참가할 수 있도록 도와주었습니다. 그리고 선생님들의 불만이셨던 학생들의 통제 문제는 저 혼자 해결하는 것이 아니라 학생자치회 학생들과 함께 해결방안을 의논해 자치회 임원들 모두가 학생들의 질서유지를 도와주었습니다. 이러한 방법으로 문제를 해결하니, 학생들의 대회 참여도도 높아졌고, 무엇보다 학생들과 선생님의 불만이 줄어들었습니다. 이런 경험을 통해 리더십과 자신감이 생기게 되었습니다. 저 혼자 다수를 이끌어나가는 것이 아니라 주변 사람들과의 대화와 의논을 통해 소수의 의견은 무시하지 않고 경청하는 민주적인 방법으로 공동체를 이끌어나가는 것이 진정한 리더십이라고 생각했습니다.

저는 3년 동안 학교에서 진행하는 학습동행 프로그램에 멘티의 성적 향상도 돕고 저의 평소 영어 실력을 점검하기 위해 영어 과목 멘토로 참가했습니다. 첫해에는 어떤 식으로 수업하고 멘티가 어느 부분에 약한지를 몰라서 서로의 공부방법과 요령에 관해 의견을 나누고 서로 도움이 될 만한 공부법을 찾아서 공부하였는데 불안과는 달리 좋은 결과로 끝낼 수 있었습니다. 그다음 해에는 첫해의 경험을 바탕으로 멘티의 의견을 우선으로 들어보는 것은 물론이고 어떤 식의 공부가 멘티에게 학습의욕을 고취해줄 뿐만 아니라 끈기를 가지고 열심히 할 수 있는지 생각해보았습니다. 그것은 바로 서로에게 학습 계획서를 작성해주고, 카카오톡과 같은 SNS를 활용해 질문하고 서로의 느낀 점을 말해 보는 등 멘티와의 상호작용과 소통을 중요시 하였습니다. 마지막 해에서도 이러한 방법은 물론 멘티가 평소 즐기는 게임을 활용해 영어단어를 외우는 수업방식도 활용해보았습니다. 이렇게 3년 동안 서로 공부하다 보니 멘티의 성적은 44등에서 27등으로 올랐고, 저는 영어 과목 1등급을 받아 학교에서 서로 최고의 멘토,멘티 부문에서 상장을 받았습니다. 이 활동을 3년 동안 참여하다 보니, 시간이 지날수록 저의 수업방식이 개선되는 것이 보였고, 무엇보다 이러한 수업방식으로 멘티의 영어성적이 향상되는 모습을 보면서 뿌듯함을 느꼈습니다. 이 활동을 통해 교사의 꿈을 확고히 한 계기가 되었고 교사는 학생이 흥미를 느낄 수 있도록 수업방식을 정하는 것이 중요하다고 생각했습니다.

➡ 필자의 첨삭 결과를 참조하세요.

저는 3년 동안 학교에서 진행하는 학습동행 프로그램에 멘티의 성적 향상도 돕고 저의 평소 영어 실력을 점검하기 위해 영어 과목 멘토로 참가했습니다. (➡ 첫해에는 어떤 식으로 수업하고) 멘티가 어느 부분에 약한지를 몰라서 서로의 공부방법과 요령에 관해 의견을 나누고 서로 도움이 될 만한 공부법을 찾아서 공부하였는데 불안과는 달리 좋은 결과(➡ 자화자찬식 표현 좋은 결과라는 표현은 주관적이죠? 입사관들은 이런 주관적인 표현 좋아하지 않아요. 좋은 결과가 구체적으로 무엇인지 써 줍시다. 예컨대 불안과는 달리 멘티의 성적이 몇 등급에서 몇 등급으로 올라 효과를 보았다 뭐 이런 식으로 말이죠.)로 끝낼 수 있었습니다. 다음 해에는 첫해의 경험을 바탕으로 멘티의 의견을 우선으로 들어보는 것은 물론이고 어떤 식의 공부가 멘티에게 학습의욕을 고취해 주고 끈기를 가지고 열심히 할 수 있는지 생각해보았습니다. 그것은 서로에게 학습 계획서를 작성해주고, 카카오톡과 같은 SNS를 활용해 질문하고 서로의 느낀 점을 말해 보는 등 멘티와의 상호작용과 소통을 중요시 하는 것입니다. (➡ 이렇게 3년 동안 서로 공부하다 보니 멘티의 성적은 반에서? 전교에서? 44등에서 27등으로 올랐고, 저는 영어 과목 몇 등급에서? 1등급을 받아 서로 최고의 멘토,멘티 부문에서 상장을 받았습니다.) 이 활동을 3년 동안 참여하다 보니, 시간이 지날수록 저의 수업방식이 개선되는 것이 보였고, 이러한 수업방식으로 멘티의 영어성적이 향상되는 모습을 보면서 뿌듯함을 느꼈습니다. 이 활동을 통해 교사의 꿈을 확고히 한 계기가 되었고 교사는 학생이 흥미를 느낄 수 있도록 수업방식을 정하는 것이 중요하다고 생각했습니다.

2년 동안 학생자치회 체육부원으로 활동했습니다. 체육부원을 선택한 이유는 모두가 즐기는 체육대회를 개최하고 싶었기 때문입니다. 1학년 때 임원으로 활동하면서 체육대회 후에 '원하지도 않는 종목에 참가했다.', '우승, 준우승만 상이 있다.', '학생들 통제가 되지 않는다.' 등 학생들과 선생님들의 불만을 들었습니다. 그래서 2학년 때 체육부장이 되면서 이런 불만을 개선하기 위해 먼저 우승, 준우승 반만 주던 상들 말고도 응원상, 질서상 등과 같은 상들을 만들어 순위에 들지 못한 반들이 끝까지 최선을 다할 수 있도록 하였습니다. 또한, 원하지도 않는 종목에 배치되던 소수 학생들의 의견을 존중해 그들이 원하는 종목에 참가할 수 있도록 도와주었습니다. 그리고 학생들의 통제 문제는 저 혼자 해결하는 것이 아니라 학생자치회 학생들과 함께 해결방안을 의논해 자치회 임원들 모두가 학생들의 질서유지를 도와주었습니다.(➡ 학생 통제에 대한 구체적인 해결방안은 어떤 것이었는지 언급해 주세요. 구체적인 내용이 없다보니 설득력이 떨어집니다.) 이러한 방법으로 문제를 해결하니, 학생들의 대회 참여도도 높아졌고, 무엇보다 학생들과 선생님의 불만이 줄어들었습니다. 이런 경험을 통해 저 혼자 다수를 이끌어나가는 것이 아니라 주변 사람들과의 대화와 의논을 통해 소수의 의견은 무시하지 않고 경청하는 민주적인 방법으로 공동체를 이끌어나가는 것이 진정한 리더십인 것을 알았습니다. (➡ 멘토와 멘티 부분에 대한 이야기 정말 좋습니다. 표현이 늘어지고 부자연스럽고 한 부분이 없지 않지만 본인의 목표를 담은 스토리텔링은 지원 의지와 발전 가능성 등을 잘 설득하고 있습니다. 따라서 가장 핵심적인 내용인 멘토와 멘티 부분을 가장 앞 부분에 두는 것이 좋을 것 같아요.)

---

3. 학교 생활 중 배려, 나눔, 협동, 갈등 관리 등을 실천한 사례를 들고, 그 과정을 통해 배우고 느낀 점을 기술해주시기 바랍니다.(1,000자 이내)

저는 2년 동안 지역 아동센터에서 영어 교과의 교육봉사활동을 했습니다. 그곳에서는 어려운 환경에서 자란 학생들이 많았는데 제가 담당한 두 중학생 친구들도 공부에 의욕이 없는 학생이었습니다. 저는 이 학생들에게 단순히 공부만을 가르치는 것이 아니라 먼저 꿈과 희망, 동기부여를 심어주기 위해 그 학생들과 대화를 나누어 보았습니다. 대화를 나누면서 그 학생들이 무엇에 흥미가 있는지 알게 되었고 장래희망 등도 알아보았습니다. 한 친구는 첼리스트가 되는 것이 꿈이라고 말했습니다. 그래

서 그 친구에게 꿈을 이루기 위해서는 연주뿐만 아니라 기본적인 공부도 중요하다고 말했습니다. 반면 한 친구는 꿈이 없었는데, 그 친구에게는 자기가 정말 좋아하고 흥미를 느끼는 것을 먼저 찾으라고 말해주었습니다. 그렇게 서로의 꿈을 얘기하고 앞으로의 수업방식에 대해 의논하였습니다. 학생들이 학교에서 배우는 교과서를 저와 또 공부하게 되면 부담을 느낄 거 같아 흥미로운 방법으로 영어를 거부감 없이 접근시키고 싶었습니다. 그래서 학생들의 공통관심사를 알아보았는데 음악을 좋아한다고 해서 영어 팝송을 흥얼거리면서 가사에 나오는 단어를 외우고 문법과 독해는 교과서에 나오는 내용을 활용해 병행하였습니다. 노래를 흥얼거리며 단어를 외우니, 학생들이 흥미를 느끼고 적극적으로 참여하는 모습을 보여주었습니다.

교육봉사를 하면서 그 학생들을 진심으로 도와주고 싶었고, 어떻게든 그 학생들이 공부에 관심이 생겨 꿈을 이루기 위해 노력하길 바랐습니다. 학생들은 시간이 지날수록 더 열심히 하는 모습을 보여주었는데 영어뿐만 아니라 다른 과목에도 관심이 생겨 성적을 많이 향상했다고 말했습니다. 이 활동을 통해 먼저 학생들에게 꿈과 희망, 동기부여를 심어주는 것이 중요하다고 생각했습니다. 또한, 교사의 입장에서 학생들이 무엇에 관심이 있는지를 먼저 알아보고 수업방식을 정하는 것이 중요하다는 것도 느꼈습니다. 그래야지 학생들이 수업을 즐겁게 받을 수 있을 것이고 좋은 결과도 있다고 생각했습니다.

➡ 필자의 첨삭 결과를 참조하세요.

저는 2년 동안 지역 아동센터에서 영어 교과의 교육봉사활동을 했습니다. 그곳에서는 어려운 환경에서 자란 학생들이 많았는데 제가 담당한 두 중학생 친구들도 공부에 의욕이 없었습니다. 저는 먼저 꿈과 희망, 동기를 심어주기 위해 그 학생들과 대화를 나누어 보았습니다. 대화를 나누면서 그 학생들이 무엇에 흥미가 있는지 그리고 장래희망은 무엇인지 알게 됐습니다. 한 친구는 첼리스트가 되는 것이 꿈이라고 말했습니다. 그 친구에게는 꿈을 이루기 위해서는 연주 실력 뿐 아니라 기본적인 공부도 중요하다고 말했습니다. 반면 한 친구는 꿈이 없었는데, 자기가 정말 좋아하고 흥미를 느끼는 것을 먼저 찾으라고 말해주었습니다. 그렇게 서로의 꿈을 얘기하고 앞으로의 수업방식에 대해 의논하였습니다. 학생들이 학교에서 배우는 교과서로 공부하게 되면 어떤 측면에서 부담을 느낄 거 같아 흥미로운 방법으로 영어를 거부감 없이 접근시키고 싶었습니다. 두 학생 모두 음악을 좋아한다고 해서 영어 팝송을 흥얼거리면서 가사에 나오는 단어를 외우고 문법과 독해는 교과서에 나오는 내용을 활용해 병행하였습니다. 노래를 흥얼거리며 단어를 외우니, 학생들이 흥미를 느끼고 적극적으로 참여하는 모습을 보여주었습니다.

교육봉사를 하면서 그 학생들을 진심으로 도와주고 싶었고, 어떻게든 그 학생들이 공부에 관심이 생겨 꿈을 이루기 위해 노력하길 바랐습니다. 학생들은 시간이 지날수록 더 열심히 하는 모습을 보여주었는데 영어뿐만 아니라 다른 과목에도 관심이 생겨 성적을 많이 향상했다고 말했습니다. 이 활동을 통해 학생들이 수업을 즐기고 좋은 결과를 얻기 위해서는 가장 먼저 꿈과 희망, 동기부여를 심어주는 것이 중요하다는 사실을 알게 됐습니다. 또한, 교사의 입장에서 학생들이 무엇에 관심이 있는지를 먼저 알아보고 수업방식을 정하는 것이 중요하다는 것도 느꼈습니다.

춘천교육대학교 자기소개서 첨삭 사례 1

> 1. 고등학교 재학 기간 중 학업에 기울인 노력과 학습 경험에 대해 배우고 느낀 점을 중심으로 기술해주시기 바랍니다.(1,000자 이내)

저는 학습이란 '일종의 놀이'여야 한다고 생각합니다. 즉, 무작정 노는 것이 아니라 흥미를 가지고 다양한 학습 방법들을 경험하여 자신에게 적합한 공부법을 찾는 과정을 의미합니다.

저는 고교 입학 전에 암기식 학습을 했지만 고등학교에 진학한 후, 확연히 늘어난 공부 량과 심도 있는 주제들을 다루기 위해서는 단순히 암기하는 공부법에는 한계가 있다고 생각했습니다. 그래서 암기가 필요할 때면 무작정 외우기보다는 재미있고 효율적으로 습득하고, 이해를 위주로 하는 공부법을 찾으려고 하였고, 그 중 가장 효과를 본 프로그램은 영어캠프였습니다. 매년 영어캠프에 참여했었는데 원어민 선생님과 팝송을 듣고, 뮤직비디오를 촬영하는 과정에서는 팝송의 가사가 저절로 외워지는 신기한 경험을 했습니다. 이 경험을 응용해 평소 어려웠던 구문들에 제가 좋아하는 노래를 입혀 녹음을 했습니다. 점심시간이나 하교시간 등 자투리 시간에 듣기도 편했고, 좋아하는 노랫가락에 제 목소리가 겹치니, 지겹기만 하던 구문들이 쉬워져 자연스럽게 습득할 수 있었습니다. 이렇게 '놀이'의 형태로 재미있게 공부하는 방법은 과학 과목을 원리로 이해할 수 있게 도움을 주었습니다. 특히 생명과학에서 세포분열 과정이 어려웠는데 상동염색체의 색을 구분하여 알아보기 쉽게 분열과정을 직접 그려보았습니다. 분열에 대한 글과 그림만 보며 암기했던 전과 달리, 직접 과정을 표현해 보니 분열의 과정 뿐 아니라 세포 각각의 기능에 대해서도 정확히 알 수 있었습니다. 또 사람의 소화 과정과 같이 맨 눈으로 관찰할 수 없는 현상들의 경우에는 과학실에 있던 모형을 활용하며 각 기관들의 역할과 순환경로를 예상해 보았습니다. 교과서에 있는 설명을 외우는 것보다 이렇게 스스로 추리해보는 과정을 통해 한 현상을 다양하게 해석해보는 창의력을 기를 수 있었습니다.

결과적으로 학습을 '놀이'로 재해석 했던 제 시도들은 고교기간 동안 즐겁게 공부할 수 있는 원동력이 되었고, 각 과목의 특성에 맞는 적합한 학습법들을 활용할 수 있게 해주었습니다.(994)

➡ 필자의 첨삭 결과를 참조하세요.

저는 학습이란 '일종의 놀이'여야 한다고 생각합니다. 즉, 무작정 노는 것이 아니라 흥미를 가지고 다양한 학습 방법들을 경험하여 자신에게 적합한 공부법을 찾는 과정을 의미합니다.

저는 고교 입학 전에 암기식 학습을 했지만 고등학교에 진학한 후, 확연히 늘어난 공부 량과 심도 있는 주제들을 다루기 위해서는 단순히 암기하는 공부법에는 한계가 있다고 생각했습니다. 그래서 암기가 필요할 때면 무작정 외우기보다는 재미있고 효율적으로 습득하고, 이해를 위주로 하는 공부법을 찾으려고 하였고, 그 중 가장 효과를 본 프로그램은 영어캠프였습니다. 매년 영어캠프에 참여했었는데 원어민 선생님과 팝송을 듣고, 뮤직비디오를 촬영하는 과정에서는 팝송의 가사가 저절로 외워지는 신기한 경험을 했습니다. 이 경험을 응용해 평소 어려웠던 구문들에 제가 좋아하는 노래를 입혀 녹음을 했습니다.(➡ 좋습니다. 많이 고민해 다듬고 또 다듬은 흔적이 보입니다. 아쉬운 점 이하나 있는데 좋아하는 노래에 구문을 입혔다고 했잖아요? 예시를 하나 정도 보여주는 것 어떨까? "예컨대 ABBA의 댄싱 퀸이라는 노래에 내가 가장 어려워했던 구문인 00을 입히니 외우려고 할 때는 그렇게도 안 되더니 노래로 하니깐 금방 외워지더라"라는 식으로) 점심시간이나 하교시간 등 자투리 시간에 듣기도 편했고, 좋아하는 노랫가락에 제 목소리가 겹치니, 지겹기만 하던 구문들이 쉬워져 자연스럽게 습득할 수 있었습니다.(➡ 자 여기서 가장 중요한 핵심이 하나 빠져있지요. 이렇게 즐겁게 공부를 했으면 성적은 당연히 올랐다고 생각을 할 텐데? 거기에 대한 구체적인 내용이 없어요. 내용은 재밌는데 구체적인 성과를 제시하지 않으니 약간 힘이 빠집니다. 이렇게 추가해 주세요. 그래서 평소 약점이었던 장문독해와 빈칸추론 등에서 틀리는 개수가 몇 개에서 몇 개로 줄었다. 성적도 00모의고사는 0등급 또는 중간고사는 00점 또는 0등급 이었는데 기말고사는 00점 또는 0등급으로 올랐다.) '놀이'의 형태로 재미있게 공부하는 방법은 과학 과목을 원리로 이해할 수 있게 도움을 주었습니다. 특히 생명과학에서 세포분열 과정이 어려웠는데 상동염색체(➡ 상동염색체가 무엇인지 간단한 설명, ~~인 상동염색체 입학사정관들도 잘 몰라요.)의 색을 구분하여 알아보기 쉽게 분열과정을 직접 그려보았습니다. 분열에 대한 글과 그림만 보며 암기했던 전과 달리, 직접 과정을 표현해 보니 분열의 과정 뿐 아니라 세포 각각의 기능에 대해서도 정확히 알 수 있었습니다. 또 사람의 소화 과정과 같이 맨 눈으로 관찰할 수 없는 현상들은 과학실에 있던 모형을 활용하며 각 기관들의 역할과 순환경로를 예상해 보았습니다. 교과서에 있는 설명을 외우는 것보다 이렇게 스스로 추리해보는 과정을 통해 한 현상을 다양하게 해석해보는 창의력을 기를 수 있었습니다.

결과적으로 학습을 '놀이'로 재해석 했던 제 시도들은 고교기간 동안 즐겁게 공부할 수 있는 원동력이 되었고, 각 과목의 특성에 맞는 적합한 학습법들을 활용할 수 있게 해주었습니다.(➡ 결과적으로~해주었습니다도 마찬가지 성취에 대한 내용을 써 주세요. 이렇게 공부하기 전에는 00점, 0등급에 불과했습니다. 이런 노력이 쌓이니 1학년 2학기 0등급, 2학년 1학기 0등급……. 이런 식으로 올라갔다라고 기록해주세요. 가능하다면…….)

"<아기돼지 삼형제>의 늑대는 식사를 했을 뿐입니다." 이는 초등학교 시절 토론 시간, 한 친구의 의견이었습니다. '돼지의 관점'만 생각해 보던 저에게 '늑대의 관점'도 고려해 볼 수 있다는 것은 신선한 충격이었고 이후 저는 관점의 다양성을 중시해 왔습니다.

각기 다른 가치관을 가진 학우들과 이런 다양한 관점을 함께 나누면 좋을 것 같아 시사토론반<갑론을박>에 가입했습니다. 가장 기억에 남았던 토론 주제는 성범죄자 명단 공개였는데, 당시 성범죄자 알림e를 통해 범죄자들의 이름, 얼굴, 나이까지 공개되어 많은 논란이 발생해 선택 했습니다. 저는 전적으로 찬성하는 입장이었는데, 반대 측에서 범죄자 가족에게 간접적으로 발생하는 주거 연좌제로 근거를 들었습니다. 저는 '범죄자'에 초점을 맞춘 것이지만 반대 측은 '범죄자의 가족'에 초점을 맞춰 하나의 사건을 서로 다른 관점에서 이해한 것입니다.

저는 이를 통해 내가 생각하는 것이 정답이 아닐 수도 있다고 깨달았고 이를 바탕으로 상대방의 의견을 존중할 수 있게 되었습니다.

또한 토론을 통해 유동적인 사고뿐만 아니라 논리적인 언어습관을 형성할 수 있었습니다.

예를 들어 상대방의 요지를 정확하게 파악하기 위해서 경청하는 습관을 들일 수 있었고, 그 경청을 토대로 반박을 할 경우에는 저의 생각을 요약적으로 정리하는 연습을 할 수 있었습니다.

'그대의 열망을 따라가라' 김난도 교수님의 <아프니까 청춘이다>라는 책의 한 구절입니다. 한창 진로에 대해 고민을 하던 고등학교 1학년 때, 내 가슴이 뛰고 행복하게 할 수 있는 일은 결국 나만이 안다는 가르침을 준 저 책과 구절을 친구들과 함께 공유하고 싶었습니다. 그런 기회를 찾던 중 Simseok Speech Contest에 참가했습니다. 2인 1조로 한 팀을 이루어 자유롭게 주제를 정하여 5분 간 청중 앞에서 영어로 표현하는 대회였습니다. 강당에서 외국어로 발표한다는 부담을 극복하기 위해 저는 철저한 준비를 했습니다. 우선 외국어로 발표를 하면 정확히 알아듣지 못하는 학생이 생길 것 같았습니다. 그래서 저는 PPT를 제작해 다양한 그림과 설명을 배치해 학생들의 이해를 높였습니다.

그리고 말하기 대회의 특성상 화자와 청자의 시선교환과 화자의 자신감이 중요하다고 생각을 했습니다. 그래서 영어 원고를 외우고 저의 시선이나 태도 등을 비디오로 촬영해 함께 참가하는 친구와 보면서 서로 평가를 해주곤 했습니다. 대회 당일은 정말 떨렸지만 열심히 준비한 파트너와 함께였고, 친구들의 진로고민에 도움을 줄 수 있을 거란 생각에 그 떨림이 전율과 황홀감으로 바뀌는 것을 느꼈습니다. 감사하게도 대상을 받아 영어에 대한 자신감도 얻었습니다.

➜ 필자의 첨삭 결과를 참조하세요.

"<아기돼지 삼형제>의 늑대는 식사를 했을 뿐입니다." 이는 초등학교 시절 토론 시간, 한 친구의 의견이었습니다. '돼지의 관점'만 생각해 보던 저에게 '늑대의 관점'도 고려해 볼 수 있다는 것은 신선한 충격이었고 이후 저는 관점의 다양성을 중시해 왔습니다.

각기 다른 가치관을 가진 학우들과 이런 다양한 관점을 함께 나누면 좋을 것 같아 시사토론반<갑론을박>에 가입했습니다. 가장 기억에 남았던 토론 주제는 성범죄자 명단 공개였는데, 당시 성범죄자 알림e를 통해 범죄자들의 이름, 얼굴, 나이까지 공개되어 많은 논란이 발생해 선택 했습니다. 저는 전적으로 찬성하는 입장이었는데, 반대 측에서 범죄자 가족에게 간접적으로 발생하는 주거 연좌제로 근거를 들었습니다. 저는 '범죄자'에 초점을 맞춘 것이지만 반대 측은 '범죄자의 가족'에 초점을 맞춰 하나의 사건을 서로 다른 관점에서 이해한 것입니다.

저는 이를 통해 내가 생각하는 것이 정답이 아닐 수도 있다고 깨달았고 이를 바탕으로 상대방의 의견을 존중할 수 있게 되었습니다.

또한 토론을 통해 유동적인 사고뿐만 아니라 논리적인 언어습관을 형성할 수 있었습니다.

예를 들어 상대방의 요지를 정확하게 파악하기 위해서 경청하는 습관을 들일 수 있었고, 그 경청을 토대로 반박을 할 경우에는 저의 생각을 요약적으로 정리하는 연습을 할 수 있었습니다.(➡ 흠 잡을데 없습니다. 100점 만점에 99점 드립니다.)

'그대의 열망을 따라가라' 김난도 교수님의 <아프니까 청춘이다>라는 책의 한 구절입니다. 한창 진로에 대해 고민을 하던 고등학교 1학년 때, 내 가슴이 뛰고 행복하게 할 수 있는 일은 결국 나만이 안다는 가르침을 준 저 책과 구절을 친구들과 함께 공유하고 싶었습니다. 그런 기회를 찾던 중 'Simseok Speech Contest'에 참가했습니다. 2인 1조로 한 팀을 이루어 자유롭게 주제를 정하여 5분 간 청중 앞에서 영어로 표현하는 대회였습니다. 강당에서 외국어로 발표한다는 부담을 극복하기 위해 저는 철저한 준비를 했습니다. 우선 외국어로 발표를 하면 정확히 알아듣지 못하는 학생이 생길 것 같았습니다. 그래서 저는 PPT를 제작해 다양한 그림과 설명을 배치해 학생들의 이해를 높였습니다.

그리고 말하기 대회의 특성상 화자와 청자의 시선교환과 화자의 자신감이 중요하다고 생각을 했습니다. 그래서 영어 원고를 외우고 저의 시선이나 태도 등을 비디오로 촬영해 함께 참가하는 친구와 보면서 서로 평가를 해주곤 했습니다.(➡ 자 다 좋은데……. 한 가지 아쉬운 점은 비디오로 촬영해 서로 평가를 해주곤 했습니다라는 표현. 평가를 해주었다면 여기서 생각하지 못했던 부족한 부분도 나왔을 텐데? 거기에 대한 내용이 없어 아쉬움. 이렇게 고쳐보세요.

"처음에는 모든 준비를 철저히 했기 때문에 큰 지적이 안 나올 줄 알았다. 하지만 내 생각과 달리 발음이 부정확하고 제스처가 어색하고 표정이 불안해 보이는 등의 문제점이 생겼다. 이런 문제점을 이렇게 저렇게 보완해 나가면서 대회를 준비했다. 뭐 이런 식!)

대회 당일은 정말 떨렸지만 열심히 준비한 파트너와 함께였고, 친구들의 진로고민에 도움을 줄 수 있을 거란 생각에 그 떨림이 전율과 황홀감으로 바뀌는 것을 느꼈습니다. 감사하게도 대상을 받아 영어에 대한 자신감도 얻었습니다.

> **3. 학교 생활 중 배려, 나눔, 협력, 갈등 관리 등을 실천한 사례를 들고 그 과정을 통해 배우고 느낀 점을 구체적으로 기술하시오.(1,000자)**

'기호 2번 OOO팀 낙선'은 저에게 가장 값진 말입니다.

2013년 여름, 저는 학생회장 선거에 출마했습니다. 3인 1조로 출마하는 형식이었는데 저희 조에게 위기가 닥쳤습니다. 1차 연설 하루 전, 같이 출마하는 한 친구가 건물에서 떨어져 허리부상을 당한 것입니다. 그 소식을 듣고 눈물을 흘렸는데 처음 흘린 눈물은 그 친구에 대한 걱정의 눈물이었습니다. 하지만 부끄럽게도 그 의미는 점차 퇴색 되었습니다. 그 친구에 대한 걱정보다는 선거를 나가지 못하게 될 거라는 불안감, 원망의 눈물이 떨어졌습니다. 시간은 가는데 연설을 다시 2명용 원고용으로 고치고 외워야 했습니다. 뿐만 아니라 얼굴도 모르는 한명을 과연 어느 누가 믿고 뽑아줄까? 앞으로의 선거 기간 동안 2명이 팀을 이끌 수 있을까?라는 수만 가지 생각들은 저에게 '포기'라고 외치고 있었습니다. 하지만 그 순간 저는 왜 제가 학생회장이 되고 싶은지 다시 생각을 해봤습니다. 다친 제 동료, 저를 믿어주는 친구들 그리고 모든 학생들을 위해 그들의 의견을 듣고, 교칙에 반영하기 위해서였습니다. 저의 초심을 생각해 보니 잠시나마 다친 친구를 미워했던 제 자신을 반성하게 되었습니다. 오히려 그 친구는 얼마나 우리에게 미안하고 힘들까라는 생각을 하게 되었고 그 친구를 위해서라도 포기하지 말아야겠다고 다짐했습니다. 가장 급한 것은 1차 연설이었습니다. 시간이 얼마 남지 않았기 때문에 우리의 연설내용은 유지하고 연설 형식만 뉴스 식으로 변화시키자고 친구에게 제안했습니다. 저희는 그 날 밤을 아파트 놀이터에서 목이 쉬도록 연습을 했고, 다음날 1차 연설을 무사히 마무리 했습니다. 2차 연설 전까지는 홍보 기간이었는데 홍보물과 연설문 준비로 시간이 빠듯했습니다. 그래서 반 친구들에게 도움을 요청했고, 반 친구들은 피켓과 포스터를 함께 만들어 주었습니다. 그런데 병실에 있는 친구가 같이 참여하지 못한다는 데에 너무나 미안해했습니다. 그래서 저는 그 친구에게 2차 연설에 대한 아이디어를 메일로 보내달라고 요청을 했고 그 친구도 흔쾌히 해 주었습니다. 제 2차 공개연설 당일, 병실에 있어야 했던 친구는 허리 보호대를 차고 연설에 참가했고 결과적으로 당선이 되지는 못했습니다. 하지만 선거를 준비하는 과정에서 이기적이었던 저를 발견하고 그것을 친구들과 함께 극복하는 과정은 학생회장 당선이라는 타이틀 보다 친구에 대한 배려, 포기하지 않는 가능성을 주었습니다. 감사하게도 당선된 친구들이 저희 팀을 추천하여 1년 동안 '바른생활부장'으로서 학생회 활동을 할 수 있었습니다.

➡ 필자의 첨삭 결과를 참조하세요.

'기호 2번 000팀 낙선'은 저에게 가장 값진 말입니다.

2013년 여름, 저는 학생회장 선거에 출마했습니다. 3인 1조로 출마하는 형식이었는데 저희 조에게 위기가 닥쳤습니다. 1차 연설 하루 전, 같이 출마하는 한 친구가 건물에서 떨어져 허리부상을 당한 것입니다. 그 소식을 듣고 눈물을 흘렸는데 처음 흘린 눈물은 그 친구에 대한 걱정의 눈물이었습니다. 하지만 부끄럽게도 그 의미는 점차 퇴색 되었습니다. 그 친구에 대한 걱정보다는 선거를 나가지 못하게 될 거라는 불안감, 원망의 눈물이 떨어졌습니다. 시간은 가는데 연설을 다시 2명용 원고용으로 고치고 외워야 했습니다. 뿐만 아니라 얼굴도 모르는 한명을 과연 어느 누가 믿고 뽑아 줄까? 앞으로의 선거 기간 동안 2명이 팀을 이끌 수 있을까?라는 수만 가지 생각들은 저에게 '포기'라고 외치고 있었습니다.

하지만 그 순간 저는 왜 제가 학생회장이 되고 싶은지 다시 생각을 해봤습니다. 다친 제 동료, 저를 믿어주는 친구들 그리고 모든 학생들을 위해 그들의 의견을 듣고, 교칙에 반영하기 위해서였습니다.(➡ 잘 썼는데 여기서도 주관적인 표현이 보입니다. 그들의 의견을 듣고, 교칙에 반영하기 위해서였습니다. 무엇을 어떻게 하려고 했지요? 모든 00학생들을 위해라는 표현도 지극히 주관적인 표현입니다. 입학사정관들은 주관적인 표현 정말 싫어라 합니다. 이렇게 바꿔 보세요. "다친 제 동료, 저를 믿어주는 친구들을 위해서라도 포기하면 안 된다는 생각을 했습니다") 저의 초심을 생각해 보니 잠시나마 다친 친구를 미워했던 제 자신을 반성하게 되었습니다. 오히려 그 친구는 얼마나 우리에게 미안하고 힘들까라는 생각을 하게 됐습니다.

가장 급한 것은 1차 연설이었습니다. 시간이 얼마 남지 않았기 때문에 연설내용은 그대로 하고 연설 형식만 00식에서 뉴스 식으로 변화시키자고 친구에게 제안했습니다. 이유는 뉴스식이 인원이 적은 저희 팀에게 있어 ~ 때문에 효과적인 전달방식이라 생각했습니다. 저희는 그 날 밤 아파트 놀이터에서 목이 쉬도록 연습을 했고, 다음날 1차 연설을 무사히 마무리 했습니다. 2차 연설 전까지는 홍보 기간이었는데 홍보물과 연설문 준비로 시간이 빠듯했습니다. 그래서 반 친구들에게 도움을 요청했고, 반 친구들은 피켓과 포스터를 함께 만들어 주었습니다. 그런데 병실에 있는 친구가 같이 참여하지 못한다는 데에 너무나 미안해했습니다. 그래서 저는 그 친구에게 2차 연설에 대한 아이디어를 메일로 보내달라고 요청을 했고 그 친구도 흔쾌히 해 주었습니다.(➡ 그래서~해 주었습니다.까지는 날려버리시죠. 중요한 내용도 아니고 분량만 차지합니다.) 제 2차 공개연설 당일, 병실에 있어야 했던 친구는 허리 보호대를 차고 연설에 참가했을 정도로 우리는 최선을 다한다고 했지만 결과적으로 당선이 되지는 못했습니다. 하지만 기뻤습니다. 선거를 준비하는 과정에서 이기적이었던 저를 발견하고 친구들과 함께 극복하는 과정은 학생회장 당선보다도 더 소중한 가르침이었기 때문입니다. 감사하게도 당선된 친구들이 저희 팀을 추천하여 1년 동안 '바른생활 부장'으로서 학생회 활동을 할 수 있었습니다.

춘천교육대학교 자기소개서 첨삭 사례 2

1. **고등학교 재학 기간 중 학업에 기울인 노력과 학습 경험에 대해 배우고 느낀 점을 중심으로 기술해주시기 바랍니다.(1,000자 이내)**

제가 다니고 있는 00고등학교는 이전을 계획하고 있는 학교였습니다. 그러던 중, 학교 이전부지에서 문제가 생겼다는 소식과 함께 이전할 수 없다는 소식을 들었습니다. 그래서 저는 이전부지에서 어떤 문제가 있는지 궁금해 이전부지로 직접 가서, 지형들을 살펴보았습니다. 그곳에서는 석회암 지대인 저희 지역에서 흔히 볼 수 있는 적색토양이 많았습니다. 그리고 움푹 파인 돌리네 지형도 볼 수 있었고, 그래서 저는 그 밑에 석회동굴이 있을 거로 추측할 수 있었습니다. 저의 추측대로 지반 밑에서 석회동굴이 발견되어서 이전을 못 한다고 학교에서 들었습니다. 이런 경험을 통해 저는 지리에 대한 관심이 생긴 계기가 되었고, 지리를 열심히 공부하겠다는 동기부여가 되었습니다. 제가 사는 00이라는 지역적 특징상, 지리에서 자주 다루고 중요한 내용인 해안지형과 카르스트 지형 등을 쉽게 접할 수 있었습니다. 지형 부분을 공부하다가 직접 그곳에 찾아가 탐구하기도 하고, 왜 우리 지역에 이러한 지형이 나타나게 되었는지도 교과서를 이용해 정리하기도 하였습니다. 도시에서 볼 수 있는 경관이나 산지 지형 등은 쉽게 볼 수는 없었지만, 부족한 부분은 관련 서적과 인터넷을 이용해 자료를 얻어 정리하였습니다. 이렇게 직접 탐구하면서 공부를 하다 보니, 자연스레 아는 것도 많아졌고 시험을 봐도 좋은 성적을 거둘 수 있었습니다.

지리라는 과목을 배우면서 지금껏 무심코 지나쳤던 지형 등에 관해 다시 돌아보게 되었습니다. 가까이서 볼 수 있었던 해안지형, 카르스트 지형 등에 관해 알아볼 수 있는 계기가 되었고 후손들에게 이렇게 소중한 지형들을 보여줄 수 있게끔 보존해야겠다는 생각도 들었습니다. 또한, 지리를 배우면서 실생활에서도 많이 적용할 수 있었습니다. 특히 계절별로 나타나는 기후 현상에 대해 예측하고 피해를 줄이는 방법도 생각해 볼 수 있었습니다. 우리가 살아가면서 자연현상, 지형과 더불어 인구, 도시구조 등 다양한 것들을 접하는데 지리가 있기에 이런 것들을 할 수 있다고 생각하였습니다.

➡ 필자의 첨삭 결과를 참조하세요.

제 모교인 00고는 이전을 할 계획이 있었습니다. 하지만 옮겨갈 부지에 문제가 생겨 학교를 이전할 수 없다는 소식을 들었습니다. 어떤 문제 때문에 이전을 못하는지 그 이유가 궁금해 이전부지로 가서 지형을 살펴봤습니다. 그곳에서는 석회암 지대에서 흔히 볼 수 있는 적색토양이 많았고 움푹 파인 돌리네 지형도 볼 수 있었습니다. 이런 지형은 어떤 이유로 석회동굴이 있을 거라 추측할 수 있었습니다. 학교에서도 이전부지 밑에서 석회동굴이 발견되서 이전을 하지 못한다고 했습니다. 이 때의 일로 지리에 대한 관심이 커졌습니다. 제가 사는 00은 지역적 특징상, 지리에서 자주 다루고 중요한 내용인 해안지형과 카르스트 지형 등을 쉽게 접할 수 있습니다. 지형 부분을 공부하다가 직접 그곳에 찾아가 탐구하기도 하고, 왜 우리 지역에 이러한 지형이 나타나게 되었는지도 교과서를 이용해 정리하기도 하였습니다. 부족한 부분은 관련 서적과 인터넷을 이용해 자료를 얻어 정리하였습니다. 이렇게 직접 탐구하면서 공부를 하다 보니, 자연스레 아는 것도 많아졌고 (➡ 시험을 봐도 좋은 어느 정도의 좋은 성적인지? 1

등급? 2등급? 구체적으로 적어 주세요. 성적을 거둘 수 있었습니다.)

또한, 지리를 배우면서 실생활에서도 많이 적용할 수 있었습니다. 특히 계절별로 나타나는 기후 현상에 대해 예측하고 피해를 줄이는 방법도 생각해 볼 수 있었습니다.(➡ 생각해 본 방법 중 가장 기억에 남고 구체적인 방법을 간단히 사례로 적어주세요. 예컨대 우리 지역은 지역적 특성상 강수량이 적어 가뭄이 잦은데 이를 해결하기 위해 어떤 고민을 했다는 식으로) 우리가 살아가면서 자연현상, 지형과 더불어 인구, 도시구조 등 다양한 것들을 접하는데 지리가 있기에 이런 것들을 할 수 있다고 생각하였습니다.

> **2. 고등학교 재학 기간 중 본인이 의미를 두고 노력했던 교내 활동을 배우고 느낀 점을 중심으로 3개 이내로 기술해주시기 바랍니다. 단, 교회 활동 중 학교장의 허락을 받고 참여한 활동은 포함됩니다.(1,500자 이내)**

저는 2년 동안 학생자치회 체육부원으로 활동했습니다. 체육대회 때가 되면 각 학년 대진표, 경기 일정 작성 등 체육대회를 주최, 진행하였습니다. 1학년 때 임원으로 활동하면서 체육대회 후에 '원하지도 않는 종목에 참가했다.', '우승, 준우승만 상이 있다.', '학생들 통제가 되지 않는다.' 등 학생들과 선생님들의 불만을 들었습니다. 그래서 2학년 때 체육부장이 되어서 모두가 즐기는 체육대회에 불만은 최소화해야 한다고 생각하여 이 점들을 우선으로 개선하고자 하였습니다. 먼저 우승, 준우승 반만 주던 상들 말고도 응원상, 질서상 등과 같은 상들을 만들어 순위에 들지 못한 반들이 끝까지 최선을 다할 수 있도록 하였습니다. 또한, 원하지도 않는 종목에 배치되던 소수 학생들의 의견을 무시하지 않고 그들의 의견을 존중해 그들이 원하는 종목에 참가할 수 있도록 도와주었습니다. 그리고 선생님들의 불만이셨던 학생들의 통제 문제는 저 혼자 해결하는 것이 아니라 학생자치회 학생들과 함께 해결방안을 의논해 자치회 임원들 모두가 학생들의 질서유지를 도와주었습니다. 이러한 방법으로 문제를 해결하니, 학생들의 대회 참여도도 높아졌고, 무엇보다 학생들과 선생님의 불만이 줄어들었습니다. 이런 경험을 통해 리더십과 자신감이 생기게 되었습니다. 저 혼자 다수를 이끌어나가는 것이 아니라 주변 사람들과의 대화와 의논을 통해 소수의 의견은 무시하지 않고 경청하는 민주적인 방법으로 공동체를 이끌어나가는 것이 진정한 리더십이라고 생각했습니다.

저는 3년 동안 학교에서 진행하는 학습동행 프로그램에 멘티의 성적 향상도 돕고 저의 평소 영어 실력을 점검하기 위해 영어 과목 멘토로 참가했습니다. 첫해에는 어떤 식으로 수업하고 멘티가 어느 부분에 약한지를 몰라서 서로의 공부방법과 요령에 관해 의견을 나누고 서로 도움이 될 만한 공부법을 찾아서 공부하였는데 불안과는 달리 좋은 결과로 끝낼 수 있었습니다. 그다음 해에는 첫해의 경험을 바탕으로 멘티의 의견을 우선으로 들어보는 것은 물론이고 어떤 식의 공부가 멘티에게 학습의욕을 고취해줄 뿐만 아니라 끈기를 가지고 열심히 할 수 있는지 생각해보았습니다. 그것은 바로 서로에게 학습 계획서를 작성해주고, 카카오톡과 같은 SNS를 활용해 질문하고 서로의 느낀 점을 말해 보는 등 멘티와의 상호작용과 소통을 중요시 하였습니다. 마지막 해에서도 이러한 방법은 물론 멘티가 평소 즐기는 게임을 활용해 영어단어를 외우는 수업방식도 활용해보았습니다. 이렇게 3년 동안 서로 공부하다 보니 멘티의 성적은 44등에서 27등으로 올랐고, 저는 영어 과목 1등급을 받아 학교에서 서로 최고의 멘토,멘티 부문에서 상장을 받았습니다. 이 활동을 3년 동안 참여하다 보니, 시간이 지날수록 저의 수업방식이 개선되는 것이 보였고, 무엇보다 이러한 수업방식으로 멘티의 영어성적이 향상되는 모습을 보면서 뿌듯함을 느꼈습니다. 이 활동을 통해 교사의 꿈을 확고히 한 계기가 되었고 교사는 학생이 흥미를 느낄 수 있도록 수업방식을 정하는 것이 중요하다고 생각했습니다.

➜ 필자의 첨삭 결과를 참조하세요.

저는 3년 동안 학교에서 진행하는 학습동행 프로그램에 멘티의 성적 향상도 돕고 저의 평소 영어 실력을 점검하기 위해 영어 과목 멘토로 참가했습니다. (➜ 첫해에는 어떤 식으로 수업하고) 멘티가 어느 부분에 약한지를 몰라서 서로의 공부방법과 요령에 관해 의견을 나누고 서로 도움이 될 만한 공부법을 찾아서 공부하였는데 불안과는 달리 좋은 결과(➜ 자화자찬식 표현 좋은 결과라는 표현은 주관적이죠? 입사관들은 이런 주관적인 표현 좋아하지 않아요. 좋은 결과가 구체적으로 무엇인지 써 줍시다. 예컨대 불안과는 달리 멘티의 성적이 몇 등급에서 몇 등급으로 올라 효과를 보았다 뭐 이런 식으로 말이죠)로 끝낼 수 있었습니다. 다음 해에는 첫해의 경험을 바탕으로 멘티의 의견을 우선으로 들어보는 것은 물론이고 어떤 식의 공부가 멘티에게 학습의욕을 고취해 주고 끈기를 가지고 열심히 할 수 있는지 생각해보았습니다. 그것은 서로에게 학습 계획서를 작성해주고, 카카오톡과 같은 SNS를 활용해 질문하고 서로의 느낀 점을 말해 보는 등 멘티와의 상호작용과 소통을 중요시 하는 것입니다. (➜ 이렇게 3년 동안 서로 공부하다 보니 멘티의 성적은 반에서? 전교에서? 44등에서 27등으로 올랐고, 저는 영어 과목 몇 등급에서? 1등급을 받아 서로 최고의 멘토,멘티 부문에서 상장을 받았습니다.) 이 활동을 3년 동안 참여하다 보니, 시간이 지날수록 저의 수업방식이 개선되는 것이 보였고, 이러한 수업방식으로 멘티의 영어성적이 향상되는 모습을 보면서 뿌듯함을 느꼈습니다. 이 활동을 통해 교사의 꿈을 확고히 한 계기가 되었고 교사는 학생이 흥미를 느낄 수 있도록 수업방식을 정하는 것이 중요하다고 생각했습니다.

2년 동안 학생자치회 체육부원으로 활동했습니다. 체육부원을 선택한 이유는 모두가 즐기는 체육대회를 개최하고 싶었기 때문입니다. 1학년 때 임원으로 활동하면서 체육대회 후에 '원하지도 않는 종목에 참가했다.', '우승, 준우승만 상이 있다.', '학생들 통제가 되지 않는다.' 등 학생들과 선생님들의 불만을 들었습니다. 그래서 2학년 때 체육부장이 되면서 이런 불만을 개선하기 위해 먼저 우승, 준우승 반만 주던 상들 말고도 응원상, 질서상 등과 같은 상들을 만들어 순위에 들지 못한 반들이 끝까지 최선을 다할 수 있도록 하였습니다. 또한, 원하지도 않는 종목에 배치되던 소수 학생들의 의견을 존중해 그들이 원하는 종목에 참가할 수 있도록 도와주었습니다. 그리고 학생들의 통제 문제는 저 혼자 해결하는 것이 아니라 학생자치회 학생들과 함께 해결방안을 의논해 자치회 임원들 모두가 학생들의 질서유지를 도와주었습니다.(➡ 학생 통제에 대한 구체적인 해결방안은 어떤 것이었는지 언급해 주세요. 구체적인 내용이 없다보니 설득력이 떨어집니다.) 이러한 방법으로 문제를 해결하니, 학생들의 대회 참여도도 높아졌고, 무엇보다 학생들과 선생님의 불만이 줄어들었습니다. 이런 경험을 통해 저 혼자 다수를 이끌어나가는 것이 아니라 주변 사람들과의 대화와 의논을 통해 소수의 의견은 무시하지 않고 경청하는 민주적인 방법으로 공동체를 이끌어나가는 것이 진정한 리더십인 것을 알았습니다. (➡ 멘토와 멘티 부분에 대한 이야기 정말 좋습니다. 표현이 늘어지고 부자연스럽고 한 부분이 없지 않지만 본인의 목표를 담은 스토리텔링은 지원 의지와 발전 가능성 등을 잘 설득하고 있습니다. 따라서 가장 핵심적인 내용인 멘토와 멘티 부분을 가장 앞 부분에 두는 것이 좋을 것 같아요.)

> **3.** 학교 생활 중 배려, 나눔, 협력, 갈등 관리 등을 실천한 사례를 들고 그 과정을 통해 배우고 느낀 점을 구체적으로 기술하시오.(1,000자)

저는 2년 동안 지역 아동센터에서 영어 교과의 교육봉사활동을 했습니다. 그곳에서는 어려운 환경에서 자란 학생들이 많았는데 제가 담당한 두 중학생 친구들도 공부에 의욕이 없는 학생이었습니다. 저는 이 학생들에게 단순히 공부만을 가르치는 것이 아니라 먼저 꿈과 희망, 동기부여를 심어주기 위해 그 학생들과 대화를 나누어 보았습니다. 대화를 나누면서 그 학생들이 무엇에 흥미가 있는지 알게 되었고 장래희망 등도 알아보았습니다. 한 친구는 첼리스트가 되는 것이 꿈이라고 말했습니다. 그래서 그 친구에게 꿈을 이루기 위해서는 연주뿐만 아니라 기본적인 공부도 중요하다고 말했습니다. 반면 한 친구는 꿈이 없었는데, 그 친구에게는 자기가 정말 좋아하고 흥미를 느끼는 것을 먼저 찾으라고 말해주었습니다. 그렇게 서로의 꿈을 얘기하고 앞으로의 수업방식에 대해 의논하였습니다. 학생들이 학교에서 배우는 교과서를 저와 또 공부하게 되면 부담을 느낄 거 같아 흥미로운 방법으로 영어를 거부감 없이 접근시키고 싶었습니다. 그래서 학생들의 공통관심사를 알아보았는데 음악을 좋아한다고 해서 영어 팝송을 흥얼거리면서 가사에 나오는 단어를 외우고 문법과 독해는 교과서에 나오는 내용을 활용해 병행하였습니다. 노래를 흥얼거리며 단어를 외우니, 학생들이 흥미를 느끼고 적극적으로 참여하는 모습을 보여주었습니다.

교육봉사를 하면서 그 학생들을 진심으로 도와주고 싶었고, 어떻게든 그 학생들이 공부에 관심이 생겨 꿈을 이루기 위해 노력하길 바랐습니다. 학생들은 시간이 지날수록 더 열심히 하는 모습을 보여주었는데 영어뿐만 아니라 다른 과목에도 관심이 생겨 성적을 많이 향상했다고 말했습니다. 이 활동을 통해 먼저 학생들에게 꿈과 희망, 동기부여를 심어주는 것이 중요하다고 생각했습니다. 또한, 교사의 입장에서 학생들이 무엇에 관심이 있는지를 먼저 알아보고 수업방식을 정하는 것이 중요하다는 것도 느꼈습니다. 그래야 학생들이 수업을 즐겁게 받을 수 있을 것이고 좋은 결과도 있다고 생각했습니다.

➡ 필자의 첨삭 결과를 참조하세요.

저는 2년 동안 지역 아동센터에서 영어 교과의 교육봉사활동을 했습니다. 그곳에서는 어려운 환경에서 자란 학생들이 많았는데 제가 담당한 두 중학생 친구들도 공부에 의욕이 없었습니다. 저는 먼저 꿈과 희망, 동기를 심어주기 위해 그 학생들과 대화를 나누어 보았습니다. 대화를 나누면서 그 학생들이 무엇에 흥미가 있는지 그리고 장래희망은 무엇인지 알게 됐습니다. 한 친구는 첼리스트가 되는 것이 꿈이라고 말했습니다. 그 친구에게는 꿈을 이루기 위해서는 연주 실력 뿐 아니라 기본적인 공부도 중요하다고 말했습니다. 반면 한 친구는 꿈이 없었는데, 자기가 정말 좋아하고 흥미를 느끼는 것을 먼저 찾으라고 말해주었습니다. 그렇게 서로의 꿈을 얘기하고 앞으로의 수업방식에 대해 의논하였습니다. 학생들이 학교에서 배우는 교과서로 공부하게 되면 어떤 측면에서 부담을 느낄 거 같아 흥미로운 방법으로 영어를 거부감 없이 접근시키고 싶었습니다. 두 학생 모두 음악을 좋아한다고 해서 영어 팝송을 흥얼거리면서 가사에 나오는 단어를 외우고 문법과 독해는 교과서에 나오는 내용을 활용해 병행하였습니다. 노래를 흥얼거리며 단어를 외우니, 학생들이 흥미를 느끼고 적극적으로 참여하는 모습을 보여주었습니다.

교육봉사를 하면서 그 학생들을 진심으로 도와주고 싶었고, 어떻게든 그 학생들이 공부에 관심이 생겨 꿈을 이루기 위해 노력하길 바랐습니다. 학생들은 시간이 지날수록 더 열심히 하는 모습을 보여주었는데 영어뿐만 아니라 다른 과목에도 관심이 생겨 성적을 많이 향상했다고 말했습니다. 이 활동을 통해 학생들이 수업을 즐기고 좋은 결과를 얻기 위해서는 가장 먼저 꿈과 희망, 동기부여를 심어주는 것이 중요하다는 사실을 알게 됐습니다. 또한, 교사의 입장에서 학생들이 무엇에 관심이 있는지를 먼저 알아보고 수업방식을 정하는 것이 중요하다는 것도 느꼈습니다.